监察管辖制度研究

张咏涛 ◆ 著

U0950417

吉林大学出版社
·长春·

图书在版编目（CIP）数据

监察管辖制度研究 / 张咏涛著 .-- 长春 ： 吉林大学出版社，2024.10.--ISBN 978-7-5768-4028-5

Ⅰ .D922.114.4

中国国家版本馆 CIP 数据核字第 2024BE3334 号

书　　名　监察管辖制度研究
　　　　　JIANCHA GUANXIA ZHIDU YANJIU
作　　者　张咏涛
策划编辑　李承章
责任编辑　白　羽
责任校对　周　鑫
装帧设计　彭　婷
出版发行　吉林大学出版社
社　　址　长春市人民大街 4059 号
邮　　编　130021
发行电话　0431-89580036/58
网　　址　http://www.jlup.com.cn
电子邮箱　jldxcbs@sina.com
印　　刷　北京北印印务有限公司
开　　本　787mm×1092mm　1/16
印　　张　16.5
字　　数　340 千字
版　　次　2025 年 6 月　第 1 版
印　　次　2025 年 6 月　第 1 次
书　　号　ISBN　978-7-5768-4028-5
定　　价　89.00 元

导 言

一、背景与目的

2018 年 3 月,第十三届全国人民代表大会第一次会议通过了《中华人民共和国宪法修正案》(以下简称《宪法修正案》),增加了监察机关的相关规定,明确了监察机关的宪法地位。随后,大会依据《宪法修正案》通过了《中华人民共和国监察法》(以下简称《监察法》)。至此,我国国家权力的基本格局从原来的“一府两院”(政府、检察院和法院)变成“一府一委两院”(政府、监察委员会、检察院和法院)。《监察法》的制定实施,将国家监察体制改革的成果以法定的形式固定下来,赋予国家监察制度全新的内涵。《监察法》共分为 9 章 69 条,对监察机关及其职责、监察范围和管辖、监察权限、监察程序、反腐败国际合作、对监察机关和监察人员的监督及法律责任等作出规定。此后,国家监察委员会依照全国人大常务委员会授权制定颁布的《中华人民共和国监察法实施条例》(以下简称《监察法实施条例》),对《监察法》的规范进行程序化解读和明确。随着国家监察机关的确立和运行,实现了党和国家对反腐败机构的集中统一领导,确保党的反腐败决策迅速转化为具有强制性的国家意志,通过严格依法履行法律授予的监察权能,加强对所有行使公权力的公职人员的监督,实现国家监察全面覆盖,深入开展反腐败工作,推进国家治理体系与治理能力现代化。

从《监察法》的法律文本看,“监察范围和管辖”位于“监察机关及其职责”之后,列于“监察权限”“监察程序”等其他各章之前,足见监察管辖是履行监察职责的首要规范,是监察权运行的前提和基础。诚如孟德斯鸠所言:“一切有权力的人都容易滥用权力,这是万古不易的一条经验。”①为了

---

① 参见[法]孟德斯鸠著:《论法的精神(上)》,张雁深译,商务印书馆 1997 年版,第 154 页。

保证公权力在法治轨道上正常有序运行,必须明确和规范监察权运行的权力边界。据此,《监察法》在明确监察范围为“公职人员和有关人员”的基础上,规定监察机关依据干部管理权限和管理区域相结合的一般管辖确定原则,管辖监察对象所涉监察事项。当一般管辖原则难以确定管辖权,或管辖效果不理想,或存在确立管辖权后影响公正监察的因素时,上级监察机关依据其对下级监察机关的领导关系,通过提级管辖、指定管辖和派驻管辖的方式,解决一般管辖难以适用的难题。由此可知,我国监察管辖制度是由管辖范围、管辖方式和管辖事项构成的。这一全新的监察管辖制度,呈现出监察管辖范围的一元性与管辖方式、管辖事项的多元性,监察管辖范围的静态性与监察管辖方式、事项的动态性有机结合的基本特征。新体制下的监察管辖制度规范,不同于改革前的行政监察管辖和刑事侦查管辖,而且差异极大,因而在实践中,监察管辖虽然在监察机关履行监督、调查、处置职责中发挥了“规范权力运行、防止权力扩张”的重要作用,但是也存在管辖职责不明、权力运行梗阻等磨合中的问题。随着监察体制改革实践的发展,由立法论到解释论的研究方法亟待转型,由建构学术研究转向法律实施研究,更是当前的紧迫任务。作为监察体制改革和《监察法》重要成果的监察管辖制度,需要我们认真对待,深入研究。

二、研究思路与内容

我国的监察管辖制度是监察体制改革的重要成果之一,在《监察法》法律框架中,居于前置程序的重要地位。在《监察法》第三章“监察范围和管辖”中,规定了五类公职人员和其他人员的监察范围,以及按照管理权限和地域管辖的一般管辖、特定情况下的提级管辖、指定管辖等方式;在与之衔接的《中华人民共和国公职人员政务处分法》(以下简称《公职人员政务处分法》)、《中华人民共和国刑事诉讼法》(以下简称《刑事诉讼法》)、《监察法实施条例》等配套法规中,规定了管辖监察对象所涉具体监察事项。从而形成了管辖范围、管辖方式、管辖事项的逻辑体系和管辖格局。从范围、方式和事项等各管辖要素及其构成的关系看,呈现出一定程度的复杂性、可变性、复合性等特征,即监察范围是管辖权运行的前提和基础,管辖方式是管辖权运行的程序和路径,管辖事项是管辖权运行的出发点和落脚点。深入阐释监察管辖制度的科学内涵,深入探索监察管辖适用的客观规律,深入挖掘监察管辖的制度价值,对强化对监察制度整体的认识,推动监察体制改革的持续深入,巩固腐败治理的有效成果有重要现实意义。

本书共分七章:

第一章对监察管辖制度进行了概括性研究。梳理了新中国成立以来监察制度的历史沿革,追溯了我国监察管辖制度的历史渊源,得出了监察管辖制度的演变是适应经济社会发展的必然选择的结论。分析了《监察法》规定的监察管辖范围、类别和争议解决方式等内容,为深入研究监察管辖制度提供法律依据。提出了监察管辖制度在适用中应坚持法定、效能和全覆盖的基本原则。指出现代权力结构理论、权力运行理论、权力制约理论和权力配置理论是我国监察管辖制度设置和运行的理论基础,这四种权力理论为监察管辖制度的设置提供了有力的理论支撑。

第二章对我国监察管辖制度的历史渊源和借鉴进行分析。回顾了我国古代监察制度的演进,从立法、行政、司法和巡视管辖四个方面,剖析了古代监察机关的管辖权限,对当下的监察管辖制度具有重要的参考价值。分析了我国民国时期的监察管辖制度,对完善我国现行监察管辖制度具有重要的警示作用。解读了瑞典的议会监察专员制度、美国的行政监察长制度、德法的复合监察制度和新加坡的集中监察制度,对比分析了域外四种监察管辖制度及其特征,对完善我国监察管辖制度具有重要参考价值。

第三章对监察管辖范围进行文本解读。分析了监察范围的内涵、监察范围的动态管辖和静态管辖及监察范围的学术争议,包括对公职人员范围的认识、监察对象是否包括机构组织、人大代表是否为监察对象、特殊类型公职人员的管辖。对监察范围的变化演进做了梳理,指出影响监察范围变化的因素,主要是由监察权本身的性质和监察对象来确定。监察范围的界定,不仅划清了监察权的运行边界,而且有利于强化监察监督、突出监察监督的首要职责;有利于监察案件的查处,增强监察调查的查证功能,有利于监察权的规范运行,防止越权监察和监察任性。

第四章对监察管辖方式进行了研究。将监察管辖方式归纳为一般监察管辖和特殊监察管辖两大类。对一般监察管辖的适用、管辖的特征、管辖的价值进行了分析;将特殊监察管辖分为提级管辖、指定管辖和派驻(派出)管辖三种,对特殊监察管辖的适用特征进行了归纳,提出以提级管辖为基础、以指定管辖为常态、以派驻(派出)管辖为支点、以管辖争议解决为补充的运行特征。论证了一般监察管辖和特殊监察管辖的基本价值、核心价值和重要价值。

第五章对监察管辖事项进行了分析。依据监察机关的职能,将监察管辖事项分为调查管辖事项和处置管辖事项。将调查管辖事项归纳为 49 种违法行为和贪污贿赂等 101 种犯罪行为,并明确调查管辖的适用依据。对处置管辖事项,在对其含义的界定,适用对象、依据、特征、内容的分析基础上,指出监察管辖与党内监督执纪并存、与一般刑事案件的管辖牵连、与司法工作人员职务犯罪的管辖竞合。

第六章对监察管辖制度的运行进行了分析。梳理了监察管辖的运行现状和运行效果,分析管辖运行中的问题及成因,指出单位职务犯罪管辖的规范冲突、非公职人员行贿的立案管辖规范效力层级较低、层级管辖和地域管辖不畅、提级和指定管辖决定程序规范不足等是监察管辖运行中亟待解决的问题。

第七章对监察管辖制度运行的完善进行了研究。阐明了于法有据、程序正义和实体正义是完善监察管辖制度的基本原则。结合监察管辖运行中的问题,提出了健全职务犯罪案件立案管辖规范效力层级、规范监察管辖案件移转标准、明晰派驻管辖具体规范、完善互涉案件协调机制等对策建议。针对职务犯罪层级管辖与地域管辖的矛盾,提出以派驻管辖为主、以地方管辖为辅、以健全责任追究机制为保障的协调思路;对司法人员相关职务犯罪监检管辖竞合的问题,提出建立管辖协调机制化解管辖责任不落实的问题。

目 录

第一章 监察管辖制度概述

“管辖”从语义上讲是管理和统辖。“管辖”一词在我国古代便已出现，古汉语中的“辖”同“舝”，最初是指插在车轴两端孔内，用来固定车轮和车轴位置的销钉，后来又指管理。[①] “管辖”一词演变到现代其含义仍为管理，如在《现代汉语词典》第5版中“管辖”是指管理统辖人员、事务、区域或案件等。[②] 法律领域中“管辖”之义来源于西方，其英语单词为Jurisdiction，原义为司法管辖。[③] 我国的行政管理和执法司法职权的配置和运行，都是以管辖权限为基础和前提的。2018年《监察法》的颁布实施和《国家监察委员会监察管辖规定（试行）》［以下简称《管辖规定（试行）》］的制定，标志着中国特色社会主义国家监察制度的确立。监察管辖制度作为国家监察制度的重要组成部分，由管辖范围、管辖方式和管辖事项三个要素构成，是整个监察制度运行的关键环节。本章全面论述监察管辖的基本内容，探究具有中国特色监察管辖的理论逻辑，为本书进一步研究监察管辖制度提供基础性的理论支撑。

---

① 参见《古代汉语词典》，商务印书馆1998年版，第1686页。如《晋书·凉武昭王传》曾言：“又敦煌，郡大众殷，制御西域，管辖万里，为军国之本。”参见（唐）房玄龄等撰：《晋书卷82-卷130》，吉林人民出版社1995年版，第1364页。

② 参见《现代汉语词典》（第5版），商务印书馆2006年版，第505页。

③ 参见李筠：《Jurisdiction的政治含义——基于西方中世纪政治史的考察》，载《浙江学刊》2012年第2期，第111页。

一、监察管辖制度的确立

（一）新中国监察制度的沿革

在新中国成立前后，“监察”是指党和国家监督党员干部[①]依法履职、秉公用权、廉洁从政的执纪执法活动。尽管“监督”这一基本形式未变，但监察的内涵和外延却历经了从新中国成立前的党的监察，新中国成立后的行政监察、行政监察与党的纪律检查（以下简称“纪检”）部门合署办公的纪检监察，到行政监察升格为国家监察并与党的纪检机关合署办公的纪检监察的发展变化。

1. 新中国成立前中国共产党的“监察”

新中国成立前中国共产党监察活动始于1921年党的一大通过的党章。一大党章强调了党的纪律，但是并没有单章规定。1922年党的二大通过的党章中，则增设了“纪律”这一章，用于强化党内纪律，要求全体党员服从党中央和全国代表大会的决议，明确了下级服从并执行上级的命令等相关党内纪律方面的问题。[②]

1927年党的五大召开，在此次代表大会上，选举产生了党的中央监察委员会。这是中国共产党成长发展历程中，首次设立的专门纪检机构。其后，根据党的五大委托，中央政治局于1927年6月召开会议修改了党章，在党章中增设“监察委员会”这一章，规定在全国和省级代表大会上选举产生相应级别的监察委员会。[③] 1945年党的七大通过的党章，专列了“党的监察机关”一章，规定中央监察委员会由中央全体会议选举产

① “干部”一词起源于苏联，新中国成立后对于干部的理解有三种定义：第一种“干部”是指承担国家政权监管职能的全部工作人员；第二种是指由国家财政供养，承担国家管理职能的工作人员；第三种是指在《中华人民共和国公务员法》（以下简称《公务员法》）实施后，按照该法确定的等同于公务员的国家工作人员。依据《监察法》对公职人员的确定标准，《监察法》所涉及的“干部”应该是第一种最为广泛的国家工作人员。参见杨雪冬：《新世纪以来中国共产党的干部制度改革：基于制度文本的研究》，载《北京行政学院学报》2011年第3期，第4页。

② 参见刘金程：《中国共产党纪检监察领导体制的演化：90年的回顾与展望》，载《河南社会科学》2011年第5期，第25页。

③ 同②。

生，并对纪检机关的任务和职能、领导体制作了明确的规定。[①]

这一时期的监察管辖制度主要围绕党的中心任务展开，服务于当时的革命工作需要，管辖工作重心为预防和惩治贪污、失职和浪费这三种行为。限于这一时期的战时客观条件，相关规范较具原则性和基础性，法治化和制度化程度不高，监察管辖制度的连续性和完备性不足。但是，在不断实践的工作中，形成了初具规模的监察管辖法律规范，形成了党内监察和国家监察相结合的监察体制，有效地维护了新生的革命政权，充分调动了人民群众的积极性，在人民群众的支持下取得了显著的监察成效，为新中国成立监察管辖制度的发展积累了经验。[②]

2. 新中国成立初期党、政分立的“监察”

1949 年 10 月 1 日，新中国成立。1949 年 11 月，党中央设立中央纪律检查委员会（以下简称“中央纪委”），政务院也设立了人民监察委员会。此时的人民监察委员会，主要任务为依法开展党纪教育，受理、检查中央各部、各级党组织和党员干部的违纪行为，在检查结果的基础上，审查决定给予上述组织或人员纪律处分或取消相应的纪律处分。[③] 此后，在 1955 年召开的全国人民代表大会上，选举产生了新的中央监察委员会（以下简称“中央监委”）。中央监委的职权比过去中央纪委有所扩大，组织机构有所扩充，“成为党中央对党组织和党员干部进行监督的强有力的机关”。[④] 而政府系统中的监察机构，则是由 1954 年成立国务院监察部取代此前政务院的人民监察委员会。[⑤] 改革开放后，经过第六届全国人大常委会第 18 次会议决定，国家监察部于 1986 年 12 月恢复设立。[⑥] 作为国

---

① 参见纪亚光：《党的监察机构领导体制的历史演进及其思考》，载《理论视野》2014 年第 11 期，第 54 - 55 页。

② 参见张晋藩主编：《中国近代监察制度与法制研究》，中国法制出版社 2017 年版，第 296 - 311 页。

③ 参见李莉：《国家监察体制改革视域下的制度设计变迁——新中国成立以来权力监督的历史梳理》，载《当代世界与社会主义》2018 年第 3 期，第 180 页。

④ 参见陈自才、陈惠：《党的纪检监察体制演变的历史回顾》，载《中州学刊》2014 年第 4 期，第 7 - 8 页。

⑤ 参见纪亚光：《新中国成立初期“三位一体”监督体系建设初探》，载《当代中国史研究》2010 第 5 期，第 6 页。

⑥ 参见刘晓峰：《新中国成立以来我国监察制度发展历程、演进趋势及改革目标》，载《社会主义研究》2018 年第 2 期，第 78 页。

国家行政机构内的监察机关，依法对国家行政机关及其公务人员行使行政权力的行为进行监视和督察。

3. 合署办公的党纪检查与行政监察

为适应加快改革开放和现代化建设的新形势，提高党政监督的整体效能，中央及地方各级党的纪检机关，于1993年改革监察机关分署办公机制，开始实行合署办公机制。[①] 合署办公后监察机关的主要工作任务是：检查监察对象遵纪守法和执行行政决定或命令的情况，受理、调查对被监察对象的检举控告，受理不服行政处分决定的申诉，受理法律法规规定应由监察机关受理的申诉及其他监察职责。依法对监察对象违纪违规违法行为，行使法定的检查权、调查权、建议权和行政处分权。[②]

4. 合署办公的党纪检查与国家监察

为适应新时代国家治理体系和治理能力现代化的需求，构建集中统一、权威高效的国家监察体系，2016年12月，党中央决定在北京、山西、浙江三地，进行监察体制改革试点工作，试点地区依据《全国人大常委会关于在北京市、山西省、浙江省开展国家监察体制改革试点工作的决定》[③]，将行政监察部门、预防腐败机构和检察机关职务犯罪侦查和预防等部门的工作力量整合起来，组建党统一领导的反腐败机构，即监察委员会，实现对所有公权力人员的监察全覆盖，从根本上改变了长期以来监察范围过窄、反腐败力量分散、监察专责集中统一程度不高等问题。

2017年10月，在党的十九大召开之后，国家监察体制改革试点工作在全国推行。根据党中央确定的时间表和路线图，各省、市、县、区的监察委员会相继成立。随后，《宪法修正案》《监察法》于2018年3月，在十三届全国人民代表大会第一次会议上表决通过，选举产生了中华人民共和国监察委员会，标志着行政“监察”升格为国家“监察”的重大

---

① 参见李莉：《国家监察体制改革视域下的制度设计变迁——新中国成立以来权力监督的历史梳理》，载《当代世界与社会主义》2018年第3期，第183-184页。

② 参见《中华人民共和国行政监察法》（1997）第18-24条（已失效）。

③ 参见《全国人大常委会关于在北京市、山西省、浙江省开展国家监察体制改革试点工作的决定》，载《人民日报》2016年12月26日，第4版。

政治体制改革布局完成。作为国家反腐败专责机关，监察委员会和党的纪检委员会合署办公，依法履行监督、调查、处置职责权限，为加强中国共产党对反腐败工作的集中统一领导，构建中国特色社会主义监督体系奠定了坚实基础。

（二）新时代监察管辖制度的确立

2018 年《宪法修正案》对国家机构作出重要调整和完善，即在原来人大选举产生“一府两院”（人民政府、人民法院、人民检察院）的基础上增加“一委”，在《中华人民共和国宪法》（以下简称《宪法》）条文中增设国家监察机关这一项，明确监察机关作为国家监察机构的法律地位①，并对监察机关的权力运行体制机制等重要问题作了原则性、纲领性的规定。《监察法》具体规定了监察机关的组织架构和职能职责、监察机关的领导体制和工作机制、监察范围和管辖、监察权限和监察程序及监察机关与其他机关的配合制约关系等，标志着国家监察制度的确立和形成。《监察法》第 3 章用 3 个条款（即《监察法》第 15、16、17 条）对监察（管辖）范围和监察管辖方式作出了规定。《管辖规定（试行）》第 4 章，对涉及公职人员职务犯罪案件的管辖范围作出了规定。《监察法实施条例》第 2 章第 3 节、第 3 章对监察机关管辖的罪名、监察对象、监察管辖的具体适用和监察管辖与其他职能机关管辖权的协调，进行了进一步的细化和规范。其中，监察范围为监察管辖的基础，划定监察机关与其他职能机关之间的管辖权力边界；管辖方式，是指各级监察机关按照管理权限管辖被监察对象所涉监察事项的方法和样式，是监察机关内部之间在管辖事项上的划分和分工；管辖事项为在《监察法》第 11 条、45 条的指引下，依据《监察法》《管辖规定（试行）》《监察法实施条例》《公职人员政务处分法》等相关法规的具体规定，监察机关管辖监察对象涉及的监察事项即管辖的内容。三者共同构成《监察法》的管辖制度整体。

---

① 参见钟纪言：《赋予监察委员会宪法地位 健全党和国家监督体系》，载《人民日报》2018 年 3 月 3 日，第 3 版。

1. 监察范围

《监察法》第15条以列举的方式，将监察范围限定为公职人员和履行公职的有关人员，具体分为六大类。[①] 通过该条规定，《监察法》把对公职人员监督的全覆盖，以法律的形式固定下来。《监察法实施条例》第38条至第43条，对《监察法》中规定的六类公职人员进行了更细致和明确的列举。[②] 对这六类人员的明确，其本质是界定监察机关日常监督的范围和边界，即这六类人员为监察机关履行日常监督的对象，监察机关只能对这六类人员依法行使监督管辖权限；对这六类人员之外的公民或组织，监察机关无权对其进行监督，不具有法定的监督权限。

2. 监察管辖

监察管辖，是指各级监察机关依据管辖权限，对本辖区被监察对象涉及的监察事项的管辖。《监察法》第16条和17条是在监察范围的基础上对程序管辖作出的规定，确立了监察程序管辖的一般原则，并对各级监察机关的管辖权限进行了原则性的分工，形成了一般管辖、提级管辖和指定管辖的管辖体系。

一般监察管辖。《监察法》第16条第1款规定："各级监察机关按照管理权限管辖本辖区内本法第15条规定的人员所涉监察事项。"据此一般监督管辖原则，监察机构内部各级监察机关划定了各自的管辖权限范围。[③]《监察法实施条例》第45、46条对一般管辖按照级别进行了列举式

① 这六类人员具体为：中国共产党机关、人民代表大会及其常务委员会机关、人民政府、监察委员会、人民法院、人民检察院、中国人民政治协商会议各级委员会机关、民主党派机关和工商业联合会机关的公务员，以及参照《中华人民共和国公务员法》（以下简称《公务员法》）管理的人员；法律、法规授权或者受国家机关依法委托管理公共事务的组织中从事公务的人员；国有企业管理人员；公办的教育、科研、文化、医疗卫生、体育等单位中从事管理的人员；基层群众性自治组织中从事管理的人员；其他依法履行公职的人员。

② 《监察法实施条例》对公务员范围、法律、法规授权或者受国家机关依法委托管理公共事务的组织中从事公务的人员，国有企业管理人员，公办的教育、科研、文化、医疗卫生、体育等单位中从事管理的人员，基层群众性自治组织中从事管理的人员，其他依法履行公职的人员，进行了明确的列举和解读。

③ 参见中共中央纪律检查委员会、中华人民共和国国家监察委员会法规室编写：《〈中华人民共和国监察法〉释义》，中国方正出版社2018年版，第115页。

的划分。[1] 依据《监察法》《监察法实施条例》确定的一般原则，包含了三个层面递进关系的内容：一是监察程序管辖一般由级别（层级）管辖与地域（属地）管辖相结合确定。单个要素一般无法确定某一监察事项具体应当由哪个监察机关行使监察权。二是级别管辖是按照各级监察机关管理权限划分确定的。《监察法》第 16 条中的“管理权限”在法律条文中的含义是指对被监察对象的组织人事管理权限。[2] 依“管理权限”确定级别管辖，被监察对象的组织人事关系由哪一级组织人事部门管理，其所涉及的监察事项，则由该级组织人事部门相对应的同级监察机关管辖。对于组织人事关系不属于本级组织人事部门管理的被监察对象，则不具有管辖权。三是地域管辖是按照行政辖区划分确定的。《监察法》第 16 条中的“本辖区”，是指本级监察机关所在的省（自治区、直辖市）、盟市、旗县区的行政管理区域。[3] 各级监察机关只能管辖本行政辖区范围内的被监察对象及其所涉及的监察事项。“本辖区”确定地域管辖的范围，各级监察委原则上只对本级行政区域内，本级组织人事部门管理的被监察对象及其所涉及的监察事项具有管辖权，如市级监察机关原则上只管辖本级市区内市管干部所涉监察事项。

监察提级管辖。《监察法》第 16 条第 2 款规定：“上级监察机关可以办理下一级监察机关管辖范围内的监察事项，必要时也可以办理所辖各级监察机关管辖范围内的监察事项。”第 17 条第 2 款规定：“监察机关认为所管辖的监察事项重大、复杂，需要由上级监察机关管辖的，可以报请上级监察机关管辖。”由这两款规定可见，实务中我国监察管辖权向上移转，分为两种情形：一种是上级监察机关依据案件具体情况，自行决

---

① 《监察法实施条例》第 45 条规定，“监察机关开展监督、调查、处置，按照管理权限与属地管辖相结合的原则，实行分级负责制”。第 46 条规定，“设区的市级以上监察委员会按照管理权限，依法管辖同级党委管理的公职人员涉嫌职务违法和职务犯罪案件。县级监察委员会和直辖市所辖区（县）监察委员会按照管理权限，依法管辖本辖区内公职人员涉嫌职务违法和职务犯罪案件。地方各级监察委员会按照本条例第十三条、第四十九条规定，可以依法管辖工作单位在本辖区内的有关公职人员涉嫌职务违法和职务犯罪案件”。

② 参见中共中央纪律检查委员会、中华人民共和国国家监察委员会法规室编：《〈中华人民共和国监察法〉释义》，中国方正出版社 2018 年版，第 116 页。

③ 中共中央纪律检查委员会、中华人民共和国国家监察委员会法规室编：《〈中华人民共和国监察法〉释义》，中国方正出版社 2018 年版，第 82 页。

定提级管辖；另一种是下级监察机关依据案件具体情况，报请上级监察机关提级管辖。就自行提级管辖而言，其主要是为了应对一些重大、疑难、复杂的监察事项，同时有利于上级对下级监察机关的监督指导。由于上下级监察机关之间在工作上的领导与被领导关系①，上级监察机关具有对于下级监察机关的直接指挥权，依据案件具体情况，对下级监察机关正在调查的案件，进行相应的监督或指导。并在一定条件下，提级管辖下级监察机关管辖的监察事项。就报请提级管辖而言，需在符合法定条件或具备法定事由时方可提起。据《监察法》的规定，报请提级管辖案件的法定条件为重大、复杂，不适宜下级监察机关自行管辖；提出方为下级监察机关，批准决定方为提出方的直接上级监察机关。②《监察法实施条例》第 47 条，进一步将提级管辖的条件限定为在辖区内有重大影响、调查难度大、案件重大复杂这三种情形，并强化了上级监察机关对提级管辖的决定权和裁量权。③

监察指定管辖。《监察法》第 17 条第 1 款规定，“上级监察机关可以将其所管辖的监察事项指定下级监察机关管辖，也可以将下级监察机关有管辖权的监察事项指定给其他监察机关管辖”，此为监察机关指定管辖制度。监察法中规定的指定管辖，是指根据上级监察机关的指定，进而享有对特定监察事项进行管辖的管辖权。指定管辖包含两种情形：一是上级监察机关将其所管辖的监察事项，指定给下级监察机关办理，下级监察机关因上级监察机关的指定，而获得对特定监察事项的管辖权；二是上级监察机关将其管辖区域内，某一下级监察机关管辖的监察事项，指定给其管辖区域内的其他监察机关管辖，使得原本没有管辖权的其他

---

① 参见《监察法》第 10 条。

② 参见中共中央纪律检查委员会、中华人民共和国国家监察委员会法规室编：《〈中华人民共和国监察法〉释义》，中国方正出版社 2018 年版，第 117 页。

③ 参见《监察法实施条例》第 47 条，具体规定为“上级监察机关对于下一级监察机关管辖范围内的职务违法和职务犯罪案件，具有下列情形之一的，可以依法提级管辖：（一）在本辖区有重大影响的；（二）涉及多个下级监察机关管辖的监察对象，调查难度大的；（三）其他需要提级管辖的重大、复杂案件。上级监察机关对于所辖各级监察机关管辖范围内有重大影响的案件，必要时可以依法直接调查或者组织、指挥、参与调查。

“地方各级监察机关所管辖的职务违法和职务犯罪案件，具有第一款规定情形的，可以依法报请上一级监察机关管辖。”

下级监察机关，取得对特定监察事项的管辖权。[①] 这种由上级机关根据监察对象和监察事项的具体情况，决定执行管辖权具体机关的制度安排，是对监察管辖一般原则的必要补充。《监察法实施条例》第 48 条在《监察法》第 17 条的基础上，规定上级监察机关将应由其管辖的案件指定给下级监察机关管辖时，需履行批准或备案手续；明确了将某一下级监察机关管辖案件指定给与该下级监察机关同级的其他下级监察机关的四种情形，并明确规定被指定的下级监察机关未经指定监察机关的批准，不得将该指定案件再行指定管辖。[②] 通过《监察法》与《监察法实施条例》设立管辖权的转移制度，能够在复杂的个案处理时，选择最优的管辖途径，以最便利和最有可能办结案件的方案，来确定个案的具体管辖，从而确保各级监察机关，能够及时、准确应对各种类型的复杂案件和新型案件，实现监察权力的高效运行。

监察派驻管辖。《监察法》第 13 条规定："派驻或者派出的监察机构、监察专员根据授权，按照管理权限依法对公职人员进行监督，提出监察建议，依法对公职人员进行调查、处置。"这是《监察法》对派驻管辖制度的规定。派驻管辖包括两方面的内容：一方面，派驻机构根据派出机关的授权，对监察对象进行监督，并依据监督过程中发现的具体情况，提出相应的监察建议。派驻机构管辖的监察对象，主要为在驻党政机关、企事业单位中的公职人员，重点监察对象是在驻单位的领导人员；派驻监督管辖的内容，主要是公职人员的依法履职、行使职权、廉政从政从业和道德操守等方面的相关情况。另一方面，派驻机构根据派出机关的授权，依法履行调查、处置等监察权限。派驻监察机构、监察专员依据派出机关的授权，对在驻单位有关公职人员的贪污贿赂、玩忽职守等职务违法和职务犯罪行为[③]进行调查，并可依据调查结果作出警告、记过等政务处分决定。但是，派驻机构调查管辖的监察对象，不包括应由

① 参见中共中央纪律检查委员会、中华人民共和国国家监察委员会法规室编：《〈中华人民共和国监察法〉释义》，中国方正出版社 2018 年版，第 119-120 页。

② 参见《监察法实施条例》第 48 条，其中上级监察机关对于下级监察机关管辖的职务违法和职务犯罪案件，可以依法指定给其他下级监察机关管辖的四种情形为：管辖有争议的，指定管辖有利于案件公正处理的，下级监察机关报请指定管辖的，其他有必要指定管辖的。

③ 参见《管辖规定（试行）》第 27、29 条。

派出监察机关直接负责调查、处置的公职人员，管辖内容也主要依据派出机构的授权行使。[①] 例如，《监察法实施条例》第 49 条第 1 款规定，“工作单位在地方、管理权限在主管部门的公职人员涉嫌职务违法和职务犯罪，一般由驻在主管部门、有管辖权的监察机构、监察专员管辖；经协商，监察机构、监察专员可以按规定移交公职人员工作单位所在地的地方监察委员会调查，或者与地方监察委员会联合调查。地方监察委员会在工作中发现上述公职人员有关问题线索，应当向驻在主管部门、有管辖权的监察机构、监察专员通报，并协商确定管辖。”

管辖争议解决。《监察法》第 16 条第 3 款规定：“监察机关之间对监察事项的管辖有争议的，由其共同的上级监察机关确定。”这是关于两个或两个以上的监察机关之间对于某一项监察事项的管辖存在争议，该如何处理并最终确定管辖主体的问题。

由于监察所涉及的对象以及事项本身具有一定程度的复杂性，监察管辖交叉、重叠或者管辖不清的情况可能存在和发生。为了避免因为管辖争议而引发相关监察机关就管辖事项的争抢和推诿现象，保证监察管辖制度的有序高效运行，确保各监察机关各负其责和配合协作，《监察法》规定了监察机关之间出现管辖争议时的处理原则，即两个或者两个以上监察机关发生管辖争议之后，应当就争议的监察事项提请共同的上级监察机关决定，由该上级监察机关确定具体由哪一个监察机关管辖。这里的“共同的上级监察机关”，是指对发生管辖争议的两个或者两个以上的监察机关，都存在领导关系的上级监察机关。如在同一个省级行政区划内，地市级监察机关的共同上级监察机关，为该省的省级监察机关；两个县级监察机关，如分属于同一省级行政区划的不同地市，其共同的上级监察机关则是该省的省级监察机关；如管辖争议发生在不同省份的监察机关之间，共同的上级监察机关则是国家监察委员会。[②]

上述内容构成了我国《监察法》及其实施条例中确立的监察管辖制

① 参见中共中央纪律检查委员会、中华人民共和国国家监察委员会法规室编：《〈中华人民共和国监察法〉释义》，中国方正出版社 2018 年版，第 100-101 页。

② 参见中共中央纪律检查委员会、中华人民共和国国家监察委员会法规室编：《〈中华人民共和国监察法〉释义》，中国方正出版社 2018 年版，第 117 页。

度体系，本书基于研究的目的，将相应的制度内容具体划分为监察管辖范围、监察管辖方式和监察管辖事项，并在后续内容中加以具体研究探讨。

二、监察管辖基本原则

法律原则是法律的基本性原理，并为其他基于法律原则的规定提供基础的和最初的规则和理论指引，可以说法律原则是确保法律体系统一有序的内在价值指引。① 具象到监察法监察管辖的适用中，监察管辖的原则就是反映我国腐败治理价值理念，适用于监察工作运行的全过程，指导和规范监察管辖制度运行的基本行为准则。具体而言，为指导监察管辖工作的开展，确保我国全面依法治国方略下腐败治理策略的有效贯彻和落实，监察管辖需要遵循以下几个基本原则。

（一）法定原则

管辖法定原则，要求法律事先根据普遍、抽象的标准确定案件的管辖机关，不允许在案件发生后再个别地选定管辖机关去具体办理该案件。基于法律制定的法治化原则，管辖法定原则要受管辖制度理论原则和宪法原则的影响，而且在不同的国家有不同表现形式。在以审判管辖为中心构建管辖制度的国家，管辖法定原则集中体现为法律预先对案件管辖的法院进行规定，而侦查管辖则依审判管辖的确定而确定。在强调侦查管辖法定原则的国家，法律不仅对法院的审判管辖作出规定，而且对侦查机关的侦查管辖也作出规定。而大陆法系的一些国家通过在宪法中规定“法定法官”制度，实现管辖法定。以德国为例，《德国基本法》第101条规定，“非常法院不得设置；任何人受法律所定之法官审理之权利，不得剥夺”。② 俄罗斯、意大利和奥地利等大陆法系国家也有相似的规定。由此可知，域外国家对管辖制度都是采用法律预先规定的模式，在案件发生之前就在法律中规定一般性、抽象性的管辖规定，当案件发生时依据这些法律规定直接确定具有管辖权的管辖机关。我国监察机关是宪法

① 参见张文显主编：《法理学》（第4版），高等教育出版社2011年版，第74页。

② 参见张曙著：《刑事诉讼管辖制度研究》，法律出版社2020年版，第19页。

规定的腐败治理专责机关，其在宪法规定的权力下履行对公职人员及公权力行使人员的监察管辖权，这一管辖权的行使同样也需法律预先规定一般性和抽象性的规则，确保监察机关管辖权的规范行使。基于此，监察管辖法定原则，就是指监察机关需要在《宪法》和法律规定的范围内履行管辖职能，不能滥用监察管辖权，否则须承担相应的法律后果。监察管辖法定原则具体包括职权法定、权限法定和责任法定这三方面的内容。

1. 职权法定

管辖法定原则，是社会主义法治国家建设的必然要求，也是以法治思维和法治方式治理腐败的直接体现。职权法定的意义：一是保障监察机关依法独立履行监察职权，防止因职权不清而引发管辖争议。二是获得公众的信赖。如果案件发生后，任意改变法律规定的管辖机关，将使公众对职务违法犯罪管辖法定机关的公正性、公平性和监察案件调查能力产生怀疑，不利于对监察机关权威性和公正性的维护。三是尊重和保障人权。监察机关管辖职权法定是我国全面依法治国方略的重要体现，也是对被监督公职人员、行使公权力人员人权的维护。职权法定是监察机关程序正当性的重要体现，可以防止监察案件中被调查人被任意确定调查机关和调查人员，确保其基本人权和正当权利不被侵害。

监察机关作为改革后新设立的国家机构，改变了此前的政权结构，在权力机关之下形成“一府一委两院”的全新权力运行格局，其必然是权力法定，以规范化和法治化的方式履行职责，确保监察工作运行的实体和程序合法。故监察管辖权限必然依法取得，没有相应的法律依据，就丧失其管辖的合法性和正当性。作为我国行使国家监察职能的专责国家机构，监察所有行使公权力的人员、调查职务违法和犯罪、开展廉政建设和反腐败工作的日常监督等腐败治理工作是其法定职责，将职务违法犯罪案件的调查权不再进行分割，由监察机关归口管理①统一行使。《监察法》第 34 条规定，其他国家机关在工作中发现的职务违法或犯罪

① 参见钱小平：《监察委员会监督职能激活及其制度构建——兼评〈监察法〉的中国特色》，载《华东政法大学学报》2018 年第 3 期，第 41 页。

线索，应移送监察机关，若一人既涉嫌严重职务违法或犯罪，又涉嫌其他违法犯罪，则嫌疑人涉嫌案件的办理，应以监察机关的调查为主，其他国家机关予以协助。同时，监察机关以公职人员为监督对象，是典型的“对人”监督管辖，与《刑事诉讼法》规定的“对事”管辖区别较为明显，为确保监察效果和监察结果的客观公平，维护检察机关法律监督的刚性，在专业性领域较强的诉讼领域和诉讼活动中，相关司法工作人员的职务犯罪行为，监察机关授权检察机关行使案件的侦查权，由检察机关对上述司法工作人员的违法犯罪行为进行侦查和提起公诉。

2. 权限法定

管辖制度从其本质上看，实质是一国事先通过法律确定的在各个职能机关及职能机关内部进行案件分配的制度。国家通过立法事先确定抽象性和一般性的相关案件的管辖标准，待具体案件发生后，依据事先确定的管辖标准由有权机关进行管辖，以此来解决监察案件在监察机关与其他职能机关、监察机关内部不同监察机关间案件管辖的分工，即由制度确定案件的分配，不受制度外的其他因素干扰。遵循公平公正的法治精神，保障监察案件的管辖分配不受干扰，维护被调查人员的合法权益，这也是对程序正当原则的有效践行。而在监察机关内部具体决定由哪个具体监察官承办案件，也要遵循明确性和合理性的规范要求。管辖权限法定原则，也具有防范人为操纵办案结果的功能，为了避免监察活动受到不当的干扰，监察机关内部也应遵守管辖权限法定的原则。当监察机关决策机构基于监察活动高效公正行使的考虑和目的，可进行管辖权移转，变更具体的监察案件办理机关或承办人员，但是这种管辖权限的移转需在内部管辖权移转的规范进行，防止对法定管辖权限的不当侵蚀和干扰，需明确进行管辖权移转的条件，如具体承办人员存在需回避、违法或明显不当行为的，或进行管辖权移转后能够有效提升案件办理效率和维护案件办理公平公正的情形，即管辖权限由法律预先规定后，无法定管辖权移转情形，不可随意进行管辖权的移转，防止权力滥用及对被调查人合法权益的侵害。

具体到监察机关权限的划分上，依据《监察法》的规定，各级监察机关的管辖权限，依干部管理权限和其管辖的区域确定。各级监察机关，对其管辖范围内的行使公权力的人员，具有法定的监察权限；对本级组织人事部门干部管理权限之外和管辖区域之外的行使公权力的人员，不享有法定的管辖权限，在无上级监察机关授权的情形下，其无权对这部分行使公权力的人员进行监察，否则即为程序违法，其管辖不仅不具有法定效力，甚至因涉嫌违法需承担相应的法律责任。

依据相应的法定管辖权限，国家级监察机关，对中央组织人事部门管理的公职人员及其他行使公权力人员进行监督，调查上述人员涉嫌的职务违法或职务犯罪案件，以及在全国范围内具有重大影响的职务违法和职务犯罪案件①；省级监察机关，对省级组织人事部门管理的公职人员及其他行使公权力人员进行监督，调查其监督的行使公权力人员或在本级行政区域内具有重大影响的职务违法或职务犯罪案件；地市级监察机关负责监督本级组织人事部门管理的公职人员及其他行使公权力人员，调查其监督的行使公权力人员或本级行政区域具有重大影响的的职务违法或职务犯罪案件；而县级监察机关作为基层监察机关，负责监督县级组织人事部门管理的公职人员及其他行使公权力的人员，调查本级行政区域内行使公权力人员的职务违法或职务犯罪案件。而派驻（派出）监察机构是派出监察机关的组成部分②，其监察管辖权限依据派出监察机关的授权，在授权范围依法履行监察管辖职责③。各级监察机关及其派驻（派出）监察机构，依据监督、调查结果和处置权限，依法作出相应的处置。

3. 责任法定

监察机关作为履行国家监察职能的国家机构，在履行法定管辖职权的同时，也需承担相应的法律责任。这既是国家机构权责对应④的应有之义，也是监察管辖法定原则的必然要求。监察机关在法定权限内，依法

① 参见《管辖规定（试行）》第 22 条。

② 参见钱小平：《监察管辖制度的适用问题及完善对策》，载《南京师大学报（社会科学版）》2020 年第 1 期，第 135 页。

③ 参见《监察法》第 13 条。

④ 权力和责任的天然对应是现代宪政体制的内在需求。参见秦晖：《公共权力、公共责任与限权问责》，载《吉林大学社会科学学报》2006 年第 3 期，第 11 页。

履行监察责任，确保实体和程序合法，并产生积极的监察效果。如果监察机关在适用管辖权限过程中存在瑕疵，则产生消极的法律后果，可能侵害当事人的合法权益，也可能致使监察工作因程序违法而被迫终止，从而无法进一步开展。而对引发消极或违法的法律后果的监察机关和监察工作人员进行责任追究，既是对其滥用监察管辖权限的否定性评价，又可预防此类行为的再次发生。

对违背监察管辖法定原则的责任追究包括两部分。首先，是对违背监察法定原则行为的程序否定责任追究。这类管辖或是没有管辖权限或是超越管辖权限，监察机关据此进一步开展的监督、调查和处置工作，则在实体和程序方面违反法律的规定，属无权管辖，监察工作及监察结果缺乏合法性依据，此类监察结果不能作为最终监察处置或司法机关裁判的合法依据。① 其次，是对违反监察管辖法定原则工作人员的实体责任追究。监察工作人员违反或超越法定监察管辖权，势必会对监察对象的合法权益造成侵害，因而对涉案监察机关的直接责任人员，须追究其相应的法律责任，构成犯罪的则要追究其刑事责任。相关领导人员因其管理的疏忽，未能及时阻止违法行为的发生，也要承担相应的法律责任或刑事责任。②

监察管辖法定原则，通过职权法定、权限法定和责任法定的方式，与监察管辖具体规则，共同确保监察管辖的规范运行，在对监察对象进行有效监察的同时，防止监察管辖权限的滥用。

（二）效能原则

监察管辖效能原则③，是指在确定对具体监察事项的管辖机关时，应

① 参见《监察法》第33条第2款。

② 参见《监察法》第61、66条。

③ 效能是行政管理中常用的术语，是指行政机关工作目标及其实施的成效。后被引入至行政监察中，行政监察效能是指行政监察机关对其监察范围内的监察对象在实现行政管理目标、实施行政过程中所体现的行政效能的监督监察，目的是改善行政管理，克服官僚主义，提高行政效能。参见赵奇、刘珊珊：《行政效能监察的理论思考》，载《法学杂志》1999年第6期，第21页。效能原则要求行动必须符合客观规律，能够有效地改造客观世界。参见唐莹瑞、赵晓强：《试论党内法规制度执行力的形成逻辑——基于实践理性的视角》，载《长白学刊》2018年第5期，第110页。

以最有利于履行监察职责和确保监察工作公平公正和效率为标准，以最少的监察执法成本获得最大的监察效果。在这一原则的指导下，监察机关以公平公正为导向，兼顾效率，在坚持监察管辖一般原则的基础上，综合运用多种管辖方式，进行资源整合和配置，最大限度地发挥监察机关的管辖效能，以实现监察管辖职能。具体表现为以下方面。

1. 以一般管辖为基础

与刑事诉讼案件以犯罪行为地为主、结果地为辅，确定侦查管辖权的原则不同，监察机关的管辖权，则是通过干部管理权限和管辖区域相结合的方式来确定的。以一般管辖为基础，同时体现了我国监察管辖制度确定时的合理分工方面的考量，在划分管辖权时，充分考量行使被监察人员的职权和身份特征及监察机关的工作能力和工作负担，确保监察机关能够高效地履行管辖职责。监察机关作为我国监察体制改革后的腐败治理专责机关，在腐败预防和腐败惩治上承担着重任，但是不同级别的监察机关在工作人员知识储备、工作能力、工作经验和技术设备方面，仍存在一定的差别，为此在监察机关内部管辖范围划分时，需要综合考虑所有的因素，确保一般管辖范围的基础性和广泛适用性。从我国各级监察机关的设置和监察机关的领导体制看，监察机关级别越高，监察工作的领导、内部监督和业务指导的任务就越重。例如，国家监察委员会不仅领导全国各级监察机关的工作，还要监督各级监察机关是否依法履职，并承担全国人大常委员会授予的监察法规制定责任，对全国的监察工作进行业务指导和培训等。为此，在职务违法犯罪的监察调查职能上，国家监察委员会调查中央管理的公职人员职务违法和职务犯罪案件以及有全国性影响的其他重大职务违法和职务犯罪案件。①

具体到国家监察委员会以下各级监察机关，一般情况下县级以上监察机关依据《监察法》第16条第1款的规定，确定其管辖权，即县级以上监察机关，管辖本辖区内本级组织人事部门管理的公职人员及其他行使公权力人员涉及的监察事项。在此基础上，依据我国现行的公职人员

① 参见《管辖规定（试行）》第22条。

和干部分级管理制度，不同级别的监察机关管辖同级别行政区划内，组织人事部门管理的行使公权力的人员。这是我国监察管辖权确定的一般原则，即在一般情形下，依据一般监察原则确定的监察机关，是与监察事项涉及的公权力行使机关最相近的管辖主体，能够最为便利地有效行使管辖权，快速地开展监察工作，提高监察执法效率，降低监察执法成本。

2. 以管辖方式综合运用为手段

以法律事先的规定确定监察机关的管辖权，是通过这种一般性、抽象性的规定，确保管辖的确定性，防止职能机关之间及监察机关内部不同监察机关之间对监察案件管辖权的相互推诿或相互争抢。法律预先确定的一般管辖标准在其运行过程中具有高度的稳定性，在无极特殊的情况下，一般不得改变依据这一标准确定的管辖权。在西方大陆法学理论中，根据是否由法律预先确定管辖权，将管辖分为法定管辖和裁定管辖。理论上进行如此分类，主要目的是确定以法定管辖为原则、以裁定管辖为补充的灵活管辖模式。其中，法定管辖又可以分为事物管辖、地域管辖和级别管辖。裁定管辖分为指定管辖和移送管辖。法定管辖，完全依据法律的抽象性标准确定，相关职能机关是否取得管辖权，完全取决于法律的规定。裁定管辖是指在符合法律规定条件的基础上，根据特别的裁定而获得管辖权。① 可以看出，虽然作出裁定管辖的机关具有一定的裁量权力，但是裁定管辖的适用同样是严格限制的，防止条件不严、范围过宽导致的对法定管辖权这一基础性管辖权确定标准的冲击，影响这一管辖原则的适用。

但是，基于职务违法犯罪的复杂性、多边性，以及不同地区间、不同职务违法案件具体情况的差异性，管辖方式的适用不应太绝对，要辅之一定的灵活性，综合运用各种管辖方式。相较于监察管辖的确定性，管辖的灵活性处于一种辅助地位。就监察调查的管辖而言，由于行使公权力人员与一般刑事犯罪涉案人员相比，具有一定的身份特殊性，尤其

① 参见［日］田口守一：《刑事诉讼法第5版》，张凌、于秀峰译，中国政法大学出版社2010年版，第148-149页。

是被调查前行政级别较高的公职人员，其所掌握的政治资源和社会关系不是一般刑事犯罪案件的行为人所能比拟的。在被监督调查前，公职人员往往可利用其职务便利形成一定的关系网，甚至会形成以谋取不当利益为目的的“小圈子”。因其行使公权力的公职人员身份，与其谋取不当利益目的行为的相悖性，在“小圈子”成立之初，该“圈子”的成员对其行为的违法性往往具有清晰的认识，所以该“小圈子”成员出于规避法律惩治的目的，会极力地为被调查人开脱，阻挠监察机关的办案而形成职务违法犯罪共谋现象①。这些小团体的成员不限于被调查人所在单位的工作人员，甚至会涉及司法机关或纪检监察机关的工作人员，故此类监察案件的办案阻力较大，也可能引发家族式腐败、塌方式腐败等社会影响极大的重大案件，如轰动一时的“小官巨腐案件”②。监察管辖权的确定依据，是干部管理权限和管辖地域，而不是刑事案件管辖权确定所依据的涉案金额、社会影响力等因素。如果机械地执行监察管辖的一般原则，由对此类行政级别低的公职人员享有管辖权的基层监察机关来办理，则超出了其案件办理能力和水平。而且，此种情形下由某个监察机关单独处置是不现实的，也是不合理的，其有限的人力和物质资源，无法同时保证案件办理的效率和公平公正。此种情形出现时，需要在上级监察机关的领导下，通过提级管辖、指定管辖等多种管辖方式的综合运用，合理配置监察调查资源，以有效及时地处置案件，对相关人员和机关进行调查，维护案件调查的及时性和公平性。

---

① 共谋现象最初出现在经济领域，是指在交易过程中存在的不正当勾结、串通和舞弊行为。后来引申到公共管理领域，具体指基于规避责任追究的目的，基层政府与直接领导的上级政府间互相配合，应对来自管理层级更高政府的检查和监督的行为。参见米恩广、张莹丹：《政府“共谋”现象的生成机理——基于组织社会学理论的一种思考》，载《理论探索》2014 年第 1 期，第86-87 页。本文的共谋现象则指出于规避刑事处罚的目的，相互开脱或作伪证等一系列阻挠监察机关办案的行为现象。

② “小官巨腐”一词最早出现在 2014 年中央巡视组第二轮巡视反馈情况报告中，这类案件是指涉案公职人员的行政级别不高，行政级别一般为乡科级的公职人员，甚至只是基层工作人员，但其职务犯罪行为的涉案财物数量、涉案人数、案件复杂程度较高，因此将其称为“小官巨腐”。参见陈文权、许可：《“依法治官”的困境与对策研究——以治理“小官巨腐”现象为例》，载《重庆邮电大学学报（社会科学版）》2016 年第 2 期，第 8-9 页。

3. 以资源能力综合调配为依托

监察调查便利和效率原则，也是监察管辖权确定需要遵循的一项重要原则。监察便利原则要求有管辖权的监察机关能够迅速地展开监察活动，在涉及职务违法犯罪问题时，可以及时收集、保全证据，迅速展开调查核实工作，而且要便于案件当事人参与监察调查及此后的诉讼活动。在具体监察案件的调查过程中，与“小官巨腐”案件相对的是“高官腐败”① 案件的办理。仅2018—2019年，据中央纪委国家监委公布，共有39名副部级公职人员接受纪律审查和监察调查。② 截至2020年1月，上述案件大部分仍在办理过程中。副部级以上公职人员是中央组织人事部门管理的干部，依据干部管理权限和管辖区域相结合的监察管辖一般原则，对这些公职人员的职务犯罪案件的调查，均应有国家监察委员会（以下简称“国家监委”）负责，监察管辖权限归国家监委行使。而副部级公职人员属我国权力体系的顶端，涉案的副部级公职人员往往从政时间长达几十年，占有权力体制内外大量的资源，体制内外人际关系和社会关系复杂，案件调查核实难度较大。如果按照监察管辖一般原则，由国家监委依法独自行使管辖权，即使以国家监委的人员力量和资源技术，也将不堪重负。从国家机关的职能定位出发，国家监委作为全国监察机关的领导机构，其职责不仅仅是调查核实其管辖的行使公权力人员涉嫌的职务违法犯罪案件，还有从全局的角度出发，统筹规范我国的腐败治理整体工作。

所以，国家监委充分利用其对全国监察机关领导的职能，将此类副部级公职人员涉嫌的职务违法犯罪案件指定给相应的省级监察机关办理，使其享有对某个特定职务违法犯罪案件的管辖权，通过这种一案一授权的管辖权的综合调配，整合了监察管辖资源和技术，确保案件查办的公

---

① 依据中共中央、国务院《关于高级干部生活待遇的若干规定》（1979）的规定，高级干部是指党政机关、军队及国有企业中副部级以上官员。因而此处的高官腐败是指副部级以上官员的职务犯罪案件。参见赵秉志、彭新林：《我国当前惩治高官腐败犯罪的法理思考》，载《东方法学》2012年第3期，第87页。

② 此处数据来源于中央纪委国家监委网《审查调查》栏目，其中的《中管干部》执纪审查资料，统计期间为2018年4月1日至2019年12月1日，载中央纪委国家监委网：http://www.ccdi.gov.cn/scdc/zggb/zjsc/，最后访问日期：2020年1月20日。

平公正，提高办案效率。

综上，监察机关在坚持一般管辖原则的基础上，充分利用上下监察机关间的领导与被领导的关系，灵活运用指定管辖、提级管辖、派驻（派出）管辖等多种管辖方式，确保对监察对象的监察事项的有效管辖，在维护监察工作公平公正的同时，以最低的执法成本，获取最大的监察工作的成效，体现对监察效能原则的充分适用。

（三）全覆盖原则

监察管辖的全面覆盖，是指对公权力运行监察的全面覆盖，对公权力行使人员的监察全面覆盖，这是国家实现对腐败有效治理的必然要求。其内涵具体表现为以下几方面。

1. 公权力运行的全面覆盖

强化对腐败的治理就需要对权力的运行进行监督和制约，这是由权力的本性决定的。权力是随着人类社会的发展而出现的，由于资源的有限性和个人能力的差异性，相互间资源分配产生利益冲突，于是对利益进行均衡、调节、处置和保护的公权力出现了。① 可以说，自诞生之日起，权力就具有公共性的本质特征，其与维护公共利益是紧密相连的。②依据权力作用的范围，权力可分为私权力和公权力两类。其中公权力，是指在一定成员基础上成立的组织，并以组织的名义代表所有成员所做出的行为或拥有的影响力；依据组织的不同组成形式可以将公权力分为国家公权力、社会公权力和国际公权力。其中，国家公权力就是指随着国家的产生而形成的权力，国家借其以履行和实现国家的职能，而国家的各职能部门及其他履行国家职能的机构则是国家实现其公权力的介质和载体。③ 社会公权力是公权力最早出现的一种形式，在国家出现之前其是解决纠纷、进行利益权衡的主要方式。现在是指具有一定政治、经济或信息等优势的自治组织团体所拥有的对其成员以及不特定人员的影响

---

① 参见李天昊：《公权力与私权力界限析》，载《重庆社会科学》2017 年第 4 期，第 34 页。

② 参见潘爱国：《论权力的边界》，载《金陵法律评论》2011 年春季卷，第 46 页。

③ 参见姜明安：《公法学研究的几个基本问题》，载《法商研究》2005 年第 3 期，第 4 页。

力和作用力。[①] 国际公权力是国家主权随着社会发展的自然延伸，是当前各个国际组织享有的广泛管理权力，能够深刻影响各个成员国及其公民的权益。[②]

长期以来，国家公权力作为最重要的一种公权力形式，其影响力最大，甚至被视为公权力本身。[③] 但是，随着经济社会的发展，个人权利保障制度和权力制约制度的完善，国家公权力的行使被限定在特定的公共领域范围内，不能介入社会的所有方面；而经济社会的发展，又需要相应的治理权力的介入管理，愈发凸显了国家公权力在现代社会治理中的治理能力不足问题，亟须社会公权力对公共领域范围之外的领域，通过自治管理或施加影响力的方式进行代为管理，以保证经济社会的正常发展，其结果是社会公权力的影响力与日俱增，已成为当今社会管理中一种不可替代的权力形式。[④] 当前，作为社会公权力行使载体的一些社会团体和非营利组织已成为我国社会管理中的重要组成部分，如公立教育、卫生、医疗、养老、仲裁组织、行业协会等对于社会资源的分配和共同富裕的建设具有重要的影响力，在经济社会发展中发挥着重要的自治管理职能和辐射力。同时，第二次世界大战后，随着经济全球化和国际分工合作的不断深化，国家间交往日益频繁，合作共赢成为当今国际社会发展的主题，由各个成员国家授权并承认的国家组织，在全球发展中的作用日益凸显，其在维护国际社会秩序方面的公共职责持续强化，如联合国、国际刑警组织等国际组织，在维护国际秩序方面具有不可替代的作用。我国作为这些国际组织的成员国或发起国，在一定的条件下，我国的某些公民或公职人员会参与这些国际组织的日常经营和管理，而且部分国际组织会在我国开展相关工作，这些人员履行相应国际组织职权的行为，可能会影响到我国的国家权益或公民的合法权益，依据国际法

---

① 参见李海平：《论基本权利对社会公权力主体的直接效力》，载《政治与法律》2018 年第 10 期，第 111 页。

② 参见谭宗泽：《论国家监察对象的识别标准》，载《政治与法律》2019 年第 2 期，第 72 页。

③ 同①。

④ 参见蔡乐渭：《论国家监察视野下公权力的内涵、类别与范围》，载《河南社会科学》2018 年第 8 期，第 67 页。

中的属人或属地等管辖原则，这部分人员行使的国际公权力必然受我国国家机关的监督。因此，要实现国家监察机关对公权力行使的全面覆盖，就应对国家公权力、社会公权力、国际公权力的运行进行管辖全覆盖。

2. 行使公权力人员的全面覆盖

依据《监察法》第15条，国家监察机关监察的对象为行使公权力的人员，这是监察权力运行的必然要求。监察权力运行必然要监察行使公权力的人。《监察法》在总结我国此前腐败治理经验的基础上，将监察对象扩大到所有行使公权力的人员，避免此前因监督对象条块化管辖而产生的监督盲点或遗漏。通过监察对象的扩大和明确，在监察范围上实现了国家监察对应监察对象的全覆盖。监察对象为行使公权力的公职人员和有关人员，监察实务工作中确定有关人员是否为监察对象，不在于是否有公职或是否有特定职务身份，而在于其是否行使公权力。与此前职务犯罪侦查机关侦查对象或行政监察机关的监督对象相比，监察对象的范围更加全面，涵盖了公权力运行的所有领域，具体而言，包括公权力机关的公务员及参照《公务员法》管理的人员、授权或受委托从事公务的人员、国有企业管理人员、公办单位中从事管理的人员、基层自治组织中从事管理的人员，以及其他无法被归类于上述种类但事实上行使公权力的人员。可以看出，监察管辖范围不仅覆盖了国家公权力部门的公职人员，对于行使社会公权力组织中从事管理的人员也进行了监察覆盖，有效地填补了近年来政府购买服务增加后，相应社会组织在履职过程中监督缺位的需求，也是对人民群众要求强化对身边“微腐败”① 现象监督需求的回应。

3. 腐败治理流程的全面覆盖

依据《监察法》第3条、11条，监察机关监察职责即各级监察机关的管辖事项，不仅仅包括《管辖规定（试行）》第4章具体列举的88个

① “微腐败”一词最早是习近平总书记在十八届中央纪委第六次全会上提出的，是指基层行使公权力的人员利用职权谋取不当利益，其行为一般情节弱、层次和程度低，尚未构成犯罪，但社会影响较差。参见余雅洁、陈文权：《治理“微腐败”的理论逻辑、现实困境与有效路径》，载《中国行政管理》2018年第9期，第105-106页。

刑事罪名，还包括对行使公权力人员的日常监督检查。也就是说监察机关的监察管辖，涵盖了监察对象的违纪、违法、涉嫌犯罪问题和相应的廉政建设工作。这与监察机关的国家反腐败专责机构的定位相关，职务犯罪案件的办理仅仅是其职能之一，强化腐败预防的日常监督更是其工作的重中之重。[①] 这也是与党的纪检机关合署办公模式下，党内监督要求落实“四种形态”[②]，强化抓早抓小的内在要求相一致。在这一模式下，监察管辖是监督管辖的全覆盖，而不是办案管辖的全覆盖。[③]

综上，监察机关通过对公权力运行及其行使人员的监察管辖全覆盖，通过对行使公权力人员的日常监督和违法犯罪调查的管辖覆盖，实现对腐败现象的综合治理，进而推进国家治理能力和治理水平的现代化。

三、监察管辖的理论基础

监察制度及其管辖制度的设置，是现代权力理论在我国的本土化演进。在监察管辖制度的适用和运行中，监察机关与其他职能机关间职能管辖的划分、监察机关内部各级监察机关间的管辖权限划分，是监察机关监察权及管辖权在横向和纵向上的结构设置，是权力结构理论的充分适用。而监察机关适用管辖权的过程，无一不体现着作为权力行使主体的监察机关对管辖权力的运用，以确保监察权的落实和实现。而且，管辖制度在管辖权的适用的过程中也体现着对权力的规范和约束，显露出现代权力运行理论和权力制约理论对监察管辖的指导作用。同时，监察管辖制度对多种管辖方式的综合运用，有效地整合了监察机关内外部各种资源力量，实现对所有管辖对象的全面覆盖，使监察管辖的职能优势在腐败治理中得以强化和实现，是权力配置理论和权力运行理论与管辖制度的有效结合。为此，在监察管辖制度本身和适用中，现代权力理论

---

① 参见马怀德主编：《监察法学》，人民出版社 2019 年版，第 121 页。

② 四种形态，是指经常开展批评和自我批评，及时进行谈话提醒、批评教育、责令检查、诫勉，让“红红脸、出出汗”等成为常态；党纪轻处分、组织调整成为违纪处理的大多数；党纪重处分、重大职务调整的成为极少数；严重违纪涉嫌违法立案审查的成为少数。参见《中国共产党纪律处分条例》第 5 条。

③ 参见王希鹏：《完善国家监察领导体制及推进纪检监察一体的思考》，载《湖南社会科学》2018 年第 2 期，第 111 页。

指导和促进着监察管辖制度的制定和完善。具体而言，权力理论对监察管辖的引导和规范，可从以下四个方面得以显现。

（一）权力结构理论

监察机关管辖权限范围的划定和内部各级监察机关权限的分工，处处体现着权力结构理论的痕迹。权力结构理论，是指关于权力的组织体系、权力的配置以及不同权力之间的互动关系的理论。权力结构理论是从客观性和手段性的角度，打破历史上对权力的崇拜，将权力作为一种可以按照人们主观意识进行配置的客观事物。[①] 权力结构理论以客观性为基础，不被掌权者本人和其自身的道德情况所影响，权力结构不同，依据其结构而输出的内容自然存在不同。

而国家权力结构的分类，则是指一国所有公共权力的类型划分及其在纵横向度上的分配、组合而形成的关系类型。国家权力结构在纵向上存在单一制与联邦制之分，在横向上存在分权制与集权制之分，其中分权制又包括三权分立、君主立宪与议会制等模式。现代社会以来，国家权力结构更新成为社会发展的重要基础，直接决定着在一国中承担治理功能的权力机构的设置、模式、权力系统及组织体系状况。[②]

为确保权力结构输出内容的合理性，保护权力的人民性，防止因单向绝对命令权力关系而引发权力的滥用，就需要对权力结构的合理性进行设置，[③] 将权力进行平面化和层级化的分割配置。其中权力的平面化，是指将同一层级的权力尤其是最高权力加以平面化分割，由不同的权力主体行使各自法定范围内的权力，在各自的权力范围内其具有绝对的法定权威性。权力的层级化，是指将上下级之间的权力关系变为单纯的法律关系，进行法治化运行。它要求上下级权力主体在法律上的平等关系，上下级之间的领导和服从，是基于法律的权威而不是上级的威权，上下级权力主体均有各自的权力范围，并在各自权力范围内具有权力的最

① 参见周永坤：《权力结构模式与宪政》，载《中国法学》2005 年第 6 期，第 5-6 页。

② 参见魏昌东：《腐败治理体系法治化发展的一般原理》，载《南京大学学报（哲学·人文科学·社会科学）》2020 年第 3 期，第 97 页。

③ 参见任喜荣：《当代中国宪政建设中的“主义”与“问题”》，载《法制与社会发展》2012 年 5 期，第 147 页。

高性。

通过权力结构的这种平面化和层级化的交叉设置，国家权力形成了各种不同性质和层级的权力[①]，这些权力的优化配置就形成了网格式的权力结构。这一结构将所有权力都纳入其中，结构中的权力运行都会受到其他权力的制约，每一种或每一层级的权力在其权力范围（网格）内具有权威性。权力结构的这种网格结构是以法律的形式表现出来的，在法律的规范之下，权力是这一网络中的各个节点，这些权力节点都在法律的规范内行使，不能超越自身的网格边界，统一服务于法律体现的人民利益。同时，在这一网络中权力的上下级层级关系依然存在，上下级之间通过法律规范划定各自的权力范围，下级依据法律规定服从上级的领导，对于超出法律规定的内容有权拒绝，进而在权力分配的同时防止了权力的滥用。

从上述分析可知，在我国人民民主专政的国体下，代表人民权力的全国人民代表大会为最高权力机关[②]；在最高权力机关的领导下，在代表全体人民利益的《宪法》的规范下，我国的国家权力划分为立法权、司法权、行政权和监察权四种权力。在不同权力内部的层级上，不同的权力主体之间依据法律划分权限，下级依据法律服务上级，不同的权力交叉组合形成网格化的权力结构，在法律的规定内依法行使各自的职权。监察机关依法履行法定的监察职权，在其权限范围内依法行使其管辖权，规范公权力的运行，维护人民的根本利益。

（二）权力运行理论

权力运行理论，是指权力主体对权力的行使，是抽象权力在实践中的具体适用和运作的流程，它包括权力在权力主体内部的运行和权力在权力主体外部的运行两部分，并以一定的运行结果呈现出来，即权力运

① 参见王戬：《论“监督”语境下的检察权能》，载《中国刑事法杂志》2010年第12期，第89页。

② 参见沈寿文：《论人民代表大会制度国家权力配置功能》，载《法学论坛》2014年第3期，第17页。

行包含着权力的内部运行和外部运行两个方面。① 要优化权力运行的结果，实现权力运行设置的最初目的，需强化权力外部和内部运行的规范化。在权力外部运行方面，要划分好权力主体与其他不同性质权力的管辖范围，提升权力外部运行的规范化、法治化水平，明晰自身权力与其他不同性质权力的界限，规范制度化的协调机制，避免产生相互交叉的不同权力间权责不清、互相推诿和争抢管辖权等情况。在权力内部运行方面，要强化立法和内部规范建设，提供规范化运行的法律依据。权力在权力主体内部运行的同时，要强化责任建设，确保权责一致，防止权力的滥用。从监察管辖权的运行流程来看，监察管辖权力的规范运行包含以下几个方面：

一是规范监察管辖的外部运行边界，即明确界定监察机关与其他相关机关的管辖范围，表现为强化监察范围判断的规范化。监察范围判断，分为对监察对象和对监察案件管辖判断两种。何种主体和案件属于监察管辖范围，是明确监察机关权力边界的决定性因素。国家权力机关授权监察机关对六大类人员具有监察管辖权，对职务违法和职务犯罪案件具有调查管辖权。通过这一授权，划定了监察机关管辖的范围，防止监察机关越权管辖和不积极履行职权，以此为标准规范监察管辖的外部运行。具体表现在以下两个方面：一方面是《监察法》对六大类人员采取的立法方式为列举式。列举式立法具有较强的谦抑性，即仅有被明确纳入《监察法》管理和监察范围的内的人员，才有进入监察管辖程序的资格，以此来强化监察管辖人员判断的规范化。另一方面是通过是否涉及监察机关管辖的案件，来确定某一类特定人员是否属于《监察法》规定的被监察对象。对不属于监察机关管辖的案件，则不具有管辖权，这一判断的责任在事实上是归属于监察机关自身的。从被监察人员的角度来看，被纳入监察机关管辖的案件，主要通过两种途径，一是监察机关及其派驻机构在履行监察职权过程中主动发现的，涉及监察机关管辖的职务违

① 参见石佑启、陈咏梅：《论法治社会下行政权力的配置与运行》，载《江海学刊》2014年第2期，第133页。

法犯罪案件的相关人员；[①] 二是通过其他机关或个人移送、检举、举报的方式进入到监察机关管辖的职务违法犯罪案件中。[②]

二是规范监察管辖的内部运行边界，表现为对各级监察机关管辖权限的科学合理划分和分工。规范监察管辖的内部运行，主要是规范监察机关调查管辖的运行。具体而言，包括以下两个方面：一方面从监察管辖机关主动调查的案件来看，监察机关的判断权及管辖权往往出现合一情况。这种合一情况主要体现在，监察管辖机关在调查案件时会从案件出发，通过“案件包容人员”的方式，调查违法违规人员，如重大责任事故类案件，在无法明确具体责任人员时，通过案件包容人员的方式，确保监察管辖的有效运行。贪污腐败行为具有较强的隐蔽性、调查难度相对较大，在发生违法犯罪行为涉案人员为多人的情况下，人员判断难度也较大，因此也多采用“案件包容人员”方式调查。此外，从《监察法》第 15 条中人员身份来看，监察管辖范围内人员的身份具有很强的公权力性[③]，具体表现为相关人员或自身拥有行使公权力的能力，或是本身虽不能够直接行使公权力，但公权力的行使却依赖于其辅助或支持，所以此类人员也是被监察对象。为此，监察管辖在人员判断上应采取“案件与人员分离”模式，对人员管辖，通过独立审查和认定程序，以规范监察管辖权的行使，防止权力的滥用。另一方面从现有调查方式看，通常采用人员一体纳入式。原因在于，贪污腐败案件在刑事程序中具有对合性特点，如在行贿受贿案件中，行贿与受贿虽为两个独立的行为，但在侦查结束移送法院后，两方主体的行为均可以在法庭程序中进行评价。但是，监察管辖案件中，部分情况无法做到处置的一体评价，后续可能会出现人员分程序处理，处置分流的问题。由于《监察法》对监察人员的处置包括批评教育、政务处分、刑事追究和问责等，大部分案件在刑事追究前已经通过分流处置，所以应明确管辖依据，严格依法规范监察

---

① 参见谢超：《〈监察法〉对中国特色反腐败工作的法治影响》，载《法学杂志》2018 年第 5 期，第 50 页。

② 参见《监察法》第 34、35 条。

③ 参见中共中央纪律检查委员会、中华人民共和国国家监察委员会法规室编写：《〈中华人民共和国监察法〉释义》，中国方正出版社 2018 年版，第 107 页。

权的行使，防止刑事案件“非罪化”[①] 处置，产生管辖争议，破坏权力的规范有序运行。

（三）权力制约理论

权力与权力制约相伴而生。亚里士多德曾指出，任由行使的权力自我遏制其天生的恶意。[②] 基于有权力必有制约的朴素思想，亚里士多德提出了如选举制度、监督制度等一系列权力制衡措施。现代社会权力制约理念形成于社会契约思想，但演化出多种学说。洛克认为，权力制衡的实现在于行使权力之人不应自己拥有创设权力的能力，并在此基础上演化为立法权至上，以立法权制约执法权的观点。[③] 孟德斯鸠并未采取该种观点，其认为，权力制约的核心应当分为分权和制衡两部分。与洛克直线式权力位阶不同，孟德斯鸠认为，无论何种权力，凡是由人行使之权力均有腐化异变之可能。[④] 故而孟德斯鸠认为，对于立法权、行政权、司法权均应采取分权和制衡两种规制途径。至此，“等边三角形式”的权力规制体系成为近代国家宪法的基本原则。

基于对“集权—垄断—腐败”的深刻认识，现代国家普遍建立起民主制的国家体制，基于实现对国家权力结构性建构以制约权力、防范腐败的需要，西方国家普遍在民主制的基础上建立起权力分立的结构模式。就权力的制约系统建设而言，总体上涉及结构性分权与功能性分权两种模式，前者是针对由一方垄断决策和发起行动的“完整权力”而言的，目的是建立以参与者之间权力平衡和划分领域为特征的分散权力关系。

---

① 非罪化又称非犯罪化，是指将刑法已明文规定是犯罪的行为，不再认为是犯罪，或者虽然在刑法上认为是犯罪，但是却不按照刑法的规定定罪处罚。参见张明楷：《司法上的犯罪化与非犯罪化》，载《法学家》2008 年第 4 期，第 65 页。此处的非罪化仅指狭义的司法非罪化。李蓉教授在研究监察机关非罪化处置问题时，将其泛指广义上的非罪化，包含监察机关的非罪化处置。参见李蓉：《监察机关非罪化处置权及其限制》，载《北方法学》2019 年第 4 期，第 15-16 页。有学者将监察案件的非罪化处置称为“以纪代法”或“以罚代法”现象。参见刘艳红、刘浩：《政务处分法对监察体制改革的法治化推进》，载《南京师大学报（社会科学版）》2020 年第 1 期，第 14-15 页。

② 参见［古希腊］亚里士多德：《政治学》，吴寿彭译，商务印书馆 1983 年版，第 319 页。

③ 参见［英］洛克：《政府论（下篇）》，叶启芳、瞿菊农译，商务印书馆 2011 年版，第 91 页。

④ 参见［法］孟德斯鸠：《论法的精神（上）》，张雁深译，商务印书馆 1997 年版，第 154 页。

在国家层面，结构性权力制约模式是把国家权力划分为立法权、行政权、司法权，三权之间彼此分立，相互制衡，从而达到建构其制度体系之目的。后者是针对行政权扩张引发的政府层面的决策权、执行权、监督权的配置状态而言的，该模式下立法权、行政权、司法权三权的重心从传统的以立法为中心向以行政为中心转移，呈现的是新型操作性权力制约模式。①

政治权力结构，是指一国中由国家权力、政党权力及其他执政权力组成的领导集体相互作用而形成的权力关系类型。政治权力结构在国家权力结构的基础上，进一步决定着国家治理体系中的基本制度、权力分配与基本形式，进而对腐败治理体系建设具有支配作用。

从我国权力理论看，我国并未全盘接纳西方近代资本主义社会三权分立制度。就制度约束效果而言，三权分立制度确有制约权力越轨之作用。但考察西方资本主义社会的社会性质及社会根源，三权分立仅在形式上达成了权力的相互制约和审慎用权，并未在实质上起到分权制衡作用，反而带有一定的欺骗性和妥协性。从权力来源看，西方三权分立背后隐藏的是财阀、财团之间的资本角逐，各个权力外观之下均掩盖着其所代表的集团利益。在利益集团根深蒂固的西方社会，一味强调三权分立导致的直接结果就是各权力主体之间互相争抢或推诿，权力行使效力降低。我国在摒弃利益集团控制下的三权分立制度弊端的基础上，对具有历史意义和价值的分权制衡原则进行批判性的吸纳。“西方是政党在全面掌握和运行现代国家制度的过程中，基于政党对社会的深刻影响以及政党对国家体系的全面渗透而形成的；而中国则是基于政党领导现代革命，并在革命后直接承担起现代国家建设而形成的。”② 中国共产党作为国家治理体系的核心，对国家治理体系具有支配地位与作用，因此在我国，国家政权结构对国家治理体系、腐败治理体系的建设模式产生更重

① 参见魏昌东：《腐败治理体系法治化发展的一般原理》，载《南京大学学报（哲学·人文科学·社会科学）》2020 年第 3 期，第 97-98 页。

② 参见林尚立：《以政党为中心：中国反腐败体系的建构及其基本框架》，载《中共中央党校学报》2009 年第 4 期，第 22 页。

要的作用。[1] 从我国权力结构看，与西方资本主义背后资本利益集团“坐庄”控制权力不同，我国权力机关的权力来自人民，权力机关行使权力对人民负责。我国亦存在权力制衡原则，呈现出一种动态的多方协动的权利运行模式。最高权力机关——全国人民代表大会拥有人民自身让渡出的全部权力，在其指挥之下，“一府一委两院”充分行使其权力职责，代人民行使其权力。

就权力制约结构而言，我国“一府一委两院”的权力运行模式，既非仿照西方等边三角形式的支架结构，也非四方各自为战互不干扰的分离结构。我国“一府两院”的权力制约结构，呈现出的是一种“多点绕圆形循环往复旋转的动态结构”。较静态性较强的三权分立结构而言，我国动态的多点绕圆结构既发挥了权力制衡之作用，又调动了各方集中力量为民办事的动力与积极性。在多点绕圆权力结构中，圆点也即核心点为全国人民代表大会所拥有的全体人民的权力，司法权、行政权、监察权共同服务于核心点的人民权力。其中，监察权作为天然的监督权，其本身具有一定的制度推动力，具有促使各方审慎用权、为民用权的功能。监察权运行的目的在于监督各方，而监察权的行使却离不开其他权力机关的配合。在监察管辖领域体现得更为明显，监察管辖直接介入到其他权力运行领域属于介入性权力，其本身并无行使之方式，必须依靠介入该权力考察他种权力是否已进入监察领域。在监察管辖中的权力制衡可以分为多个维度：

一是监察管辖权力与其他监督权力衔接维度。随着《监察法》的出台，相关监察解释、司法解释等操作性指导规则的制订，监察管辖范围越来越明确。但监察管辖权的完善，并未从根本上改变现有权力结构与体系，在监察管辖权行使的过程中，势必会出现权力行使的模糊地带，出现未变权力行使的落空及多项权力重复运作，故监察管辖权应主动与其他监督权力接轨。其他监督权力，既包括现有的纪律监督权等由来已久的外部权力监督模式，也包括在行政权、司法权内部自我生成的诸类

① 参见魏昌东：《腐败治理体系法治化发展的一般原理》，载《南京大学学报（哲学·人文科学·社会科学）》，2020 年第 3 期，第 98 页。

内部权力监督机制。在与现有外部权力监督模式相衔接时，监察管辖权应当注意权力的配置及边界；而在与内部权力监督机制相衔接时，监察管辖权应当采取介入模式，将法律赋予其的权力统一于监察机关集中行使，以避免内部权力监督机制所带来的监而不惩、监而不治的境况①。

二是监察管辖权力的介入力量重塑。从权力生成角度看，监察管辖权虽为主动行使的权力，但其权力的生成却为被动式、附条件式，只有在相关权力行使过程违反相关法律规定、超越法律限制、消极推诿的情况下，监察管辖权才有主动介入之可能。从现有的权力结构看，监察管辖面临两种权力介入困境：一种是来自被监督权力，由于权力在行使的过程中必然产生肆意妄为的可能性，而权力具有极强的内部保守动力，在监察管辖权介入之时，将表现出抗拒、抵触等行为，此非监察管辖权原因，而是固有权力保守力量所为；另一种是来自监察管辖权自身的谦抑性，由于监察调查管辖权主要为事后监察，而事后补救性权力监察导致了监察介入的滞后性。监察管辖权欲充分行使其职能，应从权力介入时间、效率和程度等多方面进行协调。

(四) 权力配置理论

权力配置理论，是指权力在权力主体之间的分配。② 权力配置理论，是在权利让渡理论③和程序法定理论基础上发展而来的。在我国国家权力配置体系中，全国人民代表大会处于最高国家权力机关的优越地位，代表人民统一行使国家权力，其他国家机关都由全国人民代表大会产生，受其监督，对其负责。我国的一切权力来源于人民，人民将自身权利进行部分让渡，组成全国人民代表大会和地方各级人民代表大会，其在人民的授权下代理人民管理国家。在全国人民代表大会和地方各级人民代表大会的选举下，产生各级国家机关，并由其行使国家管理职权。我国

---

① 参见李辉、蔡林慧：《权力监督机制的结构功能困境及其破解》，载《行政论坛》2013年第1期，第30页。

② 参见石佑启、陈咏梅：《论法治社会下行政权力的配置与运行》，载《江海学刊》2014年第2期，第133页。

③ 权利让渡是指个体、团体甚至国家，以某种需求或生存发展为目的，将自身所拥有的部分或全部权利让渡给相关的接收个体、团体或国家，以此换取相应的权利需求。参见王玮：《权利让渡原则与社会稳定》，载《甘肃行政学院学报》2000年第2期，第50页。

宪法虽然划分了不同的国家机关，存在着权力之间的分工；但因为宪法同时确立了权力机关的最高地位，所以不存在权力之间的制衡。[①] 为此，权力配置应遵循合理性的要求，以最终维护人民的根本利益为目标。程序法定理论，是指合法的主体在法定程序内行使权力，才能受到法律的保护，否则权力的行使便是超越权限，失去权力行使的合法性。[②] 权力具有扩张的本性，只有在法律规定的权限范围内行使，才能防止其滥用而侵犯公民的合法权益。所以，权力的合理配置，必然要求遵循法定程序，确保权力主体规范行使权力。

从权力的行使看，权力配置与权力运行相互促进，权力配置是权力运行的前提，是权力的静态安排；权力运行是权力配置的价值延伸，是权力的动态过程。[③] 要充分发挥权力配置的价值，就要完善权力的配置。在纵向上，完善权力主体的层级化。通过法规明晰权力主体上下级之间的权限，上级权力主体在法律规定内对下级权力主体进行指导或领导。在横向上，通过权力的适度聚合和相对分离，完善同级权力间的权限划分，维护权力主体在各自管辖范围内的权威性。

监察管辖作为国家监察权力的程序性权力，是监察机关将法定监察权实现的程序基础。监察管辖权的配置，对监察管辖权的运行乃至监察权的实现至关重要。为此，应通过监察管辖权的配置，合理划分上下级监察机关之间的管辖权限，明确同级监察机关之间的管辖范围，合理运用指定管辖、提级管辖、派驻（派出）管辖等多种管辖方式，将监察管辖力量和人员在不同监察机关之间优化配置，在法律允许范围内，提高监察管辖权配置的规范化、法治化水平，适当集中和分离管辖权限，将监察管辖的制度效能有效释放。

综上，上述四种权力理论是监察管辖制度的构建和运行的理论基础，

---

① 参见杜强强：《议行合一与我国国家权力配置的原则》，载《法学家》2019 年第 1 期，第 7 页。

② 参见李永升、徐兴华：《我国侦查程序的制度性偏差及完善研究》，载《法治研究》2012 年第 5 期，第 10-11 页。

③ 参见周佑勇：《监察委员会权力配置的模式选择与边界》，载《政治与法律》2017 年第 11 期，第 55 页。

由于监察管辖内容的复合性，决定了监察管辖事项的多元性，在对不同事项进行管辖的过程中，作为理论基础的权力理论之间可能发生冲突，为此应以监察管辖的程序价值为主，突出权力配置和权力制约理论，确保监察管辖程序的规范性和效率性，进而维护监察管辖权的划分和分工，在管辖制度有序运行的基础上实现监察权对公权力的制约。

第二章 监察管辖制度的历史渊源与借鉴

监察管辖制度作为国家监察制度的重要组成部分，其制度构建不是“闭门造车”，而是充分借鉴中外监察制度的成功经验，结合我国腐败治理的现实国情，而设立的具有中国本土化色彩的监察制度。在我国监察管辖制度的设立中，已成为中华文化重要组成部分的古代监察制度，是我国监察管辖制度中集中统一管辖的重要思想来源；民国时期监察管辖制度适用的经验教训，对我国现行监察管辖制度的健全和完善具有重要的启示意义；而瑞典议会监察专员制度、美国的行政监察长制度、德法复合监察制度和新加坡集中监察制度①的成功经验，也为我国监察管辖制度强化对公职人员的监察提供了有益借鉴。

一、中国古代监察管辖制度

我国的监察制度历史悠久，自统一的封建王朝出现后，监察制度便一直是国家制度的组成部分。我国古代监察制度，在维护封建王朝的集权统治，提高王朝统治机构的行政效率，维护政治秩序的顺畅运行方面发挥着不可替代的作用。监察管辖制度作为监察制度框架下的子制度，其与监察制度发展同频共振、协调一致。国家监察制度的历史渊源，可追溯到我国古代监察制度。而作为子制度的古代监察管辖制度，亦应是当下国家监察管辖制度的历史渊源。

（一）古代监察制度的形成和发展

我国古代的监察制度由两大子系统组成，即御史监察系统和谏官言

① 参见马怀德主编：《监察法学》，人民出版社2019年版，第55页。

谏系统。[1] 其中，御史监察系统，负责纠察百官、整肃朝纲、弹劾失职失责的官员；谏官言谏系统，则负责对军国大事的谏诤封驳、审核诏令等。二者一个对下负责纠察官员，一个对上负责监督君主的决策是否合理，共同构成我国自上而下的监察系统，维系和推动了我国古代封建社会的有序发展。这一体系完备的监察制度，是随着我国封建社会的产生和发展不断演进完善的。

1. 古代监察制度的起始阶段

我国在奴隶制的夏商周时期，便已存在一定的权力监督制度，如西周时期便已出现“御史”的官员称谓，其职责已经暗含监察事项。[2] 但这一时期的监察制度多以礼制为基础，尚未形成单独的监察体系。至战国时期，御史在战国七国中均已存在。宋代吕祖谦曾言：“六国已遣御史监掌矣，非独秦也。”[3] 这一时期的监察制度尚处萌芽阶段，尚未制定专门的监察法规，也未形成专职的监察机构，更未形成系统的监察制度，但是这一时期的监察实践，为此后的监察制度的正式确立奠定了基础。

2. 古代监察制度的形成阶段

秦朝统一六国后，建立了我国历史上第一个大一统的封建王朝。秦朝建立后，在全国范围内推行郡县制，改革此前的政权结构，在中央设置御史大夫，作为丞相副职，辅助丞相管理政务，同时行使监督百官、维护王朝统治的职责。秦朝的监察机构为御史府，御史大夫为长官，其下设置御史中丞、侍御史和监察御史等官职辅助御史大夫，在地方设置监郡御史，监督地方官吏和向上级举荐人才。自此而始，我国古代自上而下的监察制度初步建立。[4] 秦亡汉立，汉承秦制，汉朝基本上承袭了秦朝的监察制度。汉朝在秦制的基础上，又有所发展，如汉武帝时将全国分为十三个监察区，每个监察区的长官为刺史。东汉时期，御史大夫转为大司空，设置御史台，名义上仍隶属于御史府，长官为御史中丞，履

① 参见彭勃、龚飞：《中国监察制度史》，中国政法大学出版社 1989 年版，第 2 页。

② 如“御史掌邦国、都鄙及万民之治令……凡治者受法令焉，掌赞书”，参见《周礼·春官宗伯第三》，《周礼译注》，杨天宇译注，上海古籍出版社 2016 年版，第 508 页。

③ 参见王晓天：《中国监察制度简史》，湖南人民出版社 1989 年版，第 29 页。

④ 参见张晋藩主编：《中国古代监察制度史》，中国方正出版社 2013 年版，第 33-35 页。

行监察职责。这一时期，在国家机构内部还设置了言谏机构，对中央机构的军国大事和君主的决策进行劝谏和驳议，以达到“兼听则明”的目的。秦汉时期，除在中央设置专职监察机构和言谏机构之外，丞相府还下设司直系统，由皇帝直属的司隶校尉系统，也承担部分监察职责。①

3. 古代监察制度的成熟阶段

汉朝之后，我国进入魏晋南北朝时期，这一时期的朝代更迭频繁，监察制度也随之不断发生变化。御史台从御史府分离出来，实现名义和实际上的独立，长官为御史中丞，直接隶属于皇帝，负责纠察百官。同时，谏官的言谏系统也开始规范化建设，如两晋时期设置门下省负责言谏。② 进入隋朝时期，隋文帝将御史台从宫中迁至外庭，更加明确了御史台朝廷监察机构的性质。进入唐朝之后，各项监察制度日臻完善，形成三省六部制的稳定政权结构。御史台以御史大夫为长官，御史中丞为副职，下设台院、殿院和察院，一同行使监察职责。其中，台院负责纠察百官、审理案件；殿院负责朝廷礼仪监督，巡察京城地区违法犯罪问题；察院负责巡视地方郡县，对囚徒判决进行司法监察。三个部门各司其职，形成自上而下的体系化监察制度，在皇帝的直接领导下对封建行政机构和司法机构进行监督。谏官系统在唐朝时期也得到了充分发展，通过固定职位的设置，确保谏官职能的充分发挥，如唐朝的门下、中书两省设立的左右散骑常侍、左右谏议大夫，都是专门负责向皇帝和中央政府谏议的谏官。③ 唐朝监察制度的成熟，还表现在其制定的监察法规上，如《唐律疏议》《唐六典》《监察六法》和《遣使巡行天下诏》等监察法规，都对唐朝的监察制度和监察职责进行了明确的规定，对唐朝之后的各朝各代影响深远。④

4. 古代监察制度的完善阶段

唐朝之后，我国社会发展进入封建社会后期，皇权更加集中，监察

---

① 参见吴建雄、廖永安主编：《监察法学》，中国人民大学出版社 2020 年版，第 21 页。

② 参见彭勃、龚飞主编：《中国监察制度史》，中国政法大学出版社 1989 年版，第 67-87 页。

③ 参见张晋藩主编：《中国古代监察制度史》，中国方正出版社 2013 年版，第 112-118 页。

④ 参见张晋藩主编：《中国古代监察制度史》，中国方正出版社 2013 年版，第 119-126 页。

制度随之变得愈加严密，对官员的监督不断强化。在这一阶段，宋朝的监察制度与唐朝相似，但是御史台与谏官系统出现合并的趋势，在地方上分别设置转运使司、提点刑狱司、提举常平司和通判，通过这种专业化的机构设置，共同负责监察地方官员及其行为，并可越级直接向皇帝通报，强化了皇权对地方的控制。元朝时期，御史台与谏官系统合并，御史台、中书省和枢密院分管监察、行政和军事，成为并列中央机构。在地方上，元朝划分监察区派出行台御史监察，在监察区下设肃政廉访使，形成自上而下的监察系统。① 至明清时期，监察制度进一步发展。明朝设置都察院取代御史台，在都察院下设左右都御史、副都御使，纠察百官、进行司法审查和监督地方。在地方上，设置十三道监察御史，由皇帝直接授命巡察地方，考察地方官员吏治水平。谏官系统，明朝则直接设置在六部之中，名为给事中，负责规谏、补缺和稽查各部内部事项。② 清朝前期，沿用明朝监察制度，后期将给事中并入都察院，实现科道合一，强化监察职能。在地方上，细分监察区增设至二十二道，加强对地方的监察。③ 在监察法规上，则制定了我国封建社会最为完备的监察法典《钦定台规》。④

（二）古代监察制度的基本特征

1. 监察机构相对独立

我国古代监察制度以维护封建皇权为中心，其发展和演进都是适应皇权发展的需求，在此基础上保持相对的独立性，以强化皇权对封建官吏和社会的监督。在监察制度产生之初，封建社会各项制度相对不完善，监察机构则兼顾王权管理和监察，如秦汉时期的御史大夫兼任副丞相，在行使监察职权的同时，辅助丞相管理政务，名义上受到丞相的管辖。东汉时期，御史大夫与御史台实际分离，御史台实际上的长官为御史中丞，但御史台名义上仍受御史大夫管理。至魏晋南北朝时期，御史台成

① 参见王晓天：《中国监察制度简史》，湖南人民出版社1989年版，第98-126页。
② 参见刘双周：《明代监察法制研究》，中国检察出版社2004年版，第1-6页。
③ 参见焦利：《清代监察法及其效能分析》，法律出版社2018年版，第66-84页。
④ 参见焦利：《清代监察法及其效能分析》，法律出版社2018年版，第27-28页。

为独立的监察机构，不再由名义上的其他机关管理。隋朝时期，改革禁中之制，将御史由宫官变为外官，更是表明了其直接受皇帝领导的朝廷监察机构属性。① 唐朝时期，监察制度完备，御史台下设三院，地方监察从地域上划分为十道，监察职责分工明确，形成体系化的监察制度。至元朝时期，御史台和言谏系统合并，与行政和军事机构并列，在地方上设置监察区作为派出的行御史台，监察机构在皇帝领导下，相对独立于其他机关。至明朝时期，由都察院和六科给事中直接对皇帝负责，监督百官和六部内部事项；清朝时期，科道合一，直接对皇帝负责，监察机构在皇帝的领导和授权下监督百官。是以，监察机构在维护皇权的基础上，不断独立于其他封建政权机构，履行其监察职责。

2. 监察官员条件较高

古代监察官员，作为封建官僚系统中监督人员，代表皇帝和王朝进行监察，是官员中的“官员”，“位卑权重”“以卑察尊”，所以对其选任具有较高的要求，对其学识，以及道德品质和工作经历都有严格的要求，如明成祖曾要求御史“勿复用吏”。② 我国古代对监察官员的选任一直保持较高的要求，在科举考试出现之前，一般是通过察举考试的方式选拔监察御史；科举考试出现后，御史及监察官员一般都具有科举考试的进士身份。同时，因我国古代监察官员管辖范围广泛，要求其具备一定的工作经历和工作能力，这样才能胜任，如对官员的考核、对司法审判的监察，都需要一定的工作经验和能力。隋朝著名的监察官员柳彧，史书对其评价为“少好学，颇涉经史”“迁治书侍御史，当朝正色，甚为百僚之所敬惮”③。可见，监察官自身的能力和德行是选任的重要依据。到明清时期，更是明确规定在六部的监察官员，需要进士出身、有两年的京官经历且考核优异，或外放知县工作三年以上，考核优异的人员才具有

① 参见贾玉英：《中国古代中央监察体制变迁初探》，载《河南大学学报（社会科学版）》2004 年第 6 期，第 110 页。

② 参见丁玉翠：《明代科道监察制度中预防职务犯罪的取向》，载《学习与探索》2006 年第 3 期，第 170 页。

③ 参见张先昌、曲家莹：《隋唐监察法律文化论——以监察官员的管理制度为视角》，载《法学》2013 年第 5 期，第 42 页。

选任的条件。①

3. 监察职权极为广泛

古代监察机构的职权极为广泛，不只是监察百官，几乎渗透到封建社会的方方面面，如秦朝的监郡御史，不仅负责监察地方官员，还负责向上级推荐人才。古代监察职权的范围，大体可分为三个方面：一是对封建王朝官员的监察，包括对中央和地方官吏的监察，内容涵盖渎职、失职、徇私枉法、对王朝的反叛等。这些具体的监察内容，也是不断变化的。例如，汉惠帝时期，地方监御史负责词讼、盗贼、铸伪钱、狱不直、徭役不平等九条；至汉武帝时期，地方刺史的职责则变为诏制六条，包括监察强宗豪右、田宅逾制、不奉诏书等；至东汉末年，地方刺史的职权更是扩展到地方政务，甚至被授予部分兵权②。二是对司法活动的监察。中央监察机构的监察官员，可提请或参与法律的制定或修改。监察机构还可参与到案件的审理或监督中，如唐朝之后，巡察地方的御史，一项很重要的工作便是审查地方的刑事案件是否存在冤假错案。中央对重大疑难案件的审查，一般会采取三司会审的方式，监察机构的官员便是三司会审的组成成员。三是对行政机构内部事务的监察和对人才的举荐及选任监督。例如，明朝在六部设置给事中，直接监督六部的部务活动。在人才的选任上，科考以前地方御史的重要职能是举荐贤能；科举考试后，对考试过程进行监察，保证科举的公平公正，便成为监察机构的重要职权。

4. 监察活动法制化

我国古代监察制度随社会发展不断完善，一个重要的方面便是监察活动的法制化，将监察活动通过法律的形式予以固定。后代王朝可以在前朝制度的基础上，结合当时的社会发展情况择优适用。所以，在我国监察制度发展史上，几个重要的阶段都是先沿袭前朝的监察制度，然后再进行创新，如汉承秦制、宋承唐制和清承明制等。汉朝初年，《监御史

① 参见焦利：《清代监察法及其效能分析》，法律出版社2018年版，第120页。

② 参见彭勃、龚飞主编：《中国监察制度史》，中国政法大学出版社1989年版，第59-61页。

九条》是较为典型的早期监察制度；此后，汉武帝时期制定规范刺史职责的《六条问事》；唐朝时期是仿制汉代的《六条问事》，制定《监察六法》规范按察使的职责；宋代时期，监察法规不断增多，制定《宋刑统御史台仪制》及监司地方的《监司巡历》，还制定了地方监察机构互相监督的《监司互监法》，督促监司尽职履责；元朝时期御史台与谏官系统合并，为此制定《设立宪台格例》，规范御史台的职权和地位及具体监察工作；至明朝时期，监察制度日益健全，这一时期制定《宪纲条例》是较为健全的监察法规，对监察工作分类规范；清朝前期，沿用明朝监察制度，后期制定了我国封建社会最为完整的监察法规《钦定台规》，对监察职责分门别类，并按时间排列各类规范，是我国古代监察法规的集大成者。① 上述监察法规，不仅是我国古代监察活动法制化的基础，而且突出了我国古代监察活动的法制特色，更是我国古代监察制度源远流长的历史见证。

（三）古代监察管辖制度之分析

我国古代监察制度经过不断发展，管辖范围极广，不仅仅是对封建官员的监督，还涉及封建社会的方方面面。管辖内容最初较为原则粗糙，后期规范明确，且相关规范科目繁多。具体体现为立法、行政、司法三个方面的管辖和御史巡察管辖，对研究国家监察制度的管辖制度具有重要意义。

1. 立法管辖：对法条封驳和修正

在立法的决定过程中，我国古代监察官员尤其是御史台长官，参与朝廷议事，具有立法的建议权和起草权力。例如，汉文帝时期，太仓长淳于意犯法，其女缇萦上书请求代父受刑，文帝召集朝廷大臣商议此事，其中就包括御史大夫，后来汉朝自此开始废除肉刑。② 再如，隋朝时期，对于隋朝著名法典《开皇律》和《大业律》的制定，监察机构的御史也

---

① 参见张国安：《论中国古代监察制度及其现代借鉴》，载《法学评论》2009 年第 2 期，第 152-153 页。

② 参见张晋藩主编：《中国近代监察制度与法制研究》，中国法制出版社 2017 年版，第 5 页。

参与其中，对法律的制定起到了重要的作用。[①] 在法律的执行中，监察官员发现法律执行存在冲突的，有权向上级机构，甚至可直接向皇帝提出修正的建议。例如，明代时期的辽东巡抚，在审理案件过程中发现《大明律》与《大诰武臣》存在冲突，上书提出以《大明律》为准的建议，以减少执法冲突，其建议为皇帝所接纳和认可。[②] 在法律的修订过程中，监察官员具有封驳的权力。参与军国大事的讨论，对朝廷议事进行封驳是监察机构的权力。对法律执行过程中的不当变通，有权提出纠正；对皇帝颁发的不合理的诏令，也可进行封驳。例如，唐朝明确规定给事中的职责为封驳，职责为“驳正违失，分判省事”；[③] 明朝时期，便有御史对法律执行的变通提出质疑，后皇帝采纳其建议，严格执行法律。

上述监察机关可以对相关法条进行封驳和修正的立法管辖，说明古代监察机关不仅在实务层面对公权力行使者进行监察，而且在制度层面具有很强的话语权和修正权。这与我国现行的监察范围和监察事项具有很大差异。现代的国家监察机关，无权对国家成文法律给予修正，只能向立法机关提出监察立法或修改的建议。古代监察机关在立法管辖中的经验和教训，对现行监察管辖制度的发展和完善具有重要的参考价值。现代国家的立法权与国家权力密不可分，是国家权力的一种。新中国成立后，我国的根本政治制度是人民代表大会制度，人民代表大会是国家权力机关，立法权由其行使。人民代表大会的这一立法权，是包含制定、认可、解释、补充、修改和废止的完整立法权。全国人民代表大会作为我国最高的权力机关，其他国家机关由其产生，对其负责。作为国家监察机构的监察机关，也是由全国人民代表大会产生，对其负责。各级监察机关由各级权力机关选举产生，监察机关对产生它的权力机关负责，接受权力机关的监督，各级权力机关与监察机关之间是监督与被监督的关系。监察机关通过对人大工作人员实施监察，确保国家立法权的依法

① 参见张先昌：《中国传统监察制度的现代省思——以隋朝为例》，载《河北法学》2009年第3期，第196页。

② 参见王世谊、丁守卫：《朱元璋“重典治国”思想探析》，载《南京社会科学》2006年第6期，第94页。

③ 参见贾玉英：《中国古代中央监察体制变迁初探》，载《河南大学学报（社会科学版）》2004年6期，第110页。

规范运转。

2. 行政管辖：对官员纠违考核

古代监察机关的重要职能之一便是监察行政机构的履职行为。唐朝时期，御史台设立六察官专门监察六部从事。明朝时期，直接将监察官员设置在六部，为六部给事中，直接在六部管理相应行政事务的过程中进行监察，纠正违失。在行政机关的履职效能方面，监察机构设置专门的监察官员进行监督。例如，唐朝设置监督朝廷文书收发与执行的勾检制度，由勾检官专门负责，对提升行政机关效率具有重要作用。在行政机关官员的工作考核方面，监察机关定期参与官员的考核，如明清时期较为著名的“京察”，每次对京官工作的考核，都有御史参与，并为主持长官之一。在人才的选拔方面，在考试过程中监察机关是重要的参与方，监试权是监察机关的重要职能。①

从管辖范围上看，古代监察对行政官员察纠考核的监察管辖，比我国现行监察制度对公职人员监督、调查和处置的范围要宽。古代监察对官员的察纠既包括日常监督，又包括犯罪调查及相关案件处置，还包括对行政官员的从政品德和工作政绩进行考绩考核，这实际上履行的是我们组织人事部门的职责。古代监察制度中对行政官员及其从政行为的管辖，与当前监察管辖过程中运用“四种形态”，抓早抓小、强化监督，具有很多共通之处，如二者都强调对公职人员的日常监督、强调对人才选拔的监察等。但二者的不同之处也较为明显，古代监察机关监察管辖的对象是封建王朝的官员，当前监察管辖的对象是服务于人民的所有行使公权的人员；古代监察管辖制度是服务于皇帝的集权统治，现行的监察管辖是维护国家权力的集中统一。同时，古代监察管辖制度中对官员的纠正违失、对官员的“京察”、对人才的选任的管辖经验，对当前监察管辖中的日常履职监督、任前和离任违纪违法审查等管辖职能的完善，具有很好参考价值。

① 参见于林洋：《论考试法的秩序诉求——对“私权优位”热的冷思考》，载《法学论坛》2010年第4期，第126页。

3. 司法管辖：对案件会审监督

司法案件的审理，不仅关系到审判机关的公正性和权威性，也关乎封建政权的稳定性，既是对封建司法的监察管辖，也是我国古代监察制度的重要方面。在案件的审理上，古代监察机构依法参与重大疑难案件的审理。唐朝建立三司推事制度，规定对于重大案件和重要案件由刑部、大理寺和御史台长官共同审理。到明清时期，刑部、大理寺和都察院组成的三司会审，具有最高的审理级别。可见，监察机构对重大案件的审理是直接参与的。《明史·刑法志》将其表述为："刑部受天下刑名、都察院纠察、大理寺驳正。"[①] 在对已决案件的监察上，监察机构监察是否存在冤假错案。自汉代以来，监察机构对地方司法监察的重要方式为审录在押囚犯，发现冤假错案，如《后汉书·百官志五》记载，"诸州常以八月巡行所部郡国，录囚徒"[②]。巡察地方的巡按御史，也将对冤假错案的发现作为重要工作，甚至是其工作的重点。如唐太宗发布的《遣使巡行天下诏》，就明确规定御史巡察工作应"观风俗之得失，察政刑之苛弊"[③]。在对积案的监督上，监察机构定期或不定期地进行检查。清朝都察院章程中，对积案的监察具有明确的规定，"凡咨交各省案件，都察院至三个月时，对届限各案咨催两次，参奏两次，年终统计汇参"[④]。

与古代监察制度的司法管辖相比，我国现行监察制度对司法的管辖权限要小得多。古代的监察机关可以参与司法审判，对司法机关的已决案件能够进行监督，对存在错判可能的案件可以提起重新审判。现行的监察机关，不参与对刑事案件的司法审查，而是由人民检察院对司法活动进行监督。普通刑事犯罪案件由公安机关侦查、人民检察院起诉、人民法院审理判决。监察机关对刑事诉讼和司法审判的监督，主要通过对

---

① 参见张晋藩主编：《中国近代监察制度与法制研究》，中国法制出版社 2017 年版，第 9 页。

② 参见朱振辉、丁国峰：《从古代录囚制度看刑事法律纠错程序的建立》，载《求索》2013 年第 3 期，第 168 页。

③ 参见张晋藩主编：《中国近代监察制度与法制研究》，中国法制出版社 2017 年版，第 11 页。

④ 参见张晋藩：《中国古代监察机关的权力地位与监察法》，载《国家行政学院学报》2016 年第 6 期，第 10 页。

司法人员职务违法和职务犯罪案件的监察来实现。在这一问题上，监察机关对诉讼活动中司法工作人员的职务违法和职务犯罪调查权，是与检察机关共享的，并在一般情况下由检察机关直接行使。与古代监察机关可以对普通刑事犯罪的司法管辖相比，现行的监察管辖权仅限于公职人员职务违法和职务犯罪行为。虽然，管辖权限比古代监察机关的司法管辖要小，但管辖范围特定、管辖事项集中，有利于促进司法工作人员秉公司法，维护司法公正和司法权威。

4. 巡察管辖：授权处置行政司法事项

古代监察制度中，巡察管辖是古代监察机关维护王朝统治，强化中央对地方管理，纠正地方施政错误与偏差的有效方式。所以，历代君王都十分重视巡察管辖。因巡察管辖是代表皇帝和封建中央朝廷监察地方，其巡察的范围极为广泛，包括古代监察机构的所有监察事项，如对审录罪囚的考察、考察地方情况、对官员政绩的考察等。例如，贞观年间，唐太宗李世民发布《遣使巡行天下诏》规定："宜遣大使，分行四方，申谕朕心，延问疾苦，观风俗之得失，察政刑之苛弊……俾若朕亲觌焉。"[①] 为确保巡察管辖的效果，巡察的任务是明确的；巡察御史的权限较大，如《明史·职官志》将出巡御史的权限概括为"大事奏裁，小事立断"[②]。出巡御史职责重、权限大，而且代表着封建帝王，为此出巡御史的人选，最终都是由皇帝钦点确定的。对于巡察的方式而言，出巡御史可以采取明察，也可以采取暗察。为了保证巡察效果的客观性，御史一般采取暗察的方式。例如，《明会典》规定"凡考察官吏廉贪贤否，必于民间广询密访……以协众情"，出巡御史完成巡察任务后，需将巡察的过程、发现的问题、处理的结果等内容，以书面形式上报皇帝和朝廷。例如，清代《巡按御史满日造报册式》中，对上报内容和要求，有明确的规定。通过巡察管辖，古代监察机关实现了对地方官员的监察，确保了皇帝和中央朝廷对真实情况的了解，强化了封建王朝对地方的管理，维

① 参见李青：《唐宋监察制度初探》，载《现代法学》2004 年第 3 期，第 189 页。

② 参见张晋藩主编：《中国近代监察制度与法制研究》，中国法制出版社 2017 年版，第 12 页。

护了封建帝王和朝廷在普通民众中的权威和形象。

古代巡察制度，对我国现行巡视、巡察制度有着极高的借鉴价值。古代巡察管辖范围极广，监察措施丰富，对一般问题具有处置权，派出人选由皇帝亲自决定，维护的是封建皇权和中央统治。巡察官员权限极大，不仅受理违法犯罪线索，而且对违法犯罪官员有生杀予夺的权力。而我国现行的巡视（巡察）管辖，可以由各级党委派出，巡视巡察的地域和人员均不固定，主要就有无违反政治纪律和政治规矩、有无违反廉洁纪律、有无违反组织纪律、有无违反群众纪律、有无违反工作纪律、有无违反生活纪律等问题进行调查。巡视巡察只收集问题线索，发现公职人员特别是领导干部有无违法违纪行为，负责将相关问题线索移交有关纪检监察机关调查核实。总体上看，现行的巡视巡察管辖更为灵活，适应性更强。但古代巡察管辖制度，在民众中的高认可度和权威性以及巡察管辖中的成功经验，仍是我国现行巡视巡察管辖制度健全和完善的重要参考。

二、民国时期监察管辖制度

辛亥革命之后，我国延续了两千多年的封建制度终结，我国迈出了向现代国家转变的第一步。这一时期是我国从封建社会向现代国家转型过渡时期（即民国时期），为了迅速改变国家积贫积弊和内外交困的现状，当时的统治阶层在借鉴欧美国家治理经验的基础上，结合我国的传统政治文化，设计了中西融合的政治解决方案和监察制度，开启了我国民国时期的监察制度模式。这一时期的监察制度，具有中西监察思想交汇融合的鲜明特色，其发展的经验教训对完善我国现行的监察制度及其管辖制度，具有重要的参考价值。

（一）民国时期的监察制度

1. 民国监察制度的指导思想

民国监察制度是辛亥革命推翻封建统治之后建立的，其设立体现着孙中山的治国思想，所以其设立的指导思想是孙中山提出的“五权宪法”

思想和“权能分立”理论。[①] 孙中山的“五权宪法”思想是在欧美三权分立思想基础上，结合我国传统的治国政治思想提出来的。依据这一思想，国家的权力分为立法权、行政权、司法权、监察权和考试权这五种。其中，监察和考试权是对我国传统监察制度中考选和纠举制度的现代化改造，孙中山认为这两项制度是我国古代最为成功和最受推崇的制度，他将这两项制度融入到现代国家政治治理框架中，期望其在国民政府的治理中继续发挥监督效能，实现借鉴西方国家的权力制约制度又超越西方国家，[②] 即取法于欧美国家又胜过欧美国家，使中国重新进入世界强国之列。[③] 在孙中山“五权宪法”思想的指导下，中华民国的国家机关由立法院、行政院、司法院、监察院和考试院组成，对应其提出的五权理论。而监察院也成为与立法、行政、司法机构平级的国家机构，独立运行并行使其监察职能。监察院独立行使职权，是受孙中山“权能分立”理论的指导，是“五权宪法”思想的重要组成部分。依据“权能分立”理论，孙中山将国家政治权力分为“治权”和“政权”两大类。其中，“政权”是“权”，是人民所享有的，包括选举、创制、复决和罢官四种权利；“治权”是“能”，是政府在国家治理中享有的，分散为立法权、行政权、司法权、考试权和监察权五种，这五种治理权力外部受人民监督，内部相互制约，独立运行。[④] 这也体现了孙中山对西方议会监察弊端的规避，以防止议会对行政的干扰。

2. 民国监察制度的内容

这一时期，监察制度的发展主要经历了北洋政府时期、广州政府时期和南京国民政府时期这三个阶段。其中，北洋政府时期、广州政府时期是雏形发展阶段，南京国民政府时期是成熟阶段。在北洋政府时期，

---

① 参见姚秀兰：《南京国民政府监察制度探析》，载《政法论丛》2012 年第 2 期，第 72 页。

② 参见张晋藩主编：《中国近代监察制度与法制研究》，中国法制出版社 2017 年版，第 123 页。

③ 参见徐波、余乐庆：《孙中山民权主义与当代社会主义民主政治》，载《南京师大学报（社会科学版）》2004 年第 4 期，第 30 页。

④ 参见刘曼容：《孙中山移植西方代议民主制的历史考察》，载《广东社会科学》2009 年第 1 期，第 82 页。

北京政府在国家机构中设置了平政院和肃政厅等监察机构，颁布了《平政院编制令》《文官惩戒委员会编制令》《纠弹法》《官吏犯赃治罪条例》等相关监察规范，对官吏违反宪法、贪腐贿赂、营私舞弊等行为进行监察。[①] 广州政府时期，则开始设立监察院，并制定了配套的监察规范，如《国民政府监察院组织法》《惩治官吏法》《兼职条例》等法律规范，对监察官员的选任及监察工作的开展进行规范。[②] 至南京国民政府时期，民国的监察制度得以完善建立。在组织机构上，监察机关包括三部分，即监察院院部机关、审计院和监察使署。其中，监察院院部机关由监察院院长、监察委员和监察院委员会组成。院长负责监察院的全部事务工作，监察委员负责具体的监察工作。监察委员会依据行政机关的工作，分设若干相应的委员会，对行政机关的工作进行专项监察，如分设的内政、外交、财政、教育、司法等十多个委员会。审计院（审计部）是隶属于监察院的内设机构，负责监督全国行政机关的财政收支情况，审核政府各部门的会计档案等与审计相关的工作。审计院在各省分设审计处，作为其派出机构，负责审计各省行政机关的财政情况。监察使署是监察院的派出机构，设置在地方的监察区。民国监察机关仿照古代监察制度，将全国划分为若干监察区，监察使署就是各个监察区的监察机关，代替监察院行使部分监察权限（如弹劾权）。[③]

国民政府的监察职权，主要包括弹劾权、调查权、纠举权、纠正权、同意权和监试权、巡察权七种。其中弹劾权，是指监察院具有对公务人员违法或失职行为提出控诉的权力。调查权是监察院行使监察职权的手段和方式，监察院行使弹劾、纠正、纠举等职权都通过调查的方式进行。纠举权，是指监察院具有对中央及地方公务人员的失职或违法行为进行

① 参见张晋藩主编：《中国近代监察制度与法制研究》，中国法制出版社 2017 年版，第 106-116 页。

② 参见张京凯：《南京国民政府时期监察法制及其史鉴价值》，载《国家行政学院学报》2016 年第 6 期，第 110 页。

③ 参见姚秀兰：《南京国民政府监察制度探析》，载《政法论丛》2012 年第 2 期，第 74 页。

纠举的权力，纠举权也是弹劾权的简化版，是适应非常时期的特别监察方式。[①] 纠正权，是指监察院对行政机关及其内设部门等机构组织违法或失职行为的驳正权力，是专门适用于机关组织的监察职权。同意权，是指监察院对国家机构中重要部门负责人任命同意的职权，其设置是为了制衡总统的权力。监试权，是指监察院具有对全国考试活动监督的权力，是为预防失职或违法等行为产生的一项职权。[②] 巡察权，是指监察院授予监察使对监察区行政机关及其公务人员失职或违法行为的监察，对被巡察地区财政情况的审计等多项监察职权，监察使需由监察委员兼任。[③]

（二）民国时期监察制度的特征

1. 监察机关的独立性

民国时期是我国从封建社会向现代社会转变的时期，现代政治的诸多特征在国家治理中逐渐显现。在监察制度运行方面，民国监察机关与封建制度中依附于皇权的监察机构相比，具有明显的独立性，并且这些独立性通过法律规范的形式加以固定，确保其长期性和制度性。所以，民国监察机关在法律形式上具有独立的法律地位，依据相关的法律规定其运行不受行政、司法等其他机关的干涉，直接服务于国家治理和社会秩序的有效运行。民国监察机关的这一独立性直接在民国宪法中得以确认，并通过一系列制度来保障。首先，监察机构自上而下地建立了各级监察组织，自成体系地运行，不受其他国家机构的干涉。其次，监察机关的监察职权由监察委员行使，监察委员享有必要的监察权限，发现公务人员的失职或违法行为即可履行监察调查职责，无须经过繁复的内部审批等程序。最后，法律对监察委员进行特别保护，非经法定程序不得逮捕或随意惩戒。

---

① 参见杨曙光：《国民党训政时期监察制度评析》，载《云南行政学院学报》2006 年第 1 期，第 60-61 页。

② 参见姚秀兰：《南京国民政府监察制度探析》，载《政法论丛》2012 年第 2 期，第 75 页。

③ 参见张晋藩主编：《中国近代监察制度与法制研究》，中国法制出版社 2017 年版，第 159 页。

3. 监察制度的体系性

民国时期的监察制度，以监察法律法规为基础，构建起相对完备的制度体系。从监察对象的范围看，被监察对象涉及国家机关、公务人员和军人等，并以行政法律规范规制为主，在特定的情形下还运用刑罚进行威慑和惩治。例如，民国时期的《惩治贪污条例》，既是一部监察法律规范，又涉及对贪污贿赂的刑事惩治，也具有刑事法律的特征。从监察制度涉及的内容上看，民国时期监察制度法律规范，包括规范监察机构地位、职能的《中华民国宪法》《训政纲领》等；规范监察机构自身组成的《国民政府监察院组织法》《审计院组织法》《监察使署办事通则》等；规范监察权行使的《监察院审查规则》《监察院调查规则》等；规范对司法机关监督工作的《最高法院处务规程》等；规范对行政机关财政审计监督的《审计法》《惩治贪污条例》等。[①] 民国的监察制度以上述法律规范为依据，从监察机构的地位和设置，到监察工作的开展和相应的程序，都进行了明确的规定，既确保监察工作的有序开展，又克制了监察权力行使的随意性，防止监察权的滥用，为南京国民政府时期监察工作的规范化运行，提供了有效的法律规范支撑。

4. 监察制度发展的阶段性

民国时期监察制度的发展具有明显的阶段性特征，分为南京国民政府前期的雏形阶段和南京国民政府时期的成熟阶段。前期北洋政府时期和广州政府时期对监察制度的探索和发展，为南京国民政府时期监察制度的成熟完备提供了经验和教训。南京国民政府时期，监察制度的发展同样也经历了不同的阶段。第一阶段是监察制度的建构期，即按照孙中山“五权宪法”指导思想设立监察机构的阶段，主要制定颁布《监察院组织法》《弹劾法》《监察委员保障法》等监察机关设立的基础性法律规范，初步确立民国时期监察制度体系。第二阶段是监察制度的快速发展期，在这一时期大量监察法律规范制定，对监察机关及其职权进行了明确的规定，并制定了大量的程序性规定，规范监察权的运行。第三阶段

① 参见张晋藩主编：《中国近代监察制度与法制研究》，中国法制出版社 2017 年版，第195-196 页。

是监察制度发展的调整时期，这一时期也是抗日战争的非常时期，如制定了《非常时期监察权行使暂行办法》，创设纠举权，简化弹劾程序；制定《监察院战区巡察团组织规程》，巡视各大战区，惩治不利于战事的贪腐行为等。第四阶段是民国监察制度的完备阶段，这一时期的监察立法趋于完备，如南京国民政府结束训政，实施宪政，制定《中华民国宪法》，修正《监察院组织法》，制定《监察法》等。民国时期监察制度经过不同阶段的发展，最终实现了法律上的完备化和体系化。

5. 国家监察与党内监察的交互适用

民国时期的监察制度成熟完备于南京国民政府时期，南京国民政府在其统治时期，实行国民党党内监督和国家监察分设的监察体制，即在国民党党内设置监察组织，在国家机构中同样设置行使监察职权的监察机构，党内监督和国家监察同时运行，相互配合。[①] 民国时期的这一监察模式在监察制度发展过程中尚属首次，这与我国古代监察制度以维护皇权为中心，作为皇权统治工具的监察模式具有本质的区别。而且，这一交互适用的监察模式，也与西方议会主导下的监察模式不同，具有鲜明的国民党一党专政色彩。如果抛开国民党“以党治国”“党权高于一切”的政治思维和模式，[②] 仅从民国时期党内监察与国家监察相结合的模式本身看，这一监察模式的设置，是期望其有利于对权力的制约，在执政党党内和国家层面形成两道监察防线，而且这两种监察方式互为补充，从思想、道德、行政规制和刑事追究等多个角度，遏制权力的滥用和腐败的发展，这与现代社会腐败治理中强调预防的重要性有异曲同工之妙。所以，民国时期国家监察与党内监察的交互适用，是其重要的特征之一。

（三）民国时期监察管辖制度分析

1. 制度设计的缺陷

民国时期监察管辖制度，在设置上主要存在以下两个方面的缺陷：

一方面，长期存在不受监察管辖的特权和例外。民国的监察管辖制

---

① 参见姚秀兰：《南京国民政府监察制度探析》，载《政法论丛》2012 年第 2 期，第 77 页。

② 参见王锴：《政党国家理论述评》，载《中国法律评论》2018 年第 1 期，第 92 页。

度，其监察对象为国民政府的公务人员、国家机关及军人等。依据孙中山的“五权宪法”思想和“权能分治”理论，理论上国家的所有公务人员和机关都应在监察范围之内，不应存在不能监察的例外，进而导致监察机构的监察无法形成闭合的运行系统。但是，在南京国民政府时期的《弹劾法》中，则明确排除了对总统的监察弹劾条款，即这一时期的总统，不属于被监察管辖的对象，监察机关无法对其行使国家监察职权。[①]后《中华民国宪法》（1947）第100条，将弹劾对象扩大至总统、副总统，但是对程序启动进行了严格的限制，在国民党一党专政和监察机构监察委员大部分为蒋介石亲信的情形下，总统实际上仍然享有不受监察管辖的特权。[②]这一制度设计是为了维护国民党一党专政和集权统治的需要，但是将总统排除在监察管辖范围之外，或其长期享有不被监督的特权，则造成了监察制度的缺陷，使总统的特权凌驾于国家监察之上，不利于监察制度的有效运行和对外界监察干涉的排除。

另一方面，民国时期监察制度中没有相应的惩戒权，致使其管辖虚置，即数量较多的监察机关弹劾的案件，在移交惩戒机关后，惩戒机关不按照法律规定进行惩戒，甚至存在敷衍了事或者不惩戒的现象。例如，汪精卫亲信铁道部部长顾孟余徇私舞弊案，涉案人顾孟余在购买铁路设备时徇私舞弊，监察院发现后对其弹劾，后将案件移交惩戒机关后，顾孟余非但没有受到惩戒，反而联合汪精卫利用职权限制了监察机关公布案件的权力，对监察机关进行打击报复。经过多方协调后，监察机关的案件公布权力得以恢复，但是对顾孟余的惩戒最终也没有得以实现。[③]1931年至1937年，监察院共弹劾公务人员1800多名，最终仅有268人受到刑事追究，多达210多人并未受到任何惩戒。[④]由此可知，民国时期，监察机关因缺乏必要的惩戒权，致使其对公务人员的监察管辖效能

① 参见张京凯：《南京国民政府时期监察法制及其史鉴价值》，载《国家行政学院学报》2016年第6期，第113页。

② 参见张晋藩主编：《中国近代监察制度与法制研究》，中国法制出版社2017年版，第151页。

③ 参见聂鑫：《中西之间的民国监察院》，载《清华法学》2009年第5期，第148页。

④ 参见包树芳、张勇：《试论国民党南京执政时期的监察院》，载《九江师专学报》2003年第3期，第35页。

不显，威慑力欠缺，甚至被民众诟病“雷声大、雨点小”，并未实现其最初设置的目标。

2. 外部监督的缺乏

民国时期监察制度构建了体系性的监督制度，以规范化的制度监督其他机关及其公务人员的履职行为，但是对监察机关内部监察工作人员的监督规范则较为松散，并未形成制度化的自我监督机制，尤其是外部监督机制的欠缺，致使监察机关内部官僚主义盛行、监察效率低下、选择性管辖等问题重重，使监察制度设置的效能难以得到真正的发挥。依据民国时期监察委员的确定程序，监察委员由监察院院长提请南京国民政府任命，[①] 所以南京国民政府期间，监察院中监察委员大多为追随蒋介石的亲信。[②] 同时，依据《国民政府组织法》，监察院长负责监察院的事务工作，监察委员独立行使职权，其与院长之间不是领导与被领导的关系，其监察工作的开展不受监察院长等的干涉，[③] 非依法定程序不受逮捕和监禁。以监察委员的弹劾权限为例，监察委员依法提出弹劾案后，由轮值的三名监察委员审查，如果其中两名同意，便可移送相应级别的惩戒机关；如果审查结果为不同意，提出弹劾案的监察委员仍坚持弹劾，则由轮值的另外五名监察委员审查，最终确定是否移送惩戒机关。[④] 由此可以看出，监察机关重要职能之一的弹劾权，主要由监察委员行使，监察院长并不能干涉。监察委员独立行使职权的这一制度，在监察委员由国民政府任命产生的背景下，实际上使监察机构沦为蒋介石独裁的工具。又因缺乏相应的外部监督机制，监察委员则将监察管辖职权作为其趋炎附势、攫取利益的工具，导致选择性管辖明显，现实表现就是“只拍苍蝇，不打老虎”。所以，在缺乏相应外部监督机制的情形下，民国时期监察管辖只有法律文本上的管辖规定和制度，其效能并未得到真正的发挥

---

① 参见姚秀兰：《南京国民政府监察制度探析》，载《政法论丛》2012 年第 2 期，第 74 页。

② 参见张晋藩主编：《中国近代监察制度与法制研究》，中国法制出版社 2017 年版，第 201 页。

③ 参见聂鑫：《中西之间的民国监察院》，载《清华法学》2009 年第 5 期，第 142 页。

④ 参见张晋藩主编：《中国近代监察制度与法制研究》，中国法制出版社 2017 年版，第 202 页。

和落实。

3. 管辖落实的干扰

孟子曾言："徒善不足以为政，徒法不足以自行。"[①] 法律制度本体仅为抽象的行为规范，本身并不能产生相应的法律效果，需要经过执行机关及其执行人员的落实才能产生具体的法律效力，所以让抽象的法律规范具体到现实落实，并产生相应的法律后果，始终都需要法律执行人员的介入，表现在监察管辖制度上，就是监察委员对监察管辖制度的效能具有实质的影响力。而监察委员在履行管辖职权时会受到多种因素的干扰，如果没有相应的制度防止干涉，则会影响着管辖制度的稳定性和权威性。民国时期，尤其是监察管辖制度完备阶段的南京国民政府时期，是由国民党一党专政的，国民党的党中央是实质上的最高监察机构，国家的监察系统是受制于国民党的党内监察机构。在不涉及国民党及其领导阶层利益时，尚可依法进行监察；否则，便会受到党权和行政权的干涉，为监察制度和管辖的具体执行设置层层障碍，防止监察制度对其产生影响。而落实监察管辖制度的监察委员大多是通过国民政府任命产生的，深受国民党及其领导阶层的影响，在无相应制度监督制约的情形下，监察委员为了自身利益的考量，很容易接受外部党权和行政权的干涉，致使监察管辖制度不能产生实效。所以，虽然从法律制度本身看，民国时期的监察制度体系相对完善、规则繁多，但是实际上民国时期是我国历史上贪腐现象较为严重的时期之一，良好的法律制度和理想的制度设计，并没有产生理想的法律和社会效果，这与监察管辖制度运行深受多方干涉而无法具体落实直接相关。

由上述分析可知，民国时期监察管辖制度相对完善，克服了我国古代监察制度的弊端，并将古代监察管辖制度的优势与西方监察管辖制度相融合，实现了监察制度及其管辖制度的现代转型，符合现代国家的治理需要，是我国监察管辖制度发展的重要时期，并以制度和规范的完善为其显著特色。但是，从总体上看，民国时期监察管辖制度的优势也仅

① 参见［战国］孟轲：《孟子》，杨伯峻、杨逢彬注译，岳麓书社2000年版，第115页。

为形式上的，在实施效果上并未实现立法的目的和初衷，但这不是制度不完善和不健全的本身原因，而是由多方干扰和影响所致，这些经验教训对完善现行的监察管辖制度具有重要的启示作用。

三、域外监察管辖制度

近代监察制度从产生至今已有几百年的历史，主要形成了瑞典议会监察专员模式、美国行政监察长模式、德法复合监察模式和新加坡集中监察模式。其监察管辖权限的共同之处，就是对公职人员的监察，但在监察的范围和事项上各有差异。深入了解各类监察制度模式的形成和发展，把握不同监察模式下的管辖权限和范围，有利于我们比较对照并吸收其中的有益发展经验。

（一）域外监察制度的基本模式

1. 瑞典监察专员制度

议会监察专员制度最先由瑞典产生并发展完善，英语中的监察专员一词“ombudsman”就是源于瑞典斯堪的纳维亚语系[①]。议会监察专员制度在瑞典经过不断的改革和完善，现已相对完备，监察管辖效能明显，临近的欧洲国家纷纷效仿，使瑞典的议会监察专员制度成为最具影响力的监察模式之一。瑞典通过里斯达格监察法案，对相关监察专员制度进行具体规范，包括对于议会监察和选举行为监察。[②]

瑞典的近代监察制度诞生于18世纪。在17世纪末与18世纪之初，瑞典仍是一个君主专制的国家，时任国王卡尔十二世，为维持瑞典在北欧地区的霸主地位与俄国、丹麦等爆发了历史上著名的“大北方战争”，国王远征俄国却战败，战败后逃亡至土耳其。在国王流亡期间，瑞典国内出现权力真空，政治混乱，腐败横生，瑞典国民深受其害。为了缓和国内矛盾，安抚民众缓和国内秩序，国王卡尔十二世于1713年设置并任

① 参见叶青、王小光：《域外监察制度发展评述》，载《法律科学（西北政法大学学报）》2017年第6期，第69页。

② See The Riksdag Act, https: //www. jo. se/en/About - JO/Legal - basis/The - Riksdag - Act - Riksdagsordningen/.

命了皇家最高监察专员，由其代替国王监督公职人员的履职，维护法律的施行，受理国民对公职人员的申诉，并有权对公职人员的失职提出起诉。皇家最高监察专员一般由司法总长担任，并由国王任命。国王卡尔十二世去世后，这一任命权由等级议会行使，后瑞典于1772年通过《政府组织法》将任命权重新收归国王行使。19世纪后，瑞典废除君主专制，实行君主立宪制，并于1809年通过新的《政府组织法》。① 在此之后，议会为强化对行政机关的监督，以君主专制时期的监察专员制度为样本，建立了议会监察专员制度，选择具有法律才能和道德品质正直的人员担任议会监察专员，监督政府和法院是否依法履职，受理民众对政府和法院公职人员的申诉。② 1915年，瑞典对议会监察专员制度进行改革，增加军队监察专员对军事机构进行监督。经过半个世纪的运行，瑞典于1968年对监察专员制度进行改革，将议会和军事监察专员整合后，组建了新的监察专员机构，内设专员3名，并增设兼职的副职监察专员2名，辅助监察专员开展工作。1974年瑞典《议会法》规定监察专员任期4年，议会可提前结束其任期。至1976年，监察专员数量增至4人。③ 1986年瑞典议会通过《议会监察专员指令法》，对监察专员的数量进行确认，并明确规定了监察专员的管辖范围。截至目前，瑞典将监察专员制度运用到社会管理领域，设置了消费者监察专员和儿童监察专员等多种监察专员。④ 并且随着社会需求，监察专员范围正在不断拓展，涉及各个领域⑤，且逐渐形成完善机构体系。⑥

---

① 参见艾政文、胡松：《瑞典议会监察专员制度》，载《人大研究》2004年第7期，第45页。

② See Fariborz Nozari, The Swedish Institution of Justice Ombudsman, 18 Int' l. J. Legal Info. 1 (1990), p. 1.

③ 参见扶松茂：《从瑞典、英国议会行政监察看中国的行政监察专员制度的创制》，载《云南行政学院学报》2002年第6期，第51页。

④ See Ombudsman system in Sweden, https: //www. collectiveredress. org/collective-redress/alternative-ombudsman-sweden.

⑤ See Disabled Persons´ Ombudsman, http: //www. ilo. org/dyn/natlex/natlex4. detail? p_ lang =&p_ isn=37639&p_ classification=08. 01.

⑥ See The Swedish Discrimination Act and the Equality Ombudsman, https: //student. slu. se/en/rules-rights/equal-treatment/swedish-discrimination-act-equality-ombudsman.

2. 美国行政监察长制度

美国的行政监察长在行政机关内部，开创了内向型行政监察制度，通过相关法律辅助，监察效果显著。美国行政监察长制度的成功，对其关系密切的国家产生了深刻的影响，日本、韩国等国纷纷效仿，使这一制度成为世界上影响力较大的监察模式之一。

美国的行政监察长制度，源于美国独立战争中的军事监察长制度，但这一制度在美国建国后，并没有在国家机构中得以推行。“水门事件”爆发后，国会为了强化对行政机关调查的实施，着手建立行政机构的监察长制度，通过监察长制度实现对行政机构信息的获取。1976 年，通过国会决议，率先在卫生、教育与福利部设立监察长，监察长人选由总统提名、参议院批准。1978 年，国会通过《监察长法》，监察长制度在美国正式建立，《联邦法规》第 92 条第 1101 款对其进行了详细列明。[①] 依据《监察长法》，所有联邦机构和部门均应设立监察长办公室，由监察长负责内部审计和调查，以提升行政效率和节约资源，预防和惩治滥用权力及腐败行为，强化联邦各机关间的沟通和协调。《监察长法》还规定，每个联邦机构的监察长都应由总统提名，国会任命，其所在行政机构首长无权罢免；监察长每年向国会提供报告，报告所在机构的运行情况、存在问题、改正建议、改正建议实施情况等；监察长应保护告密者等。[②]

1988 年的《监察长法》修正案，在原来规定的基础上，要求在司法部和财政部设立监察长办公室，并对监察长的薪酬、获取敏感信息的条件和程序作出规定。[③] 2008 年，《监察长改革法》对监察长制度进行了修正，要求监察长的选任只应考虑道德因素和业务能力，不应考虑政治因素；总统罢免监察长需提前 30 天向国会说明理由；规定在联邦行政机构建立监察长正直与效率委员会，协调各部门监察长办公室之间的工作等。2016 年，美国通过《监察长授权法》进一步对监察长获取信息的规则作

---

① See 92 Stat. 1101-Inspector and Auditor General Act, https：//www. govinfo. gov/app/details/STATUTE-92/STATUTE-92-Pg1101/summary.

② 参见许嘉、王万：《美国情报界的监察长情报监督机制》，载《美国研究》2017 年第 5 期，第 34 页。

③ 参见曹鎏：《美国专门问责机构研究》，载《行政法学研究》2013 年第 3 期，第 134 页。

出规定。[①]

监察长制度在联邦层面建立后，各个州也相继建立了监察机构，这些机构的监察长职能与联邦监察长职能相似。[②] 因美国是联邦制国家，各个州的自治权较大，各个州对监察长的设置和职权规定存在一定的差异，但总体上来讲，监察长制度在美国已经自上而下地得以建立。[③]

3. 德法复合监察制度

德国和法国是当今世界最为典型的大陆法系国家，具有成文法的法律传统，法治化程度也较高，故二者在监察制度的适用中也表现出强烈的司法化倾向，通过监察与司法的有机结合，构建了体系化复合监察制度模式，与本国国情高度契合，对其他国家的监察制度构建产生深远影响，成为世界上主要的监察模式之一。

早在 18 世纪，德国就已经演化出早期的监察模式。[④] 第二次世界大战后，随着经济的复苏，德国、法国的腐败现象日益严重，降低了民众对执政党和政府的信任度。为了回应民众关切，遏制腐败的发展趋势，德国、法国开始结合本国法治传统，采取了一系列手段，构建适合本国的监察制度。同时，德国和法国因多党制而产生的斗争，也加剧了腐败行为，对相应监察制度的建立提出了客观的要求。[⑤] 经过德国和法国的多年治理，德国和法国的清廉指数明显上升。[⑥]

其中，德国是通过多种方式结合，构建了本国的监察制度，并且侧重于刑事惩罚的方式。[⑦] 在立法方面，德国借助 1998 年欧盟通过的《欧盟反腐败法案》，强化对腐败人员的追究的法律责任，要求退赃的同时缴

---

① 参见马怀德主编：《监察法学》，人民出版社 2019 年版，第 63 页。

② See Phrommuean, Chantarakarn et al. "Motivation and Efficiency of Police Work of the Office of Inspector General. ", Walailak Journal of Social Science, 12. 2 (2019): 365-381.

③ See Feldman, Daniel L. "The Inspector General: Political Culture and Constraints on Effective Oversight. " Public Integrity 19. 6 (2017): 593-606.

④ See Bernsee, Robert. "For the Good of the Prince: Government and Corruption in Germany During the Eighteenth Century. " The War Within. Palgrave Macmillan, Cham, 2018. 257-280.

⑤ See Braunthal, Gerard. Parties and Politics in Modern Germany. Routledge, 2019.

⑥ Kimhi, Shaul, and Yarden Oliel. "National Resilience, Country Corruption and Quality of Life: An International Study. " (2019) .

⑦ See Germany: Anti-Corruption & Bribery Comparative Guide, https: //www. heuking. de/en/news-events/articles/ germany-anti-corruption-bribery-comparative-guide. html.

纳罚款。[①] 后来，政府制定《反腐败准则条例》，强化政府内部的反腐职能。此后又制定并颁布了《公务员法》《利益法》《联邦政府官员法》等一系列强化对公职人员行为规范约束的法律。对《刑法典》进行修订，加强对行政腐败、司法腐败、政治腐败及商业贿赂等相关犯罪的惩治。[②] 在司法方面，充分发挥联邦法院和联邦惩戒法院的职责，尤其是通过联邦惩戒法院对公职人员违纪案件的处理，警示和督促公职人员依法履职。[③] 在机构设置方面，设置独立的审计机构，对行政、司法等机构进行审计；政府内部部门内设置反腐败小组，有的州则是设立监察专员负责监察工作；各州统一设立腐败案件清理中心，独立于政府部门，负责对腐败案件的受理、转办、侦查和起诉的工作。

法国与德国情况相似，通过采取立法、司法和建立专门机构的方式，构建了本国的监察制度。法国的监察制度帮助其有效地遏制了腐败的蔓延，并取得了显著的成效，使法国被定位为"适度腐败国家"。[④] 在立法方面，法国于1988年通过了《政治生活资金透明法》，建立了法国的公职人员财产申报制度；[⑤] 1993年施行的《预防腐败和经济生活与公共程序透明法》，对腐败案件频发的房地产、公共服务等行业，进行了重点关注和规范，要求进行相应的信息披露，预防不透明交易，[⑥] 并依据该法成立预防贪污腐败中心进行专职负责；[⑦] 于1990年和1995年先后通过《限制选举经费法》《政治生活资助法》，规范政治活动捐赠活动，明确政治

---

① 参见［德］汉斯·约格·阿尔布莱希特：《德国反腐败机制与刑事法律规定》，赵晨光译，载《人民检察》2015年第9期，第29页。

② 参见杨卫军：《"把权力关进制度的笼子"：国外经验及其对我国廉政建设的启示》，载《理论导刊》2014年第8期，第32-33页。

③ Li, Sha, et al. "Group Decision Making in a Corruption Experiment: China and Germany compared." Corruption at the Grassroots-level - Between Temptation, Norms, and Culture: Themenheft Jahrbücher für National konomie und Statistik 2/2015 (2016): 207.

④ Rayner, Hervé. "Corruption in France: Structural and Contextual Conditions." The Social Construction of Corruption in Europe. Routledge, 2016. 125-150.

⑤ 参见王明高、胡祥勇：《中国家庭财产申报制的建立与健全》，载《湖南社会科学》2004年第1期，第66页。

⑥ 参见何家弘、张小敏：《反腐败立法研究》，载《中国刑事法杂志》2015年第6期，第5页。

⑦ 参见叶天乐：《法国：预防腐败三利器》，载《检察风云》2010年第9期，第51页。

捐赠规范;[①] 最后，通过对《刑法典》中腐败罪名的修订，强化了对腐败犯罪的惩治。[②] 在司法方面，法国除强化检察机关内部职务犯罪侦查的职能外，于2013年设立金融检察官，专门负责金融犯罪及与之相关的腐败法规。[③] 设立各级审计法院，强化对政府、国有企业及接受国家资助补贴组织部门的审计，并赋予其检查、调查、处理和公布等体系化的监察处置职权。在专门机构的设置方面，设置预防贪污腐败中心、政治生活资金透明委员会、在各部机关内部设立专门的监察室等，通过专门机构的设置全面了解国内的腐败情况，规范公职人员和行政机构内部的权限行使。[④]

德法两国，通过上述多种方式和多个部门的联合改革和职能强化，建立起了复合性的监察制度。

4. 新加坡集中监察制度

新加坡曾为英国的直属殖民地，在1959年获得自治后，为了有效治理腐败，维护社会稳定，新加坡改革此前的贪污调查局，确立了集中监察的制度模式，这一监察模式在新加坡经过多年的适用，取得了良好效果，使新加坡成为世界上廉洁程度较高的国家，而新加坡的集中监察模式也被多个国家关注，成为世界上主要的监察制度模式之一。新加坡贪污调查局负责调查公务人员涉嫌贪污腐败及舞弊的行为，该机构代表新加坡加入了国际监察协会，也是国际认可的符合通行标准的监察机关。从该机构的权力配置来看，新加坡贪污调查局同时拥有反贪和监察两项职权。当前，新加坡是世界范围内能够成功控制腐败问题的少数国家之一，根据国际透明组织公布的全球清廉指数排名，新加坡在近年来一直位列全球前十名，能够取得这些成就、获得这些殊荣，与新加坡贪污调

① 参见刘强:《外国总统任内的那些账》，载《检察风云》2015年第14期，第17页。

② 参见杨卫军:《“把权力关进制度的笼子”:国外经验及其对我国廉政建设的启示》，载《理论导刊》2014年第8期，第33页。

③ 参见施鹏鹏:《综合的反恐体系及检讨——以法国“新反恐法”为中心》，载《中国刑事法杂志》2017年第1期，第138页。

④ 参见杨卫军:《“把权力关进制度的笼子”:国外经验及其对我国廉政建设的启示》，载《理论导刊》2014年第8期，第32页。

查局的贡献密不可分。[①] 但是，新加坡的腐败治理不是一直如此，其腐败治理也是在采取适合本国国情的监察制度之后，经过多年的努力才取得当前的成效。

新加坡在英属殖民时期腐败现象严重，民众深受其害。建立于1952年之前由警察局行使职权的贪污调查局，监察效果不现，甚至作为调查人员的警察机构本身，都存在严重的腐败问题。在1959年获得自治权之后，人民党成为执政党，李光耀成为新加坡首任总理。1960年作为执政党的人民党，推动制定了新加坡的《反贪污法》，改革贪污调查局，建立起集中的监察制度。改革后的贪污调查局局长独立性较高，由总理直接提名，并可直接向总理报告和对总理负责，不受其他机关的干扰和掣肘。在贪污调查局内部，其管理层由局长、副局长及局长助理组成。[②] 贪污调查局的主要职责是调查、处理公共服务部门和政府机构中涉嫌腐败的人员及案件，审查政府机构及公共机构的工作程序，并有权对涉嫌腐败犯罪的人员进行逮捕和侦查。[③] 此后，新加坡又通过《没收贪污所得利益法》和《公务员惩戒规则》[④]，加上刑事法律中关于职务犯罪的惩治规范，新加坡集中监察制度体系逐渐得以建立。

（二）域外监察制度的主要特征

1. 瑞典议会监察专员制度的特征

瑞典议会监察专员制度的主要特征：一是具有明确的宪法地位，独立性较高。瑞典的宪法中对监察专员有明确的规定，明确监察专员的选取要求和职责。议会监察专员依法开展监察工作，具有监察调查的主动性，其根据公民的申诉或自行获取的信息，再结合案件具体的情况，自行决定是否立案调查，不受议会及其他任何机构或个人干涉。二是由议

---

① 参见王小光、谭艺渊：《新加坡贪污调查局调查程序运行及借鉴价值》，载《犯罪研究》2019年第6期，第95页。

② 参见武光军、顾国平主编：《新加坡反腐的历史进程及廉政建设机制研究》，中国法制出版社2016年版，第54-62页。

③ 参见刘国新、刘瑜：《新加坡廉政建设的主要制度架构及启示》，载《吉林师范大学学报（人文社会科学版）》2014年第2期，第120页。

④ 参见杨宜勇、魏义方、吕吉祥：《新加坡的廉政制度建设及其对中国的启示》，载《中州学刊》2017年第3期，第8页。

会产生，对议会负责。就议会和监察专员的关系而言，瑞典有专门的法律进行规定，如《议会法》《议会监察专员指令法》等。这些法律对监察专员的产生及退出程序、职责权限和工作方式等内部制度，进行了明确的规定，明确了监察专员与议会之间的关系。三是管辖范围广泛。从瑞典议会监察专员的职责看，其管辖范围十分广泛，除了法定的监察豁免人员外，其管辖范围不仅包括政府机关及其公职人员，还包括其他领域的公职人员，甚至对影响政府决策的企事业单位的代表人员都具有监督权。四是具有较大威慑力。议会监察专员具有追诉权和惩戒权，在依法对监察对象进行管辖后，依据调查事实决定是否追诉，针对职务犯罪行为可行使公诉权，对未构成犯罪但具有违法情形的，可作出罚款或相应监察惩处的决定。① 议会监察专员的追诉权和惩戒权，有效地维护了议会监察专员制度的威慑性和权威性。

2. 美国行政监察长制度的特征

美国行政监察长制度的主要特征：一是监察的相对独立性和权威性。美国联邦各机构和部门的行政监察长一般由总统提名，国会任命，所在单位的行政首长无权罢免。即使总统罢免监察长也应提前向国会说明罢免理由。行政监察长的这一任免方式，保障了其与所在行政机构的相对独立性，监察长在履行职能过程中，受所在单位的干扰和阻力较小，确保其监察调查结果的客观公正性。同时，因为监察长直接由总统提名，行政级别较高，使其在行使监察权的过程中具有较高的权限，可以调用的监察资源更多，可以运用的调查手段丰富，在调查过程中不被掣肘，有助于确保监察调查的公平公正，使监察更具有权威性。二是审计与监察职能的结合。行政监察长制度将审计工作与行政机构日常工作监察相结合，监察长办公室设置在其监察行政机构，办公室工作人员熟悉所在行政机构工作流程，了解日常工作中存在的问题，能够在审计中更加精准地发现所在行政机构的资金使用和人员调动问题，提高监察的效率，降低监察执法成本，而且提出的改正建议更加具有针对性，提高了建议

① 参见扶松茂：《从瑞典、英国议会行政监察看中国的行政监察专员制度的创制》，载《云南行政学院学报》2002 年第 6 期，第 51-53 页。

的被采纳的概率和可执行性。三是监察规范的法定性。行政监察长制度在对所在行政机构进行监察的过程中，所依据的是较为完善的法律规范，而不是依据行政命令和行政指令。[①]《监察长法》及其修正案等相关法律，对监察长职权运行方式、运行机制和保障制度等，都做了明确的规定。监察长办公室依据法律规范履行职权，在履行监察职责的过程中，规制监察权的行使，防止由规则的维护者变成规则的破坏者。

3. 德法复合监察制度的特征

德法复合监察制度的主要特征：一是法治化程度较高。德国和法国是大陆法系的代表性国家，法律文化传统植根于社会生活的方方面面。在构建本国的监察制度过程中，德国和法国制定并颁布了一系列强化对公职人员行为规范和对腐败惩治的法律，构建了体系化的监察法律制度，以成文法的方式对监察工作的履行及公职人员的行为规范等进行规制，法治化程度较高。二是侧重于司法手段解决。大量涉及监察制度的专门法律法规实施后，为了增强法律的权威性和强制性，德国和法国都对本国的刑事法律进行了修订。通过明确对腐败行为的惩治，以刑事惩罚的方式警示和教育公职人员遵守和履行相关监察法规。例如，德国设有惩戒法院，对公职人员的违纪行为进行专门的审理和处置；法国的审计法院，对公共资金的使用同样具有检察、侦查和处理等多项司法职能。三是强调多部门之间的协同。德国和法国的监察制度不是由某一个单独的法律规范进行规定，而是由多部门多个法律规范的相互影响并形成体系，是以机构间的紧密配合来实现对公职人员监察的目的。[②] 为此，德国和法国的立法部门颁布了一系列监察制度法规，司法部门加大对腐败惩治力度，行政机构强化自我约束和对公职人员的行为规范，并在国家设置专门的监察机构，如德国的腐败案件清理中心，法国的审计法院和预防贪污腐败中心等。通过立法、司法和行政的共同配合，达到监察公职人员、治理腐败的目的。

---

① 参见刘素梅：《论美国行政内向监督及其对我国的启示》，载《扬州大学学报（人文社会科学版）》2006 年第 2 期，第 30-31 页。

② 参见马怀德主编：《监察法学》，人民出版社 2019 年版，第 71 页。

4. 新加坡集中监察制度的特征

新加坡集中监察制度的主要特征：

一是重视立法。在新加坡的集中监察制度建立之初，便强化立法，通过法治手段进行监察，严格依法履职，通过法律设置监察机构，并确保监察执行机构反贪调查局的独立性。在作为集中监察制度的设立基础的法律依据——《反贪污法》适用之后，新加坡又制定了《没收贪污所得利益法》和《公务员惩戒规则》等专项法律，强化对公职人员的监察。新加坡通过立法打造确立了一系列系统的反腐“阳光法案”体系，其中《宪法》明确了公务人员任职条件以及禁止经商等公务监督内容；《反贪污法》详细规定了贪污犯罪的构成、调查、起诉、审判等内容；《没收贪污所得利益法》对贪污数额计算、贪污利益确认、没收贪污利益程序等进行了规范；《公务员惩戒性程序规则》《公务员守则和程序条例》等行政法律对公务员行为规范、禁止性行为、处分程序等有明确指导；《公务员指导手册》对公务员之间互送礼品、接受宴请和获取报酬等行为是否合法进行了十分清晰的界定，并一律严禁公务员接受任何可能影响公务的礼品。新加坡对职务违法犯罪调查的立法保障十分全面，立法更着眼于事前预防而非事后的严惩，但对职务违法犯罪行为的处罚相较其他国家仍然十分严厉，公务人员仅有贪污的动机和意图就会受到处罚，公务人员不上报曾有人向其行贿并拒收的情况也要受到人身自由和金钱上的惩罚。[①] 而且通过立法将举证责任倒置转移给被告人一方，保护检举人安全等方式，对职务违法犯罪行为的监督查处给予了全面的法律规范和程序，确保有法可依。同时，不断完善一般刑事法律，确保对腐败行为的有效管辖和惩治。

二是监察权限大。新加坡集中监察制度的执行机构为反贪调查局，为了有效遏制腐败现象，反贪调查局自建立之日起，便被赋予极大的调查权限。新加坡通过立法赋予贪污调查局十分强大的调查权，在立法中设计了类型多样的调查手段，调查人员可以使用警察有权使用的一切调

① 参见王小光、谭艺渊：《新加坡贪污调查局调查程序运行及借鉴价值》，载《犯罪研究》2019 年第 6 期，第 98-99 页。

查措施，还可以经过授权使用监听、卧底、诱惑侦查等特殊调查手段，强大的调查权是保障调查程序高效运行的保障。并通过程序的独立性，保障调查权的行使。新加坡通过立法特别授予贪污调查局的权能，独立于一切法定的行政申诉途径及司法申诉途径，且调查期间内不中止或不中断。这保证了贪污调查局的调查活动可以自主开展，且不受到行政或司法程序的影响而中断。

三是监察机关独立性高。监察机关在权力体系中具有独立的地位，享有人事、财务、管理方面的自主权，调查活动不受其他机关的干涉，程序的独立性和自主性特征十分明显。新加坡贪污调查局在新加坡政体中的独立地位，使其除了接受总理的领导，几乎不受其他机关的干预，也无须向立法机关提交工作报告。这种特殊的独立地位确保了贪污调查局能够在不受其他权力机关干涉的情况下，独立启动和运行其调查程序。即使贪污调查局对贪污腐败犯罪的调查受到刑事诉讼法的约束，但仍相对独立于检察机关和警察机关，这种独立设置保证了调查程序独立规范运转。这种独立性具体体现为，机关负责人独立于其他机构官员，监察机关独立于其他机构。

四是效率高。新加坡贪污调查局自成立之后就较为重视执法人员的专业化建设，执法人员的素质和业务水平普遍较高，大量优秀的专业人才保证了调查活动高效进行。而且新加坡的职务违法犯罪调查程序的设计也较为科学，调查机关受理线索后一般由高层领导进行集中审查，然后将具有可查价值的线索分流到调查部门开展调查，这样就避免无价值线索占用有限的调查资源。受理案件后，新加坡反贪调查局在履职过程中，调查权限较大，有权要求一切知情者提供其了解的情况，有权对任何涉嫌贪污犯罪的人员进行逮捕，因而可较为迅速地展开调查，提高调查效率。调查局机构内部也设置了功能分工清晰的调查小组，内部组织结构十分完善，整个调查程序没有烦琐的设计，程序运行更重视调查的效率和程序的有效运转，程序从受理、立案、全面调查呈一条直线快速流转。此外，调查局内部设立了专门进行线索分流的申诉评估委员会，能够在早期对线索进行审查分流，避免调查价值不大的线索占用有限的调查资源，确保贪污腐败犯罪能够得到快速查办。同时，反贪调查局对调查的时限具有明确的规定，如对于投诉和举报，需一个星期内给予正式答复；决定展开调查的案件，需 48 小时内展开调查；非疑难复杂案件，须在 3 个月内完成调查等。[①] 监察执行机构的规定及其权限，决定了新加坡集中调查模式的效率较高。

五是内部监督规范高效。新加坡的贪污调查局拥有类似情报部门的秘密侦查权，这种调查权限极大，而权力的本性便是扩张，需加以限制才能防止权力的滥用。如果调查人员对该权力运用不当，很容易产生侵犯人权和破坏法治的问题。有权力必要有监督，新加坡贪污调查局多年来一直保持清廉规范运作，并取得如此显著的效果，与新加坡建立了有效的监督机制存在必然的联系。新加坡对监察权力高度集中的贪污调查局的监督主要从以下四个方面进行：

（1）通过最高领导机构进行监督。在新加坡，总统有权提名和任命贪污调查局局长，而局长被任命之后则需向总理负责，接受总理的直接领导。总统可以直接命令贪污调查局局长调查政府部长涉嫌贪污的案件，还可以通过人事任免、反腐政策规章制定等方式，对贪污调查局的调查活动进行监督和制约，防止调查人员对调查权的滥用。

（2）通过司法机关进行监督。新加坡的权力结构为权力分立模式，审判机关的独立地位受到法律的充分保障，审判机关可以从诉讼程序上对属于侦查阶段的贪污调查活动进行监督制约。例如，贪污调查局只有权调查职务违法犯罪，但是若需要对犯罪嫌疑人长期羁押，则需要取得法官签发的令状，才可进行羁押，且在调查期间逮捕犯罪嫌疑人的，应在宣布逮捕令状后的48 小时内移送法院，相当于侦查机关的贪污调查局无权干涉作为审判机关的法院的决定，并接受法官对其调查活动的司法审查。

（3）通过行政机关进行监督。新加坡总检察署不属于司法机关，而是属于内政部下的一个行政机关，但在国家机关中享有相对独立的地位，负责起诉所有的刑事案件，其可以通过对职务犯罪案件的审查起诉职权，

① 参见金波：《新加坡的制度反腐经验》，载《国际关系学院学报》2009 年第 4 期，第 43-48 页。

对贪污调查局的调查活动进行监督。贪污调查局的执法人员在调查过程中，若需要查询犯罪嫌疑人及相关人员的金融账户等，必须取得检察官的授权，才可依法进行查询调取，且在职务违法犯罪案件调查终结后需将案件移送总检察署审查起诉。除了上述的检察署之外，下设在总理办公室的公共服务部门，负责公务人员的人事、纪律等事项的日常管理，该部门也有权对贪污调查局执法人员的不当履职行为进行政务处分。

（4）通过社会力量进行监督。虽然新加坡的媒体要在一定程度上接受政府的管制，但是随着近年来新闻媒体的蓬勃发展，其在社会生活和政治活动中的作用也在逐年增大，舆论媒体对一些重大案件的跟踪报道，将这些案件在民众中公开，让民众对案件调查的过程得以知晓。这种过程的公开也是一种监督制约，督促调查执法人员严格依法履职，也可以起到对贪污调查局调查活动的监督作用。社会大众也可以通过多种渠道对贪污调查局的调查活动进行监督，并提出投诉或检举不法行为。同时，根据新加坡刑事诉讼法等相关刑事法律的规定，被调查对象有权在诉讼程序中聘请律师，律师也可以通过介入调查活动，帮助被调查对象依法行使其合法权利来发挥监督调查活动的作用。①

（三）域外监察管辖制度之分析

1. 瑞典议会监察专员管辖制度

在瑞典，对议会监察专员制度进行规范的法律包括《政府组织法》《议会法》《议会监察专员指令法》和《议会监察专员行政指令法》。② 依据《政府组织法》确定的监察专员主要职责包括依据议会命令监督政府部门执行法律法规的情况，并有权依法对监察对象提起诉讼。2016 年的《议会监察专员指令法》将监察专员的管辖范围明确为市州级公权力机关及其内部的公职人员和雇员，其他行使公权力的人员（以是否行使公权力为标准），能够对政府决策产生影响的企事业单位的代表工作人员等。

① 参见王小光、谭艺渊：《新加坡贪污调查局调查程序运行及借鉴价值》，载《犯罪研究》2019 年第 6 期，第 99 页。

② 参见朱力宇、袁钢：《中欧监督制度的若干比较和借鉴》，载《北京联合大学学报（人文社会科学版）》2007 年第 4 期，第 78 页。

该法还明确规定了不属于监察专员管辖的豁免人员：议会人员，议会的专业委员会及议会秘书，瑞典中央银行的董事会、执行委员会成员（如果这些人员擅自越权，并依据《货币和信贷法》作出决定则不受管辖豁免），作为整体的政府或部长，首席大法官；市县级议会成员。为了保障监察工作的顺利开展，该法还明确规定，监察专员不受其他监察专员的监督。2012 年的《议会监察专员行政指令法》在确认上述规定的同时，增加了对侵犯个人人身权利的公权力的监督，将其增列为监察专员的独立监察领域。①

可见，瑞典议会监察专员对大法官、行政机关的主要负责人、作为一个整体的政府、银行的主要负责人等高级别的公职人员不能进行监督；在对案件的处理中，只有部分案件具有追诉权，大部分案件需通过建议和协商的方式处置，强制性不足。② 为此，议会监察专员管辖的有效适用，需要由通过法律保障其行使监察管辖权能的独立性；需要强有力的议会或代议制机构对其支持；需要强大的公正媒体和公共舆论对被监察人员形成巨大的社会压力，督促其改正不当行为，弥补议会监察专员制度强制性的不足。③

2. 美国行政监察长管辖制度

依据美国《监察长法》，行政监察长的具体管辖内容包括发现和阻止所在行政机构的欺诈、滥用公共资源的现象，并提出改进建议；开展和协调所在机构的审计和调查工作；向所在机构长官及国会报告所在机构存在的问题和解决路径；协调所在机构与其他联邦、州政府及其他组织之间的关系。行政监察长在履行上述监察职责过程中，发现存在问题的，将直接向行政机构的首长汇报，行政首长具有七天的改正时间，并将改正情况向国会汇报。行政监察长在履行调查职责时，有权获取与履行职责相关的报告、文件等资料；在无法获取时，可向行政机构首长索要，如果再次被拒绝时，应当向国会汇报被拒绝的情况。监察长在履行职责

① 参见马怀德主编：《监察法学》，人民出版社 2019 年版，第 58 页。

② 参见杨亲辉：《行政监察专员制度比较研究》，载《人大研究》2008 年第 1 期，第 42 页。

③ 参见李红勃：《人权、善政、民主：欧洲法律与社会发展中的议会监察专员》，载《比较法研究》2014 年第 1 期，第 15 页。

过程中，还有权要求其他行政机构、州及地方机构和部门提供协助信息和资料；无法获取时，应向这些行政机构的首长报告被拒绝的情况。①

行政监察长制度在行使监察管辖职能的过程中，具有相对独立性。但从监察长的任命可以看出，部分监察长由行政首长任命，其独立性较弱，即使总统提名的监察长，其行使职权仍会受到最高行政首长的影响。监察长的管辖职能，还受美国联邦制政体的影响，各州之间监察长的职权是不同的，小部分监察长具有处理犯罪时所需的拘捕权力，大部分监察长仅具有调查权。监察长调查权的不完整，降低了其监察工作的威慑性和影响力。② 但是，行政监察长设置在行政系统内部，属内向型监督，熟悉了解行政官员的从政行为，其监督的及时性、准确性、常规性和预防性值得借鉴。

3. 德法复合监察管辖制度

德国监察制度的管辖，是通过多个部门综合管辖实现的。首先，德国也是通过多项专门法律对公职人员的日常履职行为、利益冲突、道德操守等方面进行管辖。在刑事法律方面强化对不同种类的腐败进行明确和惩治。其次，设置在政府内部的监察机构反腐败小组，对上级行政首长和检察机构负责，监督本机构是否存在腐败现象。若发现问题，直接向上级行政机构和检察机构报告，不受本级行政首长的干涉。审计机构负责对公共资金的使用和经济活动的真实情况进行监督。再次，独立的腐败案件清理中心依法具有对腐败案件的公诉职能，负责对各州腐败案件的受理、侦查和起诉，在职权范围内有权直接与各州审计机构、警察机构和审判机构联系，同时负责其管理区域公职人员的腐败预防和部门协调工作。最后，作为代议机构的议会，可对行政官员的腐败问题进行调查，必要时可联合检察机关调查。作为司法机构的法院，对具有监察职能和起诉职能机关移送的案件进行审理，依法作出相应的处罚。③

法国监察制度的管辖，首先是通过专门法律对公职人员的财产申报

---

① 参见曹鎏：《美国专门问责机构研究》，载《行政法学研究》2013 年第 3 期，第 133 页。

② See James R. Richards; William S. Fields, The Inspector General Act: Are Its Investigation Provision Adequate to Meet Current Needs, 12 Geo. Mason U. L. Rev. 227 (1990), pp. 232-233.

③ 参见杨解朴：《德国的反腐败机制》，载《党建》2006 年第 1 期，第 46 页。

进行规定；对政治活动的资金捐赠进行规范；对房地产等腐败多发、易发行业信息披露进行规范，防止暗箱操作，等等。其次，通过专门的审计法院，对公共资金的使用进行监督，规范政府部门、公共机构、国有企业等接受政府补贴资助的机构和组织的公共资金收支行为，惩治不当使用资金的人员及其行为。审计法院法官负责对案件的审理，设置在法院内部的检察长负责监督，检察长的管辖权限包括行使国家公诉权、监督公共会计提供的账目、监督法院的判决等。再次，注重严厉惩治基础上的犯罪预防。其中，司法机关依法对职务违法犯罪进行审判惩处。而专职的预防腐败中心则负责对腐败信息的收集整理分析，提供出解决方案的建议等，进行早期预防，将腐败行为扼杀在萌芽阶段。最后，在政府内部设置的专门监察机构，对本机构的工作人员及腐败犯罪问题进行内部监察。①

德法的监察管辖是分散的，是由多元主体相互间的协作配合共同行使的，实现对公职人员的监察，并达到了较为理想的监察效果。但是，分散的监察主体，多元的监察制度和相对繁杂的专项法律，需要监察人员具有较高的法治整合能力，才能有效适用，否则会出现管辖竞合和管辖冲突的现象。因而，德法监察制度模式得益于两国的法律文化传统和较高的法治化水平，是一种适用条件较高的监察制度模式和管辖方式。

4. 新加坡集中监察管辖制度

新加坡集中监察制度以其效率高、权限大而著称，故其管辖的内容和范围也较为广泛。第一，在管辖范围上，监察机构调查对象的范围较广。不仅包括政府机关或公共机构的公职人员，还包括私人、私营机构或兼有公共性质机构中的人员，即只要涉及腐败问题，监察机构都有权调查，而不限于公职人员。第二，在对贪腐获得利益的认定上，利益不仅包括有形的财产或财产性利益，还包括无形的服务、承诺等非财产性利益。第三，在对需调查的腐败行为的界定上，不仅将非法获取利益的行为视为腐败，还将非法获取利益的主观意图视为腐败。第四，对腐败

① 参见杨娜：《欧盟的廉政治理及其启示》，载《南开学报（哲学社会科学版）》2018 年第 1 期，第 146 页。

行为的认定上，并未规定最低限额的要求，即只要具有腐败行为即可调查，而无构成犯罪的最低数额要求。第五，对于贿赂犯罪的认定，只要受贿人接受或具有接受请托人给予利益的主观意图即可认定为犯罪，不需证明收受贿赂人员具有为请托人实施请托事项的行为。[①]

上述是对公职人员涉嫌犯罪事项的管辖，而对于公职人员的日常行为，新加坡的监察机构依据《公务员惩戒规则》等相关规定，具有广泛的管辖权：第一，公职人员每年必须申报包含其家庭成员在内的财产情况，包括收入、投资和负债等情况；第二，公职人员买卖股票需要经过批准；第三，公职人员不得接受任何礼品或宴请；[②] 第四，监察机构可对任何公职人员的日常行为采取任何方式（手段）进行调查，而不在于是否收到举报，调查监视的内容包括涉及公职人员私生活在内的不良嗜好等，调查方式可以是监听、秘密拍摄等任何方式。[③]

新加坡的集中监察制度是建立在其对公职人员高薪待遇的基础之上的[④]，通过立法构建了严密的监察制度体系。监察机关具有极高的独立性，在其权限范围内严格依法履行监察职责，管辖涉及公职人员日常履职行为，甚至包含公职人员的私生活在内的广泛内容，不受不当干涉。在这样权力高度集中的情形下，因取得了成绩斐然的监察效果而世界闻名，成为当今主要的监察制度模式之一。虽然这一模式具有较高的适用条件和要求，被其他国家或地区效仿的难度较大，但是其体现的对公职人员监督的高标准严要求的基本经验仍具有一定的借鉴意义。

---

① 参见金波：《新加坡的制度反腐经验》，载《国际关系学院学报》2009 年第 4 期，第 46-47 页。

② 参见于文轩、吴进进：《反腐败政策的奇迹：新加坡经验及对中国的启示》，载《公共行政评论》2014 年第 5 期，第 136-137 页。

③ 参见刘国新、刘瑜：《新加坡廉政建设的主要制度架构及启示》，载《吉林师范大学学报（人文社会科学版）》2014 年第 2 期，第 119 页。

④ 参见杨宜勇、魏义方、吕吉祥：《新加坡的廉政制度建设及其对中国的启示》，载《中州学刊》2017 年第 3 期，第 8-9 页。

第三章　监察管辖范围

监察范围是监察管辖需要研究的基本问题，即何种类型的对象可以进入监察权的视野，由监察机关对其进行监督、调查与处置。《监察法》的立法目的，主要是加强对所有行使公权力的公职人员和有关人员（即《监察法》第1条所指“公职人员”）的监督，从而实现国家监察的全面覆盖。在宏观层面上，由相对独立的监察权监督、规范公权力运行；在微观层面上，则着眼于通过具体问题和具体案件的处理，达到加强廉政建设、及时发现并惩治腐败分子和推进反腐败工作的目的。这就决定了不是公职人员的所有行为，都由监察机关管辖，也不是所有公职人员的违法犯罪行为，都由监察机关调查处置。因此，就产生了监察范围的问题。

一、监察范围的内涵

（一）监察范围的含义

《监察法》将监察范围限定为公职人员和行使公权力的有关人员，共六大类人员。随着《监察法》的施行，为了强化对监察机关管辖职能的规范，中央纪委和国家监委联合制定了《管辖规定（试行）》，并在第4条中将上述这六类人员进行了具体的明确。本节以是否行使公权力为判定标准，从静态和动态两个层面对监察范围的对象进行界定。

1. 监察范围的静态管辖

公职人员的静态管辖，就是以公职人员身份为标准，来判定其是否为监察对象。《监察法》第15条规定的六类监察对象中，有三类人员属于以身份确定为监察对象。这三类人员是党委、人大、政府、政协、“两院”等公权机关的公务员；参照《公务员法》管理的人员和国有企业的管理人员。这三类人员都是经过法定程序进入公权机关的工作人员，具有行使相关公权力的常态性、稳定性、长期性，行使公权力履行相应的职权是这类人员的主要职责和义务。在对其任免上实行法定原则，非经法定程序，不得取消或剥夺其公权力行使者的资格。① 也就是说这三类公职人员身份与其行使公权力的职业是紧密联系不可分割的。其中，参照《公务员法》管理人员，主要指“参公管理”的事业单位中的工作人员（以下简称“参公管理人员”）。他们享受公务员的待遇，属于事业编身份。而且这类人员的录用、考核、晋级、工资待遇、福利与本地区公务员基本相同，享受《公务员法》规定的权利，受《公务员法》约束。将公务员、参公管理人员和国企管理人员列为监察对象，体现了《监察法》将国家监察全面覆盖的基本意旨。

《监察法》第 1 条将立法目的明确为，强化对公职人员的监督，提升国家治理体系和治理能力的现代化。而公务员、参公管理人员和国企管理人员，因行使公权力，是实现国家政治职能和公共管理职能的实践者②，是治国理政的主体力量。但由于权力具有膨胀的天然属性，权力执掌者极易出现公权私用、权力寻租、钱权交易等腐败问题③，这就需要强化对此类人员的监察监督。其中，加强对公务员，特别是领导干部的监察，是整个监察工作的重中之重。加强对这类人员的监察，对强化党的集中统一领导和人民代表大会的权力监督，有效保障经济社会发展和维护社会稳定及公平正义，推进治理体系和治理能力现代化有着极其重要的意义。

实践中，人们对公务员实行全面监察较容易理解，但对参公管理的人员和国企管理人员却存在不同认识。有学者认为，参公管理人员和国企管理人员不具有国家意义上的管理职责和权力，他们行使的是社会公

① 参见杨登峰：《行政法定原则及其法定范围》，载《中国法学》2014 年第 3 期，第 103 页。

② 参见邝少明、周映华：《论公务员与政府的法律关系》，载《法学评论》2004 年第 4 期，第 19 页。

③ 参见王世谊：《当代中国反腐败问题探析》，载《新视野》2011 年第 1 期，第 55 页。

共组织和企业范围的权限，[①] 不能与公务员行使的国家权力相提并论。这一认识在强调国家公权力的重要性方面不无道理，但对社会公权力和企业管理权力的重要性认识还不全面。当今社会，在国家的治理能力不断提升的背景下，国家的公共管理职能即公共服务职能日益凸显，为有效应对社会需求，弥补国家管理职能的欠缺，国家鼓励并发展一些行业、社区组织以及一些公共服务组织，辅助国家履行一定的社会管理职能。参公管理人员行使的社会管理权力，实际上是国家公权力的延伸，具有社会资源分配、管理的属性，这一权力也是腐败产生的重要根源之一。而对国有企业管理人员的监察同样重要，国有企业是国民经济发展的中坚力量，是中国特色社会主义经济的支柱。国有企业管理人员在落实国家调节经济目标、调整国民经济发展方向、实现国有资产保值增值等方面负有重要的职责。[②] 国有企业管理经营权是国家权力的派生权力，同国家权力、社会公权力一样，也具有腐败风险和可能，纳入国家监察管辖的范围具有理论上的合理性和实践中的正当性。

2. 监察范围的动态管辖

监察范围的动态管辖，就是不以静态的公职人员身份，而以是否受委托从事公务，来判定其是否属于监察范围。《监察法》第 15 条规定的六类监察对象中，有三类人员属于因受委托从事公务而被确定为监察对象：受委托行使公权力的人员、群众自治组织中的从事管理的人员和其他依法行使公权力的人员。这些人员的一个共同点，就是不具有固定的公务员或管理人员的身份，而是经授权或受委托后才具有行使公权力的合法性，即在一段时期或某一特定事项上的行为具备一定的公权力性，当特定的时期已过或特定事项完成，其行为就不具有公权力的性质。对这个问题要从以下两个方面来理解：

所谓授权，是指授权机关在法律许可范围内，依法定程序和规范将

① 国家与国有企业之间是投资关系，国家设立国资委代行出资人的职责，国资委并不直接经营管理企业，而是向企业委托代表，由该代表直接管理企业，行使企业的管理权。参见袁碧华：《国有产权代表选任：界定、逻辑与路径》，载《浙江工商大学学报》2018 年第 5 期，第 72 页。

② 参见洪振帅：《国资管理机构选任国企负责人的思考》，载《中国人力资源开发》2006 年第 7 期，第 30 页。

自身全部或部分职权转让给被授权人（有关组织），产生新的权力行使主体，由被授权组织以其自身名义行使被授权职权，并对其履职行为承担法律责任。[①] 委托是指国家机关基于优化管理职能的需求或基于公共利益的目的，将其自身的部分职权委托给其他组织，由被委托组织以委托机关的名义行使权力，并由委托机关承担相应的责任，委托并不产生新的权力行使主体。[②] 对于职能授权和职能委托二者的区别，需要注意以下问题：授权是转让自身职权，委托是不亲自行使自身职权。[③] 对于职能授权，授权机关必须为国家机关；被授权机关可以是国家机关，也可以是非国家机关的社会团体、企事业单位，或者是专业技术机构等。这些非国家机关的组织此前没有特定的公权力，其管理人员不属于公职人员，但在被授权后成为新的公权力行使主体，其管理人员的履职行为，会对不特定相对人的权利和资源分配产生影响，必然要受国家监察机关的管辖，以防止其权力滥用而对国家和人民利益造成侵害。

所谓委托，就是委托机关将部分权力委托给被委托机关，后者以委托机关的名义行使管理权，并由委托机关承担责任的权力行使方式。由于经济社会的发展，各种新兴行业不断涌现，而且专业化程度和精细化程度不断提升，对国家的管理职能提出了更高的要求，逆向要求国家机关优化其管理职能，或者将部分专业化程度要求较高的事项，委托专业机构负责监管，确保监管的科学性和高效性，即通过委托实现管理职能的优化，以提高整个国家发展效能。[④] 同时，由于我国国家治理模式的优化，不断放宽对经济社会活动的监管，从此前的“大包大揽”，到现在的“简政放权”，此前一些属于国家机关的专业性机构，现在转变为企业单位或社会组织，但其专业的技术能力仍具不可替代性，使国家机关将部分管理职能委托其代为行使，则管理效果则更为科学和权威。所以，国

---

① 参见胡建森：《有关中国行政法理上的行政授权问题》，载《中国法学》1994 年第 2 期，第 80 页。

② 参见周春华：《行政协助基本问题研略》，载《法治研究》2007 年第 7 期，第 22-23 页。

③ 参见胡建森：《有关中国行政法理上的行政授权问题》，载《中国法学》1994 年第 2 期，第 79 页。

④ 参见刘莘、陈悦：《行政委托中被委托主体范围的反思与重构——基于国家与公务员间法律关系的思考》，载《行政法学研究》2018 年第 2 期，第 54 页。

家机关将其自身部分职权委托给其他国家机关或非国家机关组织，由其代替自身行使管理职能。被委托的非国家机关组织由于是以委托机关的名义从事管理职权，并未产生新的权力行使主体，也未发生管理职权的转移；被委托机关的性质并未发生变化，其只是相当于国家机关履行职能的工具，故被委托机关中从事公务的人员并非是公职人员。但是，这些被委托组织中从事公务人员的行为，会对不特定人的权利产生影响，如其滥用被委托权力，会破坏国家正常的管理秩序并侵害相关当事人的合法权益，为此国家监察机关需要对被委托组织中从事公务的人员进行监察管辖。

（二）监察范围界定中需明确的几个问题

《监察法》和《管辖规定（试行）》将行使公共权力的所有公职人员列为监察对象，实际上是从静态和动态两个层面确定了监察范围规范制度。对于这一范围规范即监察范围的构成，在理论界存在不同的认识，需要在以下几个方面明确，以便本书开展后续的研究：

1. 对公职人员范围的认识

《监察法》第 1 条将监察对象规定为，“所有行使公权力的公职人员”，要界定监察对象的含义，就需要对“公权力”及“公职人员”的内涵和外延有清晰的认识。对此，学术界主要存在两种观点。其中，一种观点认为，监察对象应仅限于行使公权力的国家公职人员，党务及民主党派机关、企事业单位等单位中的工作或从事管理的人员，不属于国家监察对象，应由其他机关管辖，持这类观点学者以杨解君为代表。① 另一种观点则以胡锦光为代表，认为公权力等同于国家权力，公权力机关应是所有国家机关和法律法规授权的组织，这些组织中的人员只有行使公权力时，才属于监察对象；否则，即使是参照公务员管理的人员，不行使公权力的，也不是监察覆盖的范围。② 笔者认为，监察机关的职能为

---

① 参见杨解君：《全面深化改革背景下的国家公权力监督体系重构》，载《武汉大学学报（哲学社会科学版）》2017 年第 3 期，第 42 页

② 参见胡锦光：《论监察委员会“全覆盖”的限度》，载《中州学刊》2017 年第 9 期，第 65-66 页。

对公权力的监督和制约，包括对公权力静态和动态的监督，目的是防止因公权力的滥用和不作为而侵害国家和人民的利益。静态的监督是廉政建设和腐败预防，理应涵盖所有公职人员；动态监督是对公权力行使人员的监督制约，包含对所有公职人员和行使公权力的有关人员，而且公职人员的职务违法和犯罪，包含积极用权的滥用职权和消极怠工的不履行法定职责。所以，在无特别指定的情况下，《监察法》中“公职人员”的范围应为该法第 15 条所指具有“公职身份”的公职人员，及行使公权力但不具有“公职身份”的有关人员。

2. 监察对象是否包括机构组织

监察对象是否应包括机构组织？学界对此存在四种观点。其中，第一种观点认为，从国家机构组织的民主集中制原则出发，权力机关作为整体，不应受到监察机关的监察，否则会引发权力机关与监察机关间的紧张关系。[①] 第二种观点认为，对国家机关和对其工作人员的监督，在法律基础和依据上存在差异。持这一观点的学者指出，对国家机构的监督，折射出的是国家政治体制和国家权力结构关系，实质上是国家机关之间的制约关系，是宪法性质的问题；而对国家机构中人员的监督，则展现的是依法定权限和程序监督纠察被监督人员行使公权力的行为的机制，这在本质上就是一个法律问题，仅仅是对干部的管理及其人事监督问题。据此，监察监督对象应为人员而非机构。[②] 持第三种观点学者，从监督工作的实效出发，指出监察机构对公职人员的监督，客观实际上必然会对该类人员所在组织机构产生一定的作用力，为此应建立一系列的预防和隔离措施，防止因对人员的监督而对机构形成实质监督。[③] 第四种观点则认为，监察监督对象应当涵盖行政机关，以确保监察“全面覆盖”的反

① 参见韩大元：《论国家监察体制改革中的若干宪法问题》，载《法学评论》2017 年第 3 期，第 17 页。

② 参见刘小妹：《人大制度下的国家监督体制与监察机制》，载《政法论坛》2018 年第 3 期，第 18 页。

③ 参见马怀德：《再论国家监察立法的主要问题》，载《行政法学研究》2018 年第 1 期，第 10 页。

腐立场落到实处。[①] 笔者认同第三种观点，监察范围规定的监察对象实际为监督对象，监督对象不能包括单位或机构。对单位机构的监督空位，通过对该机构中人员的监督完全可以实现，因为对人员的监督致使人员强化自我约束，必然会影响机构的运行，对行政机关的监督在实际上得以实现。但是，涉及违法犯罪问题无法确定直接责任人员或主管人员或单位涉嫌我国刑法中规定的单位犯罪行为时，以单位法人这一拟制的“人”为立案对象，以解决监察机关对单位涉案时立案的困境。

3. 人大代表是否为监察对象

关于人大代表是否为监察对象的探讨，目前学界有三种不同的观点。其中，第一种观点认为，从人大代表的身份和职责看人大代表不属于监察对象，人大代表因其履职行为的特殊性，其具有特定的人身保护权，所以为保障人大代表正常履职，不应对其进行监察。[②] 第二种观点，基于人民代表大会制度是我国的根本政治制度这一出发点，指出从我国的国情和《监察法》的规定可知，人大代表是监察对象，否则数量巨大的人大代表不受监督，与《监察法》的立法原意相悖。[③] 第三种观点，从我国人大代表的兼职制度出发，提出基于我国兼职代表制的现实，不加区分地将人大代表中的公职人员，全部排除在监察范围之外是不切实际的。[④] 有学者则在人大代表兼职制度的基础上，提出应依据人大代表的来源，将其区分为人大代表、人大代表选举或决定的官员、人大代表中的党政领导干部和人员这三种类型，并依据具体情况，对这三类人员是否应该纳入监察范围分别加以研判。[⑤] 笔者认同第三种观点，基于我国人大代表的兼职制度，对人大代表中的人大机关工作人员和具有人大代表身份的

---

① 参见钱小平：《监察委员会监督职能激活及其制度构建—兼评〈监察法〉的中国特色》，载《华东政法大学学报》2018 年第 3 期，第 45 页

② 参见李忠：《国家监察体制改革与宪法再造》，载《环球法律评论》2017 年第 2 期，第 88 页。

③ 参见郭文涛：《监察委员会监察人大代表的理解与论证》，载《西南政法大学学报》2018 年第 4 期，第 87 页。

④ 参见秦前红：《我国监察机关的宪法定位以国家机关相互间的关系为中心》，载《中外法学》2018 年第 3 期，第 560 页。

⑤ 参见刘小妹：《人大制度下的国家监督体制与监察机制》，载《政法论坛》2018 年第 3 期，第 21 页。

公职人员纳入监察范围，因为这二者本身就是公职人员，公职人员身份是其主要社会身份，只不过是兼具有人大代表身份，其本身仍属于监察范围，但是应赋予其特别的人身保护权，非因法定事由不受监察。而第三类的人大代表因其非公职人员身份和履行代表职权的特殊性，则不在监察范围之内。

4. 特殊类型公职人员的管辖

法官和检察官因其公职人员身份，必然属于被监察对象。但是，由于司法权的相对独立性，其行使不受干扰性等特征，在确保法官、检察官依法独立行使职权的前提下，如何对这类特殊公职人员进行监察监督，成为一个值得研究探讨的问题。对此，学界存在两种观点。其中，第一种观点，在分析法官的职业特殊性后，指出如何既能保证审判机关公职人员独立公正办案，又能强化对其依法履职的监督，值得认真研究探讨。同时，检察机关在职务犯罪侦查职能调整和人员转隶后，如何确保法律监督职能的有效行使，也值得深入研究。① 第二种观点，从对法官、检察官这类特殊公职人员违纪违法判断的专业性方面出发，提出这类公职人员的违纪违法属于其所在公权力机关的自律权，即是否构成职务违法犯罪需要专业性的判断标准，而且现行法律已有相关规定，因此法官、检察官的违纪违法行为应由其所在机关追究责任。② 笔者认同第二种观点，对于法官、检察官这类特殊的公职人员，基于其工作的专业性和现行法律规定，对其监督应分段进行，这类人员的违纪违规行为，应由其所在单位依法先行处置。当其该类公职人员的行为涉嫌违法犯罪时，移送监察机关依法调查核实，或依据《刑事诉讼法》的规定，由具有管辖权的检察机关依法侦查处置。实践中，检察机关和审判机关均成立了相应的惩戒委员会负责检察官、法官违纪违规问题的核实和处置，所以由司法机关自身对这类公职人员的违纪违规问题进行追责，符合法律规定和客观实际。

---

① 参见李忠:《国家监察体制改革与宪法再造》，载《环球法律评论》2017 年第 2 期，第 88-89 页。

② 参见胡锦光:《论监察委员会“全覆盖”的限度》，载《中州学刊》2017 年第 9 期，第 72 页。

二、监察范围的流变

《监察法》规定的监察范围，确立了当代我国监察对象是所有行使公权力的人员。作为监察对象的公权力行使人员，既包括国家机关的公务员、参公管理人员、国有企业管理人员等的具有固定身份的公职人员，也包括不具有固定公职人员身份但受委托从事公务，即临时性使用公权力的有关人员，从而形成了完整的监察范围制度规范。同任何一项成熟完善制度的发展历程一样，现有监察范围模式的形成，也经历了不同的发展阶段。以《行政监察法》颁布、修订和《监察法》的颁布实施为依据，各个阶段的监察范围从内容和形式上都有所不同，与社会发展和国家治理需求息息相关，产生了不断适应社会发展背景的历史流变。这一历史流变大致经历了以下四个历史阶段。

（一）监察范围演变的四个阶段

1. 首次确立监察范围（1949—1955）

首次确立的监察范围为国家机关和机关工作人员。新中国成立之初，《中国人民政治协商会议共同纲领》起到临时宪法的作用，对新中国成立初期的各项制度进行了一定程度的规范。其中，第 19 条对监察制度进行了初步的规范，该条规定在县级以上的各级人民政府内设立“人民监察机关”。根据这一规定，中央人民政府政务院人民监察委员会（以下简称“人民监委”）在 1949 年成立，并成为政务院下设的四个委员会之一，地位高于各部、院等机关。[①] 中央层面的监察机关成立后，地方各级监察机关也相应成立。在监察范围的规定上，这一时期的监察对象，事实上包括县（市）以上各级国家机关及其工作人员，即行政、审判和检察机关及其工作人员。[②]

2. 监察范围的第一次变化（1955-1990）

新中国成立后监察范围的第一次变化，是将范围从国家机关及其工

① 参见徐德刚：《新中国行政监察法律制度回溯与前瞻》，载《求索》2004 年第 12 期，73 页。

② 参见刘晓峰：《新中国成立以来我国监察制度发展历程、演进趋势及改革目标》，载《社会主义研究》2018 年第 2 期，第 78 页。

作人员缩小为行政机关及其工作人员。1954年新中国第一部《宪法》通过后，国家机关的组织法也进行了相应的调整。1955年《监察部组织简则》通过该规定将监察范围进行了限缩，并列举为国务院的组成部门、地方各级政府部门、国营和公私合营企业以及合作社，而对审判、检察机关及其工作人员不再进行监察。[①] 监察范围作出上述变动，主要是基于监察机关的行政机关属性[②]，其监察范围不能超出行政机关，故不应对属于司法机关的审判机关和检察机关进行管辖。同时，司法机关职权的独立性，也要求行政机关不能对审判人员和检察人员的工作进行不适当的干预。此后，国家监察部于1986年恢复设立，监察范围依据当时的经济社会发展实际情况，又略作调整，不再对公私合营企业、合作社及其工作人员进行监察，而国有企业的监察对象则仅限于行政机关任命的人员。[③]

3. 监察范围的第二次变化（1990–2018）

监察范围的第二次调整是在上述管辖范围的基础上，将从事公务的人员纳入监察范围。我国于20世纪90年代开始实行公务员制度，于1993年实行纪检和监察机关合署办公机制。[④] 随着这两项改革的推进，对纪检监察工作提出了新的要求。在此背景下，我国于1997年制定并实施了《中华人民共和国行政监察法》（以下简称《行政监察法》，现已废止），该法将监察对象明确为行政机关、公务员，以及行政机关任命的其他人员。[⑤] 2004年，为了强化对监察工作的规范指引，国务院制定并实施了《中华人民共和国行政监察法实施条例》（以下简称《行政监察法实施条例》，现已废止），该条例将行政监察范围规定为行政机关、依法授权

---

① 参见秦前红：《监察体制改革的逻辑与方法》，载《环球法律评论》2017年第2期，第18页。

② 参见韩晓武：《建国以来我国行政监察制度的发展变化》，载《河北法学》1984年第5期，第38页。

③ 参见秦前红：《监察体制改革的逻辑与方法》，载《环球法律评论》2017年第2期，第19页。

④ 参见白皓、杨强强：《国家监察体制改革进路研究》，载《河北法学》2017年第5期，第146页。

⑤ 参见《行政监察法》（1997）第2条。

具有公共管理事务职能的组织和行政机关委托组织中工勤人员以外的工作人员；并将《行政监察法》中的“其他人员”明确为行政机关委托、派遣等方式任命至企事业单位、社会团体中的人员。[①]《行政监察法实施条例》以身份确定的方式将工勤人员排除在监察范围之外，致使实际工作中对部分工勤人员的管辖困难。同时，我国的《公务员法》于2006年施行，将公务员界定为具有行政编制，由国家财政负责工资福利的工作人员，将公务员限定在行政机关之内。为了更好地回应监察实践工作的需求，与《公务员法》等相关法律衔接，我国于2010年修订了《行政监察法》。新修订的《行政监察法》，在继续确认修订前监察范围的基础上，将其他工作人员修改为“从事公务”的人员[②]，从而解决了对部分工勤人员违法问题无法管辖的难题。

从上述规定的不断修订完善可知，我国自制定《行政监察法》后至2018年《监察法》实施之前，监察范围是包含单位和人员两项内容的。其中，单位包括行政机关、依法经授权具有管理公共事务职能的组织、经委托从事管理的组织；人员包括公务员，上述组织中由行政机关任命的人员，及上述被监察单位组织中从事公务的人员。

4. 监察范围的第三次变化（2018年至今）

监察范围的第三次变化是在国家监察体制改革之后，《监察法》从静态和动态两个方面，将所有行使公权力的公职人员的纳入监察范围。依据2010年的《行政察法》，监察机关是行政机关内设的监督部门，其监督行为为内部行政行为。在这一立法定位的指引下，监察范围必然仅限定在行政机关系统的内部，监察机关无权对其他依法履行公职的人员进行监督，致使国家的腐败治理存在监管的盲点，不利于反腐败工作的深入推进和国家治理能力现代化的提升。在此背景下，国家推动实施了监察体制改革，将试点改革成功经验由全国人大立法，通过《监察法》以法律的形式将改革成果固定。其中，在监察范围方面，监察体制改革后的监察对象扩大到所有公职人员和行使公权力的有关人员，《监察法》第

① 参见《行政监察法实施条例》（2004）第2条。

② 参见《行政监察法》（2010）第50条。

15 条进一步将这些行使公权力人员细分为六大类，具体明确的监察范围为监察机关依法行使管辖权提供了法律依据。

（二）监察范围变化的原因

任何事物的变化，都是由其发展规律和时代背景所决定的。从我国当代监察范围的发展流变历程可知，监察范围的变化主要由监察权力属性的变化和监察范围确定的标准不同所致。

1. 监察权性质的演变

监察机关自身的权力蜕变是导致监察范围发生变化的主要因素。新中国成立之初的监察机关在隶属政务院，是政务院统一领导下的四大委员之一，其地位高于政务院的各部、署等行政管理机构，[①] 具有检查和处分的权力。[②] 这就决定了此时的“监察”不仅仅是行政监察，在一定程度上还具备了国家监察的属性，在充分发挥群众监督作用的前提下，监察的范围涵盖了审判机关、检察机关及其工作人员。此后，我国第一部《宪法》制定并通过，依据《宪法》的规定，明确划分了不同国家机构的职能，监察机关成为政府的组成部门，监察权限缩为行政权内部的自我监督权力，进而监察范围被限缩至政府部门内的管辖范围，无权对司法机关进行监察，监察管辖范围将审判、检察机关及其工作人员排除在外。此后，《行政监察法》颁布实施，监察权的行政权力属性更加明晰显著，不再模糊和不明确。监察的范围也就必然仅限于行政管理系统内部，只能对行政机关及行政权力行使相关的组织和人员进行监察管辖，无权对行政机关之外的其他公职人员及行使公权力的组织和人员进行监察。

监察体制改革和《监察法》颁布实施后，监察机关被定义为国家反腐败专责机关。监察机关由我国的权力机关产生并对权力机关负责，接受各级权力机关的质询和专项监督。由此可知，监察机关既不是行政机关的组成部门，也不是国家的司法机关，而是依据《宪法》规定全新设

---

① 参见刘晓峰：《新中国成立以来我国监察制度发展历程、演进趋势及改革目标》，载《社会主义研究》2018 年第 2 期，第 77 页。

② 参见韩晓武：《建国以来我国行政监察制度的发展变化》，载《河北法学》1984 年第 5 期，第 38 页。

立的专司监察的国家机关。监察机关的国家监察机构这一职能定位，决定了监察权已经完全脱离行政权的范畴，是人民代表大会制度下独立于立法权、行政权、司法权的新设国家权力，并与前三项权力一并构成了“一府一委两院”的全新国家政权结构。① 在权力的行使上，监察权源于权力机关的授权，在党的领导下不受其他行政机关、社会团体和个人的干涉，其独立性和权威性得到显著强化。监察权的权力属性决定了，其对所有行使公权力的公职人员、监察机关都有管辖权。而在职务违法犯罪的调查上，甚至可以将管辖权扩展至涉及共同职务犯罪的非公职涉案人员。② 这表明随着监察权权力性质的变化，其权力行使的目的不再仅仅是对行政权的制约和监督，而是扩大为对公权力整体运行廉洁性的保障和维护。从上述我国监察权的演变分析可知，监察权力属性的变化深刻影响我国监察机关管辖范围的变化和边界。

2. 监察对象确定标准的变化

从上述监察范围的流变可知，随着我国监察机关监察对象确定标准的变化，监察范围的边界也随之发生变化。监察机关管辖的对象是否包括特定的单位和人员？

第一，监察对象是否包括单位？行政监察机关从其职能上看，是设置于行政机关内部，履行监察权能的部门。这决定了行政监察权是行政权的一部分③。对于行政权，效率是其基本价值取向，这也是行政权区别与司法权的主要特征。④ 在这一价值取向的指引下，无论是 1997 年的《行政监察法》，还是 2010 年修订的《行政监察法》，二者的第 1 条都将行政监察的首要目的明确为维护行政纪律、强化廉政建设、改善行政管理和提高行政效能。从《行政监察法》的立法目的上看，行政监察机关履行的行政监察职能，总体来说就是维护行政纪律，提高行政效能。这

---

① 参见张杰：《〈监察法〉适用中的重要问题》，载《法学》2018 年第 6 期，第 117 页。

② 参见《监察法》第 22 条第 2 款。

③ 参见朱福惠：《国家监察体制之宪法史观察——兼论监察委员会制度的时代特征》，载《武汉大学学报（哲学社会科学版）》2017 年第 3 期，第 29 页。

④ 参见关保英：《论具体行政行为程序合法的内涵与价值》，载《政治与法律》2015 年第 6 期，第 8 页。

就要求行政机关强化管理，督促行政机关工作人员积极履职，才能实现行政监察效能提高的最终目的。基于行政权对行政效能的价值追求，并以此为衡量标准，作为行政机关重要构成要素之一的“单位”，必然也是行政监察的重点监察对象，这在《行政监察法》的很多条文中都得以体现，如2010年的《行政监察法》第18条①。

监察体制改革后，国家监察机关的职能被立法界定为强化对腐败的治理，推进国家治理体系和治理能力的现代化。有学者将国家监察机关的职能总结概括为廉政职能或腐败治理专司职能②。在这一价值取向的引导下，《监察法》将监察管辖范围，限定为所有行使公权力的公职人员和有关人员，并未将“单位”这一原行政监察对象，纳入监察范围之中进行管辖。这一立法调整体现出的法理依据为：一是通过以“人”（行使公权力的人员）为监督对象，最大限度地将腐败行为人纳入监察范围，克服了此前行政监察管辖范围过窄的弊端。而对“单位”这一法律拟制主体的监察，则是通过对行使公权力人员的监察，约束“单位”权利义务实施者——行使公权力人员的行为，间接实现对“单位”这一法律拟制主体的监察。同时，基于党内纪检机关和监察机关合署办公的机制，党内监督事项与国家监察监督事项及监察的侧重点不同，通过党内执纪监督能够实现对单位的监管，如《中国共产党党内监督条例》就包含对组织的专项监督事项，并规定了相应的处分措施。二是不将“单位”纳入监察管辖对象范围，确保监察机关依法履职和避免《监察法》内部法律条文间产生逻辑冲突。国家权力机关（各级人民代表大会及其常务委员会）这一法律上的“单位”与监察机关之间的关系，被《监察法》明确界定为是产生与被产生、监督与被监督的关系。如果允许监察机关对

---

① 《行政监察法》（2010）第18条：监察机关对监察对象执法、廉政、效能情况进行监察，履行下列职责：

（一）检查国家行政机关在遵守和执行法律、法规和人民政府的决定、命令中的问题；

（二）受理对国家行政机关及其公务员和国家行政机关任命的其他人员违反行政纪律行为的控告、检举；

……

② 参见秦前红：《我国监察机关的宪法定位以国家机关相互间的关系为中心》，载《中外法学》2018年第3期，第566页。

“单位”这一法律主体直接进行监督，则意味着监察机关可以直接监督其自身的产生和授权机关，在逻辑上产生矛盾、不能够自洽。同时，《监察法》及其实施条例中的众多法律条文，都是以“人”为管辖对象进行设计和规范的，将“人”作为监察对象，以实现其逻辑自洽和自身法律规范的统一协调。

第二，被监察人员的范围。被监察人员的范围随着监察对象确定标准的变化而变化。1997 年《行政监察法》以身份为监察对象的确定标准，即通过是否具有“公务员”和行政机关“任命”的身份来判断是否为被监察的人员。被“任命”的人员具体是指，行政机关直接任命的人员，或者行政机关以委任、派遣等方式任命至企事业单位、社会团体中的特定人员。行政监察机关通过这一标准，直接判断相关人员是否属于被监察对象。这一标准在适用中为监察机关提供了清晰有效的执法依据，但同时带来了监察范围过窄的弊端。[①] 对于某些从事行政违法行为，但不具有被监察身份的人员，监察机关无权管辖。为填补漏洞，2010 年修订《行政监察法》，在身份论的基础上，将“任命的人员”改为“从事公务的人员”，扩大了监察范围，即被监察对象的确定标准以“是否从事公务”来判断，不论被监察对象是否具有国家工作人员的身份。但是对“公务”的解释和理解不同，又会导致监察范围的不同。因此，被监察人员的范围存在不确定的空间，学界对此莫衷一是。[②] 而且，由于行政监察机关的行政属性，其始终不能对司法机关、权力机关等非行政机关公务员监察，被监察人员的范围仍未覆盖全体权力行使人员。

监察体制改革后，《监察法》在立法中采用“公职人员”说，以“是否行使公权力”为标准，将监察范围扩大至所有行使公权力的公职人员和有关人员。这一判断标准与改革前刑法中从事公务的“国家工作人员”判断标准有近似之处，将“是否从事公务”改为“是否行使公权力”。因学界对公权力的认识不同，进而对公职人员的范围存在不同的认

① 参见刘峰铭：《国家监察体制改革背景下行政监察制度的转型》，载《湖北社会科学》2017 年第 7 期，第 147 页。

② 参见康诚：《论刑法中的“公务”》，载《现代法学》2008 年第 4 期，第 83 页。

识。学界对此争辩更为猛烈。[①] 至此，“身份论”已经不再是判断是否为监察对象的主要标准，判断一个人是不是监察对象，关键在于他是否行使公权力、履行公职，而不在于看他是否有公职。[②]《监察法》第 15 条在“公职人员”判断标准上，将监察范围列举为六大类人员，即所有行使公权力的人员。

（三）关于监察管辖范围的思考

《监察法》将所有行使公权力的人员（即《监察法》第 1 条所指的“公职人员”），都列入监察范围，将非行使公权力的人员排除在监察范围之外。但依据《管辖规定（试行）》的相关规定，其管辖的对象显然超出了行使公权力人员的范围。这是因为监察机关，主要对涉嫌贪污贿赂类、渎职类、重大责任事故类等职务违法犯罪案件进行调查处置，这些涉案人员不可能全部都是行使公权力人员，这就需要我们对监察管辖范围进行更深层次的思考。

1. 对公职人员的监察是否包括监督调查处置

笔者认为，对所有行使公权力的人员（即“公职人员”）的监察，并不必然包括监督、调查和处置三个方面。而主要体现在对公职人员的监察监督上，特别是日常监督上。一个公职人员只要不在道德操守、廉洁从政等方面存在违法违纪问题，就不得也不会受到监察调查和处置。这是基于监察监督在教育引导方面的优势。监督的教育性优势在于，监察机关通过对公职人员的思想进行积极正确引导，为公职人员的履职指明方向，并提供相应的行为规范和准则，以达到提升公职人员应对腐败自制力和廉洁从政自觉性的目的。而且，监察监督的指向比较宽泛，包括公职人员依法履职、秉公用权、廉洁从政从业以及道德操守情况[③]，其范围涉及法律层面和道德层面，其目的在于最大限度地防止腐败问题的出现，检查督促所有公职人员严格依法履职。监察监督的这种概括式表

① 参见秦前红、刘怡达：《国家监察体制改革的法学关照：回顾与展望》，载《比较法研究》2019 年第 3 期，第 85 页。

② 参见中共中央纪律检查委员会、中华人民共和国国家监察委员会法规室编：《〈中华人民共和国监察法〉释义》，中国方正出版社 2018 年版，第 107 页。

③ 参见《监察法》第 11 条第 1 款。

述，其优势就在于能够从法律和道德层面对监察对象进行全方位的监察监督，有利于将腐败扼杀在萌芽阶段，并确保在不同的层面都对腐败行为严格把关，最终让腐败行为无处可存。①

2. 对公职人员的监察是否包括所有行为

笔者认为，对公职人员的监察应该是与职务直接关联的行为。依据《监察法》第 11 条的规定，监察机关的监察事项仅包括公职人员的依法履职、廉洁从政从业等与其职务行为相关的法律和道德层面内容。因此，对于公职人员履职行为以外的不当行为，无论是轻微的治安违法行为，还是严重的刑事犯罪，都应根据相关的《治安管理处罚法》《刑法》等现行法律进行规制，由具有相应管辖权的职权部门依法进行处置。虽然基于党内监督执纪要求和公职人员职业规范的需要，纪检监察机关会依据相关机关的调查事实，在事后给予涉案党员和公职人员相应的党纪和政务处分，但是，纪检监察机关的这种处分，并不是其对案件调查管辖权，而是其依法履行对公职人员监督职责的一种体现。②

3. 对公职人员的监察调查是否仅限于公职人员

笔者认为，对公职人员的调查不可能仅限于公职人员。《监察法》第 11 条规定监察机关对公职人员涉嫌的职务违法和职务犯罪进行调查。职务违法和职务犯罪的特殊性，决定了涉嫌职务违法犯罪的某些案件只有公职人员自身是不可能构成犯罪的，如放纵走私罪，必须有非公职人员配合的走私行为才能构成犯罪。部分职务犯罪案件，呈现出公职人员和非公职人员共同构成的特征。为此，在对职务犯罪问题进行调查时不会仅限于公职人员，还会调查询问其他涉案人员、相关的证人，以便全面了解案情，保证调查事实的客观真实。《监察法》第 18 条规定，监察机关有权向有关人员和单位调取证据。为确保调查活动的顺利进行，《监察法》第 22 条第 2 款，更是进一步规定监察机关有权对涉嫌行贿犯罪或共同犯罪的涉案人员采取留置措施。所以说监察机关调查时不会仅限于公职人员，调查管辖的范围要大于监察的范围，即调查的对象可能涉及与

---

① 参见吴建雄、廖永安主编：《监察法学》，中国人民大学出版社 2020 年版，第 103 页。
② 参见马怀德主编：《监察法学》，人民出版社 2019 年版，第 143 页。

调查案件存在联系或与监察对象存在联系的非公职人员。①

三、监察管辖范围的价值

（一）有利于强化监察监督

1. 突出监察监督首要职责

《监察法》将监察范围确定为行使公权力的公职人员和有关人员。对国家机关公务员、参公事业单位管理人员和国有企业等具有固定身份的公职人员，以及受委托不具有固定公职人员身份、临时行使公权力的人员等进行监察，实际上是对所有行使公权力人员是否廉洁从业从政、秉公用权和良好的职业操守进行监督。这种监督是渗透到行使公权力人员履行职责和日常生活之中的监视、提醒、督促，本质上是对行使公权力人员的固本培元和防微杜渐。

监察监督是监察机关的首要职责。监察机关代表党和国家，依据《宪法》《监察法》和有关法律法规，监督所有行使公权力人员行使公权力的行为是否合理合法，确保权力不被滥用、确保权力运行的公开与公正。② 监督是预防腐败、防止权力滥用、纠正不依法履职、督促行使公权力人员遵守道德操守的有效途径，建立完善、有效的权力制约和监督机制，有助于将腐败扼杀在萌芽之中，从源头上控制腐败的滋生与蔓延。在监察委员会的三项职责中，监督职责是基础性职责，调查职责和处置职责则作为主导性职责为监督职责保驾护航。

监察在本质上就是监督。我国的监督种类多样，具体包权力监督、法律监督、财政监督等多种类型的监督，将监察监督明确为国家监察职能之一，有助于与前述监督形式进行区分。监督职能是一种概括性的职能，调查和处置的职能可以包含在广义的监督之内。一般来说，监督可以分为事前、事中和事后监督三个阶段。③ 但依据《监察法》第 11 条第

---

① 参见马怀德主编：《监察法学》，人民出版社 2019 年版，第 154 页。

② 参见中共中央纪律检查委员会，中华人民共和国国家监察委员会法规室编：《〈中华人民共和国监察法〉释义》，中国方正出版社 2018 年版，第 88 页。

③ 参见周佑勇：《监察委员会权力配置的模式选择与边界》，载《政治与法律》2017 年第 11 期，第 59 页。

1 款的规定，监督职责主要集中在对行使公权力人员日常履职的监督检查方面，因此，监察机关的监督职能更加侧重于事前和事中的监督，而调查和处置职能则属于事后监督的范围。

2. 实现纪检与监察的协同

实践中，监察机关与党内纪检机关的监督范围趋同。特别是两者在指导思想、监督对象、基本原则、工作流程等方面的对应性，是构成监察机关和党内纪检机关合署办公体制的重要依据和基础。在我国的公职人员整体中，超过 80% 的公务员、95% 以上的领导干部都是共产党员。[①]为此，党内执纪监督和监察监督具有高度的内在一致性和互补性，其本质上都是党和国家的自我监督，是中国特色治理体系的重要组成部分。纪检机关是党内监督专责机关，监察机关是反腐败专责机关，两者都是党统一领导下的政治机关，其目标都是以习近平新时代中国特色社会主义思想为指导，构建党统一指挥、全面覆盖、权威高效的监督体系。[②]因此，有必要准确把握、高度重视监察机关的日常监督职责，把党内监督与监察监督融会贯通起来。这一价值功能的发挥，都是以监察范围为逻辑起点，所以对所有行使公权力的人员进行廉政教育，并对其依法履职、道德操守进行监督检查，是强化监察监督责任和义务价值功能的有力展现。

（二）有利于监察案件的依法查处

《监察法》将所有行使公权力的人员列为监察范围。《管辖规定（试行）》在此基础上，列举了监察机关管辖的 88 种罪名，确立了监察机关内部的权限分工，不仅为监察案件的查处提供了法律资源，而且为职务犯罪案件查处的有效配合提供了依据。

1. 增强监察调查的查证功能

监察调查是监察机关的一项经常性和主导性的工作。对行使公权力

① 参见习近平：《在第十八届中央纪律检查委员会第六次全体会议上的讲话（2016 年 1 月 12 日）》，载《人民日报》2016 年 5 月 3 日，第 2 版。

② 参见钱唐：《如何理解纪委与监委职责的对应性》，载《中国纪检监察》2018 年第 6 期，第 66 页。

人员涉嫌职务违法和职务犯罪问题的调查，突出地体现了监察机关作为国家反腐败专责工作机构的定位，体现了监察工作的特色。① 监察机关通过严格履行调查职责，一是有效强化“不敢腐”的威慑力，从“不敢腐”的层面有效减少和遏制腐败违法犯罪行为的发生；二是在“不敢腐”的氛围中，维持和强化行使公权力人员行使公权力行为的廉洁性和不可收买性，保证公职人员为人民服务的优良传统和人民公仆的本色，进而维护宪法和法律的权威和尊严。

监察机关的调查职责以揭露和核实腐败违法犯罪行为为基本内容，是国家对行使公权力人员的职务违法和职务犯罪保持强大威慑力的重要手段。与其他国家机关所具有的类似调查职权相比，监察机关的调查权具有组成的复合性等显著特征。一方面体现在，调查权对行政调查权、司法侦查权部分权能的整合，使得监察调查权呈现性质复杂、内容较广等多元化特征。另一方面体现在，监察机关的调查对象既包括一般职务违法行为，又包括符合刑法犯罪构成的职务犯罪行为。针对不同类型对象所涉及的调查手段、属性均有所不同，以其灵活性适应查办性质不同、复杂多变的腐败违法犯罪实践的工作需求。实践中，依据《监察法》对公职人员的监察全覆盖规定和《管辖规定（试行）》88 种罪名的具体指引，监察机关可以依法有效地查证案件，对不构成犯罪的违法行为依法处置，对涉嫌构成犯罪的被调查人依法移送司法机关追究刑事责任，从而提升监察调查的法治效能。

2. 加强案件的配合协作

《监察法》对公职人员监察全覆盖和《管辖规定（试行）》对 88 种罪名的规定，既明确了监察机关在腐败案件查处依据，又有效地划分了监察机关与相关机关在案件办理中协调配合的职责权限。从国家腐败治理的总体格局上看，监察机关与相关机关的协调配合，对破除“单打一”狭隘思想、形成腐败治理“一盘棋”机制、集中办案力量大有裨益。为有效应对腐败犯罪发展的新趋势，腐败治理的相关职能部门需要协调配

① 参见中共中央纪律检查委员会，中华人民共和国国家监察委员会法规室编：《〈中华人民共和国监察法〉释义》，中国方正出版社 2018 年版，第 91 页。

合，单一职能部门的有限资源力量，是无法适应腐败治理的客观需求的。所以，腐败治理的客观现实决定了，必须依靠腐败治理的整体合力，才能保持腐败治理的压迫性态势，遏制腐败现象的发展蔓延，巩固现有的腐败治理成效。为此，强化腐败治理机构在腐败案件查处过程中的协调统一，不仅是案件查处客观规律的要求，而且是有效治理腐败的现实需求。在这一腐败治理思想的指导下，各个反腐败执纪执法机关统一行动、协调配合，以案件查办为中心，综合衡量各类办案措施的适用，确保在适用具体办案措施的同时，有效发挥相应职能部门的治理效能，整合查办腐败复杂案件或大案要案所必需的办案资源和力量。特别是在职务犯罪案件线索的侦查中要整合和集成办案力量，形成以监察机关为主的，统一协调指挥的职务犯罪案件查办合作机制；在查办重大或疑难复杂的职务犯罪案件时，相关的执纪执法部门要在合作机制的协调下迅速反应，高效整合有效的资源力量，发挥审计、检察等机关的专业职能优势，积极主动配合监察机关的调查工作，以“集团作战”的方式破解职务犯罪案件难以查办的难题。①

3. 落实监察执法的责任

《监察法》对公职人员监察全覆盖原则和《管辖规定（试行）》对88种罪名的明确，为落实监察责任提供了遵循和依据，促进监察机关强化办案措施。资料显示，某省监察机关为了强化对88种罪名的调查管辖，与公安、检察、法院建立三项长效协调合作机制。一是建立信息的长效化交流互动制度。加强各个成员单位之间的交流互动，避免因信息交流延迟而人为造成案件查办的障碍。在此机制下，各个成员单位要分季度将相关案件信息上报给协调机制常设办公室，并在办公室的组织下召开协调会议，面对面地交流协调相关案件信息，并将配合情况向参会者通报。对于在案件办理过程中，临时发现的行使公权力人员违纪违法问题，或者相关行使公权力人员干扰办案的情形，要及时地向协调办公室和相关责任单位通报，各单位按照管辖范围及权限及时处理，维护反

① 参见李晓明、韩海军：《反腐败合力的形成：资源整合与优势互补——兼论纪检监察部门与检察机关在反腐败中的关系》，载《学习论坛》2012年第3期，第78页。

腐败工作开展的正常秩序。二是建立联合办案机制。协调小组办公室在联合办案过程中，要积极发挥协调作用，依据各参与机关的职责权限制定切实可行的协同工作方案，做到分工合理、责任明确、落实到人，确保各参与单位各司其职，积极配合，快速突破疑难职务犯罪案件。三是建立奖惩机制。对表现积极，工作优异的工作人员要及时地予以表彰和奖励，调动人员的积极性。对怠于行使职权，对重大案件信息不及时汇报、不积极履行协调工作安排的，要依据其行为造成的危害后果，依据管辖权限及时进行追责和处理。[①] 从上述经验介绍可知，监察范围的确定，为划清监察机关与各职能机关之间的权限提供了依据，并通过具体罪名管辖的确定，指引监察机关的调查工作，避免了因规范模糊而造成的管辖争议，有效落实了监察机关和相关职能部门的监察执法责任。

（三）有利于监察权的规范运行

《监察法》从某种意义上说，既是一部授权法也是一部控权法。《监察法》将所有行使公权力人员列为监察范围，《管辖规定（试行）》在此基础上，列举了监察机关管辖的 88 种罪名，实际上不仅是对工作职责的明确，而且是对调查权限的限定，明确了监察权运行的“权力清单”。

1. 防止越权监察

法治社会中，权力越透明，权利越有保障。这就要求明确权力的行使边界，杜绝和治理不作为、乱作为及以权谋私等权力行使乱象，才能使权力的运行得到有效制约。[②] 基于上述原因，国家进行了监察体制改革，将分散、多头的腐败治理职能整合，克服了因职权交叉、多头管理带来的治理困难和不便等弊端，并将整合后的腐败治理职权，交由监察机关统一行使，进而提高了腐败治理的整体效能。新设立的国家监察机关，并没有增加太多的权力，只是通过对原有权力的整合和调整，并以腐败治理为中心进行相应的资源配置，实现了监察权力行使的法定化和

---

① 参见湖纪：《协同作战办“铁案”——对进一步发挥案件查办中组织协调作用的思考》，载中央纪委国家监委网站：http://www.ccdi.gov.cn/lswh/lilun/201505/t20150505_119759.html.，最后访问日期：2020 年 6 月 2 日。

② 参见袁浩：《期待“权力清单”的出台》，载《党政论坛》2014 年第 1 期，第 64 页。

程序化，并进一步表现出职权法定、措施法定和权限科学合理的显著特点。①

依据《监察法》的规定，作为履行国家反腐败职能的专责机关，监察机关具有监督、调查、处置三项职权②。通过对监察机关上述职权的分析可知，监察权的行使只能在《监察法》确定的范围和管辖规定的事项内进行，不得越权行使。对监察权的限制和制约，是对我国古代监察经验教训的经验总结。历史上，我国监察官员的权限极大，在缺少监督制约的情形下，作为监督者的监察官员的腐败问题也就屡见不鲜了。例如，明朝时期一部分御史，便借助其御史身份行贪腐之实，即"假御史之名，扬威协众，恣意贪淫"③。在对中外监察制度借鉴吸收的基础上，我国监察机关在试点期间和正式设立的过程中，在注重外部监督制约的同时，也不断强化自我净化能力和内部的监督制约机制建设，如监察范围的合理划定和对监察机关管辖具体罪名的列举，便是对监察权行使的有效制约，通过众多监察管辖的程序规定，避免监察权的滥用。

2. 防止监察任性

防止监察任性，主要是防止监察调查措施的不当使用，特别是避免因留置等强制性调查措施的不当使用，而侵害被调查人的合法权益。监察权涵盖所有行使公权力的公职人员和有关人员，对职务违法或者职务犯罪进行调查，在特殊情形下经上级监察机关批准，可以对相关职务犯罪的涉案人员采取留置措施。

依据《监察法》第22条的规定，监察机关对已经掌握部分职务违法犯罪事实及相关证据，仍有重要问题需要进一步调查核实的被调查人，在符合案情复杂、可能自杀等四种法定情形的条件下，经上级机关批准，可采取留置措施。该条第2款规定，对涉嫌行贿犯罪或共同职务犯罪的

① 参见姚文胜：《监察权是符合党和人民意志的宪定权》，载中央纪委国家监委网站：http：//www.ccdi.gov.cn/lswh/lilun/201804/t20180426_170768.html.，最后访问日期：2020年6月2日。

② 参见《监察法》第11、45条。

③ 参见丁玉翠：《监察吏治的实现障碍——以明代监察官职务犯罪为视角的考察》，载《北方法学》2007年第3期，第113页。

涉案人员，可依据第1款的规定采取留置措施。《监察法》通过该条规定，将调查管辖的范围扩大至职务犯罪的涉案人员，即可对涉及共同职务犯罪的非行使公权力人员进行调查和留置，调查管辖的范围突破了监督管辖的范围。在赋予监察机关这项权力后，通过对调查范围的限制性规定，对调查管辖进行约束，即只能对行贿犯罪或涉及共同职务犯罪的涉案人员进行调查，而不是可对任何自然人（公民）进行调查。同理，在赋予监察机关可采取留置这样具有强制性的调查措施的权力后，又通过严格的适用条件，防止留置被滥用而侵害被调查人的合法权益[①]，即必须符合“四种法定必要情形之一”：所涉犯罪必须是职务犯罪，且已掌握部分犯罪事实与证据，经上级监察机关的依法审批及检察机关的依法监督四个条件。这种严苛的适用条件，就是要规范国家赋予监察机关的权力，确保其依法依规行使，而不是没有权力边界地“任性”滥用。也就是说，法律赋予监察机关监督查处其他权力的“任性”，就应当首先防止其自身“任性”和不滥用。近年来，被依法纠正的许多重大冤假错案也间接证明了，监督制约机制的失效是导致司法不公或冤假错案发生的重要原因。《监察法》及其实施条例通过对监察范围和调查管辖罪名的限定，可切实有效地防范监察权力被滥用，不仅能够防止监察工作人员的用权任性，避免用公共财政为其权力任性买单，而且能通过责任追究机制的贯彻倒逼工作人员更扎实、负责任地履行监察职权。

3. 加强对监察监督

监察范围的明晰不仅为监察主体明晰了监察对象范围，而且增强了监察监督的针对性和有效性。根据法定的监察范围，授予监察机关监察权的人大机关，以及政协等其他具有监督职能的相关机关，可以通过对法定监察范围的考察监督，了解监察机关对这些被监察对象的监督效果如何、监察机关有无有监督越位的情形、是否怠于履行监察监督职责等的问题。

人大机关及其他机关依据监察范围和事项，对监察工作进行监督，

① 参见叶青：《监察机关调查犯罪程序的流转与衔接》，载《华东政法大学学报》2018年第3期，第20页。

是中国特色社会主义制度决定的。人民代表大会制度是我国的根本政治制度。监察机关依法由人大产生，就必然对人大及其常委会负责，并接受其监督制约。《宪法》和《监察法》对此都有明确的规定。[①] 这也从另一方面表明，接受权力机关的监督，是监察机关的“宪定”法律义务。政协机关等相关职能机关对监察机关进行监督，不仅体现了对监察权行使的监督和制约，而且是我国中国共产党领导下多党合作、参政议政、民主监督的必然要求。[②] 检察机关、审判机关通过法律监督和审判职能的履行，对监察机关的履职行为进行监督，是我国人民代表大会制度下三机关在职务犯罪方面分工负责、配合制约关系的直接呈现。[③]

依据法律规定，人大及其常务机关对监察机关的监督，主要是法律监督和工作监督这两个方面。其中法律监督，是指人大及其常务机关对由其选举产生机关法律实施情况的检查和督促；工作监督，是指监督权力机关产生机关的工作，具体是指对行政、司法和监察机关履职工作的监督。[④] 对监察机关进行法律监督的具体内容，是指权力机关监督监察机关的执法情况，即是否严格依据法律规定范围、事项和程序履行其对行使公权力人员的监督调查处置职责；监察机关被授权立法的情况，即监察机关制定的监察法规是否与宪法、法律的要求相一致。据此，权力机关可对监察机关适用法律的行为提出意见，并督促其更好地依法行使监察权。在工作监督方面，是指权力机关主要对监察机关是否正确执法，及监察机关是否积极履行相关工作职责的监督。工作监督的方式，主要以听取和审议工作报告等宏观方式进行，尽量不涉及具体案件和工作的

① 参见《宪法》第126条和《监察法》第8、9条

② 参见谭世贵：《论对国家监察权的制约与监督》，载《政法论丛》2017年第5期，第8页。

③ 参见吴建雄：《国家监察体制改革与新时代中国特色社会主义监督体系构建》，载《统一战线学研究》2018年第1期，第50页。

④ 参见刘镇：《全国人大常委会的监督工作》，载中国人大网：http：//www.npc.gov.cn/npc/c541/200308/c1e7cb3b27124e39abda3bcde2296138.shtml.，最后访问日期：2020年6月2日。

监督。[1] 通过这种宏观的方式进行监督，避免对监察机关具体案件办理的不当干预，打乱监察机关正常的工作秩序。权力机关在对监察机关进行法律监督和工作监督的过程中，法定的监察范围和管辖案件都是判断监察机关是否依法履职、是否合理行使职权的有效依据。为此，明确的监察范围有利于强化对监察机关的监督。

监察范围是监察管辖的前提和基础，其为监察管辖划定了界限和内容，明确的监察范围，能够使监察工作更具有针对性，确保监察机关高效履行监察职权，避免管辖争议，为依法依规履行监督、调查和处置职权奠定基础。

① 人民代表大会监督司法机关工作时，之所以否定具体工作的监督，是因为担心人民代表大会的监督行为会危及司法机关的独立工作机制，并干扰正常的司法活动。我国在建设国家监察体制时也应作此考虑。参见刘德兴、李延锋：《人大个案监督与法院独立审判的矛盾性和兼容性探析》，载《四川师范大学学报（社会科学版）》2011 年第 4 期，第 95-96 页。

第四章 监察管辖方式

监察管辖方式，是指各级监察机关按照管理权限管辖被监察对象所涉监察事项上的方法和样式。依据管辖方式的不同，监察管辖可分为一般监察管辖和特殊监察管辖。其中，一般监察管辖是依据《监察法》关于管辖的法律规定，直接确定具体管辖机关的管辖方式。特殊监察管辖是指管辖的事项或案件情形较为特殊，无法直接依据法律规定确定具体管辖机关或者不适宜由依法直接确定的管辖机关管辖，需要通过上级监察机关的综合权衡，最终确定具体的管辖机关。监察机关通过一般监察管辖和特殊监察管辖方式的综合适用，灵活应对复杂多变的腐败行为，确保了监察程序的有效适用，最终实现了对公职人员监察的全面覆盖。

一、一般监察管辖

依据《监察法》第 16 条的规定，各级监察机关依据管理权限管辖本辖区内监察对象所涉及的监察事项。《〈中华人民共和国监察法〉释义》（以下简称《〈监察法〉释义》）将这一规定定义为监察机关对监察事项的一般监察管辖原则①。从法律的规定中，可以看出这一原则的适用与监察机关内部上下级之间分级管理体制和监察机关的管辖区域密切联系。各个具体监察机关在确定对其管辖区域内监察对象涉及监察事项的管辖权时，应结合监察机关内部分级管理体制、公职人员的分级管理体制和监察机关的法定管辖区域，在此基础上确定是否具有监察管辖权。

① 参见中共中央纪律检查委员会、中华人民共和国国家监察委员会法规室编写：《〈中华人民共和国监察法〉释义》，中国方正出版社 2018 年版，第 116 页。

一般监察管辖（级别管辖）示意图如图 4-1 所示。

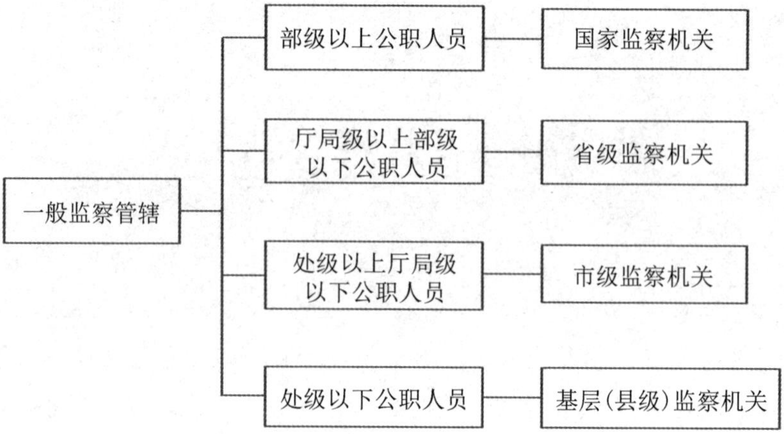

图 4-1　一般监察管辖（级别管辖）示意图

（一）一般监察管辖的适用

依据《监察法》第 8 至 10 条的规定，我国各级监察机关由本级权力机关产生，对本级权力机关及其常务机关和上级监察机关负责，负责本行政区域内的监察工作，上级监察机关领导下级监察机关的工作。监察机关的管辖权限，在整体上呈现出自上而下逐级递减的特征。上级监察机关领导下级监察机关的这种管理方式，是典型的分级管理机制，即级别管辖。所谓分级管理的级别管辖，是指下级与上级监察机关之间是一种权力逐级递增的关系，通过这种经典科层制①的层级结构和上下级之间的层层控制②，上级领导监督下级的工作，下级服从上级的决定和权威。分级管理是科层制的主要特征，现已广泛应用于我国各级国家机构的管理中，党的纪检机关、检察机关、行政机关都广泛应用这一管理机制，在监察管辖中级别管辖为科层制分级管理的具体运用。因此，结合《监察法》《监察法实施条例》《管辖规定（试行）》的规定，各级监察机关的管辖权限具体为国家监委统筹负责全国监察工作，领导地方各级监察

① 科层制最早兴起于经济领域，后广泛应用于公共行政系统，现已成为现代社会中应用最多的一种管理体制，其突出特征为分级管理、上令下行。参见曾正滋：《解读公共治理：双重维度分析》，载《上海行政学院学报》2006 年第 4 期，第 21 页。

② 参见张乾友：《官僚制组织的两副面孔》，载《北京行政学院学报》2016 年第 1 期，第 63 页。

机关的工作，负责中央组织人事部门管理干部以及具有全国性影响的重大职务违法犯罪案件的办理[①]；县级以上监察机关负责本行政区域内的监察工作并领导其下级监察机关的工作[②]，接受其直接上级监察机关的领导。监察机关的这种分级管理机制的适用，确保了国家级监察机关对全国监察工作的引导和指引，确保了各级监察机关对国家腐败惩治整体策略和措施的有效贯彻落实。同时，为有效实现上级对下级的领导，上级监察机关通过对重要监察工作事项的审核批准[③]，以及对下级监察机关领导班子人选的提名考察两个方面，强化其工作和人事的双重领导，维护其对下级监察机关的管理和业务指导权威[④]，凸显了各级监察机关在中央纪委和国家监委的领导下，按照相应的级别管辖本级行使公权力人员涉及的监察事项的制度设计。案例1，则充分展示了干部管理管理权限对一般管辖适用的重要性。

案例1：邛崃市××局××大队系××局下属正科级行政执法机构，该大队的主要工作职责为负责全市××监察和××行政执法工作，依法查处各类涉水违法违规行为。王某于2012年至2016年11月期间先后担任该大队副大队长、大队长。王某在担任××大队副大队长、大队长期间，在履职过程中，王某在明知其管辖范围内的砂石场经营者周某存在非法采矿行为的情形下，利用职务之便，收受周某的贿赂，接受周某的请托，放松对周某非法采矿行为的监管和处罚。在此期间，王某先后分4次，收受周某给予的现金，共计人民币6万元，全部用于个人生活。2018年王某的受贿行为案发后，邛崃市监察委员会依法对其进行监察立案，并展开监察调查，王某如实供述了上述犯罪事实后，于2018年11月5日向邛崃市监察委员会全额退缴了违法所得6万元。调查结束后，邛崃市监察委

① 参见《管辖规定（试行）》第22条。

② 参见中共中央纪律检查委员会、中华人民共和国国家监察委员会法规室编：《〈中华人民共和国监察法〉释义》，中国方正出版社2018年版，第82页。

③ 参见魏昌东：《〈监察法〉与中国特色腐败治理体制更新的理论逻辑》，载《华东政法大学学报》2018年第3期，第37页。

④ 为落实上级监察机关对下级监察机关的领导，有些省级监察机关甚至通过程序规范的形式，明确要求查办违法犯罪案件应以上级监察机关为主。参见覃春娥：《如何把握好监察机关上下级领导关系——加强上级监委对下级监委的领导》，载《中国纪检监察》2018年第10期，第59页。

员会依据调查结果，于2018年12月21日对王某作出开除公职和开除党籍处分的决定，并将王某依法移送司法机关审查起诉。[①]

一般监察管辖在本案中的适用：一是王某的公职人员身份。邛崃市××局××大队系××局下属正科级行政执法机构，所以先后任该大队副大队长和大队长的王某，行政级别为乡科级公职人员。二是王某履职行为的性质。王某所在大队的工作职责为负责全市××监察和××行政执法工作，依法查处各类涉水违法违规行为，所以担任该大队负责人的王某具有国家赋予行政机关的行政执法权，其履职行为是行使公权力的行为，有权依法查处该市行政管理区域内的涉水违法违规行为。三是王某行为的违法性。王某明知其执法管辖范围内的砂石场经营者周某存在非法采矿行为，仍利用职务之便，收受周某的贿赂6万元，并接受周某请托，放松对周某非法行为的监管和处罚，王某的行为侵害了公职人员职务行为的廉洁性，违反了我国刑事法律的规定，涉嫌构成受贿罪。四是邛崃市监察委员会的管辖权限。依据《监察法》第9条的规定，邛崃市监察委员会由邛崃市权力机关产生，依法负责邛崃市行政区域范围内的监察工作。依据《监察法》第16条第1款的规定，结合公职人员组织人事管理相关规定，邛崃市监察委员会依法负责邛崃市行政区域内的科级以下公职人员的职务违法和职务犯罪问题的查办。王某所在单位为邛崃市行政区域内执法单位；王某本人为邛崃市乡科级公职人员，其组织人事关系由邛崃市组织人事部门管理。所以依据公职人员组织人事管理权限和王某所在行政区域，其职务犯罪问题应由邛崃市监察委员会管辖，由邛崃市监察委员会行使监察调查和处置权限。王某涉嫌受贿犯罪的行为案发后，邛崃市监察委员会对其监察立案，收缴违法所得，依据调查结果给予王某开除公职的监察处置，这是邛崃市监察委员会依法行使监察处置管辖职能。[②] 同时，因监察机关与党的纪检机关的合署办公，邛崃市监察委员

① 参见××省××市人民法院（2019）川0183刑初89号刑事判决书。

② 参见《公职人员政务处分法》第34条、第44条的规定。公职人员收受影响公正行使公权力财物，情节严重的，监察机关调查核实后，依据处分权限，履行相应的审批手续后作出相应的处分决定，并将相关处分决定在一定范围内公布，通知被处分人所在机关、单位。

会在给予王某开除公职的处分同时，也给予其开除党籍的党内处分。[①]

本案即为一般监察管辖在职务犯罪案件中适用，也是《监察法》第16条第1款规定的一般监察管辖原则在监察实践工作中的具体运用。

（二）一般监察管辖的特征

一般监察管辖的特征是指一般监察管辖区别其他管辖和监察机关内部不同层级管辖所形成的特殊性，即监察机关依据《监察法》《监察法实施条例》《管辖规定（试行）》及相关法规对所有行使公权力人员（即“公职人员”）的监察管辖的基本特性。

1. 一般监察管辖的参照性

一般监察管辖的参照性是指监察管辖并非监察制度原创，而是参照相关管理制度而建立的。监察的一般管辖，主要是指监察机关内部分级负责的级别管辖[②]，这种管辖就是将所有的公职人员，按照国家组织人事部门的干部管理制度[③]划分为的不同级别，然后由相应级别的监察机关管辖。根据《公务员法》第16条的规定，国家依据公务员职位的特点等标准，将其划分为综合管理、专业技术和行政执法等类别，实行分类管理，并在此基础上设置相应的职务和职级。一般管辖的分级负责，便是据此来确定相应的管辖机关。依据《公务员法》的规定，公务员中职务层次，自上而下依次分为国家级、省部级、厅局级、县处级和乡科级共五级，每个级别中又划分为正、副职两个小级别。[④] 而公务员的职级层次，是在厅局级以下设置的，自上而下依次分为巡视员、调研员、主任科员和科员共四个层级，每个层级中又细分为若干级别。[⑤] 对于综合管理类以外其他职位类别公务员的职级设置，须在明确工作职责和任职资格条件的基

---

① 参见《中国共产党纪律处分条例》第27条。

② 有学者指出监察机关按照干部管理权限以分级负责为主，在此基础上可直接管辖和指定管辖。参见王希鹏：《完善国家监察领导体制及推进纪检监察一体的思考》，载《湖南社会科学》2018年第2期，第113-114页。

③ 党和国家关于干部管理制度的总称，涉及干部的选拔、任用、交流、监督和问责等多个管理环节。参见杨雪冬：《新世纪以来中国共产党的干部制度改革：基于制度文本的研究》，载《北京行政学院学报》2011年第3期，第4、11页。

④ 参见《公务员法》第18条。

⑤ 参见《公务员法》第19条。

础上，由各机关依照自身的客观情况进行设置。公务员的领导职务、职级与相应的级别对应，并由相应的组织人事部分负责管理。依据“党管干部，下管一级”的组织管理原则①，我国的公职人员管理权限具体为县处级以下公务员由县级组织人事部门管理，厅局级以下、处级以上的公务员由市级组织人事部门管理，厅级以上、部级以下公务员由省级组织人事部门管理，部级以上公务员由中央组织人事部门管理。② 监察一般管辖的分级管理是参照公务员的分级分类管理来实施的。所以，从我国对公务员的管理方式可以看出，干部管理权限与干部分级管理体制与监察分级管理体制是一致的③。

同时，一般监察管辖的确定因综合级别管辖和地域管辖，又表现出以下三个方面的特点：

一是“属人原则”为级别管辖划分的基础。《监察法》第 3 章规定了监察范围和管辖。其中第 16 条，对各级监察机关之间在办理职务犯罪案件上的职权分工作了原则性规定，即各级监察机关按照管理权限管辖本辖区内本法第 15 条的人员所涉监察事项。这里的管理权限实际上就是干部管理权限。按照党管干部的原则，管辖同级党委管理的所属及下属的干部，但对上级党委或同级其他党委所属而驻在其行政区域内的干部并没有管辖权限。实质就是按照“属人原则”、实行分级分工负责，不是司法管辖中按照案件的影响力、可能判处刑期等因素为标准而划分级别的管辖。例如，国家监委管辖中央组织人事部门管理干部所涉监察事项，省级监察委管辖本省的省级组织人事管理部门管理干部所涉的监察事项。由此可见，职务犯罪之监察管辖是以干部管理权限这一特殊权力关系为核心确立级别管辖。而司法机关的级别管辖，考虑的是案件罪名类别、社会危害性、可能判处的刑期等，并不考量被告人的干部管理权限归属问题。

---

① 参见朱旭峰、吴冠生：《中国特色的央地关系：演变与特点》，载《治理研究》2018 年第 2 期，第 53 页。

② 参见《公务员法》第 12 条。

③ 参见任建明：《从干部分级管理体制审视腐败案件查办》，载《民主与科学》2004 年第 6 期，第 19 页。

二是“属地原则”即以辖区为要素的地域管辖对监察管辖的划分具有从属性。《监察法》第16条管辖分工原则中的“本辖区”即地域管辖之要素。但“本辖区”这一地域要素，本质上是“管理权限”的辅助要素，其决定管辖的作用迥异于犯罪地、被告人住所地等司法地域管辖的传统要素。从《管辖规定（试行）》以及国家监委的相关规定看，地域管辖主要考虑被调查人单位所在地或者工作地点是否在其辖区范围之内，监察机关对本辖区内同级党委有管理权限的监察对象进行管辖。对于非干部管理权限和非工作地点的地方监委，即便属于职务犯罪的犯罪地，也是没有管辖权的。这一点可从与以往检察机关负责的职务犯罪侦查管辖的比较中进一步把握。在国家监察体制改革以前，检察机关的侦查管辖范围除了本级党委、政府管理的干部之外，还可以对上级党委、政府或者同级其他党委、政府管理的一定级别的人员行使侦查管辖权，只需要满足其犯罪地或者犯罪嫌疑人住所地在该行政区域范围内即可。而监察机关的地域管辖，从属于级别管辖，必须是本辖区内有管理权限的监察对象才能管辖。

三是非公职人员的涉案人以涉案公职人员的管辖权而确定管辖权。《监察法》第22条第2款规定，对涉嫌行贿犯罪或者共同职务犯罪的涉案人员，监察机关可以依照前款规定采取留置措施。根据《管辖规定（试行）》，行贿罪、对有影响力的人行贿罪、利用影响力受贿罪、介绍贿赂罪等可能由非公职人员构成的犯罪亦归监察委专属管辖。对于这类涉案人员，有的具有公职人员身份，但从实践看，多数涉案人员不具有党员和公职人员的身份，那么对此类非公职人员的涉案人员管辖，则是无法套用《监察法》所规定的以干部管理权限为主的管辖原则的。对于该类管辖问题，《监察法实施条例》第46条第4款规定，对涉嫌行贿犯罪或者共同职务犯罪的涉案人立案调查的，一般应当由负责该案被调查人调查工作的监察机关管辖，也即由管辖主案的监察机关管辖。或者说这类与公职人员腐败密切相关的犯罪，以所涉公职人员的管理权限来判断管辖权。这与司法管辖确定案件管辖权的原则完全不同。[①]

2. 一般监察管辖的双重性

一般监察管辖的双重性是指监察级别管辖在主要依据《监察法》及其实施条例的同时，还依据《中国共产党党内监督条例》《中国共产党廉洁自律准则》《公务员法》等党内和行政法规。在一般管辖的适用和运行中，以教育、谈话、检查等为主要方式的日常监督，监察机关可以直接进行，也可以委托相关党政组织进行。

首先是廉政教育方面。教育是防止公职人员发生腐败的预防性和前沿性工作，可从源头思想上降低公职人员腐败的主观意愿，从而达到减少和杜绝腐败问题发生的最终目的。《监察法》第 11 条第 1 款中，将廉政教育列为监察监督的首要内容，体现了《监察法》对教育在日常监督工作中的重视。《监察法》中对廉政教育并未进行详细的规定，依据相关党内法规可将廉政教育的内容概括为纪律法律教育、警示教育、廉政教育这三项内容，并通过签订廉洁自律承诺书、廉政建设责任书，进行日常廉政谈话、任前廉政谈话等多种方式开展，将廉洁教育和廉政知识纳入公职人员的教育培训和考核任用体系之中，强化公职人员学习的主动性。[②] 廉政教育的实施，强调对公职人员的正面引导，加强理想信念的塑造，强化公职人员的职业伦理意识，打牢“不想腐”的思想基础，积极引导公职人员牢固树立正确的权力观、地位观、利益观，形成正确职业道德价值理念，从而减少腐败的思想动机，提高“不想腐”的自觉，产生“不想腐”的反腐成效。[③] 同时，廉政教育可以与社会上的廉洁宣传教育形成良性互动，强化社会和舆论监督，打造全社会拒腐防变、风清气正的良好社会氛围。从教育的目的和成效看，廉政教育是党内监督执纪和监察监督的双重职责，反映了廉政教育管辖的双重性。

从监督谈话方面看，谈话是典型的监督措施，也是监察机关积极主

---

① 参见江国华、龚熊艳：《职务犯罪监察管辖冲突及解决机制》，载《江汉学术》2021 年第 5 期，第 29-30 页。

② 参见张锋、张汉为：《新农村建设中农村基层党风廉政建设的实践与思考——以上海金山区为例》，载《云南行政学院学报》2012 年第 3 期，第 100 页。

③ 参见马怀德主编：《监察法学》，人民出版社 2019 年版，第 158 页。

动采取措施防止权力滥用和腐败发生，避免公职人员的行为由违纪违法向违法犯罪转变的早期预防性措施之一。监督谈话作为最基础最常见的监察措施，是对公职人员履行职权、行使公权力的事前和事中监督。监察机关通过谈话主动了解公职人员的思想动态，以谈话、交流的方式在思想降低腐败的倾向，在行动上扼杀腐败的苗头和可能，实现腐败根源的治理，形成不敢、不能、不想腐的监督制约机制，预防腐败案件的滋生和发展。依据《监察法》第 11 条第 1 款的规定，监察谈话的对象应为《监察法》第 15 条及《监察法实施条例》第 38 条至 44 条列举的公职人员。监察谈话的具体种类包括日常谈话、任职（前）谈话、提醒谈话、诫勉谈话等多种，不同种类谈话的适用条件不同，产生的功效也不尽相同。① 其中，日常谈话是以了解和掌握公职人员的实时思想动态为目的，起到预防作用；任职谈话是在公职人员提拔、转任至新的工作岗位时，结合工作岗位的职责，对公职人员强调党风廉政的要求，目的是提醒其不要辜负党和组织的期望和信任；提醒谈话主要针对一些存在苗头性、倾向性问题的公职人员，目的是提醒其重视问题的存在和出现，避免错误问题的产生和进一步发展，防微杜渐；诫勉谈话是针对一些不构成违纪的问题，或者已存在轻微违纪问题但因积极主动改正，对其不予纪律政务处分的情况，对此类公职人员进行诫勉谈话，目的是使公职人员充分认识到自身的错误，及时纠正错误，避免重复犯错。② 监察机关的这种监督谈话，也是党内组织的重要监督内容，在实践中有相关党政机关负责人或领导的参与，可以收到更好的监督提醒效果。

从监督检查方面来看，检查是监察机关对公职人员行使公权的合法性、合理性和廉洁性进行日常监督的手段和方式。监督检查的目的是发现并及时纠正存在的问题，而且通过检查工作使被检查的公职人员对其职权加以重视，积极履职，避免问题的出现或再次发生，以达到早期治理和源头预防的目的。为此，监察机关对检查要以发现问题和预防教育

---

① 参见陈振：《完善党内谈话制度的体系性思考》，载《理论建设》2017 年第 3 期，第 24 页。

② 参见马怀德主编：《监察法学》，人民出版社 2019 年版，第 158 页。

为目的，积极采取灵活的检查方式，以实现腐败的预防。依据监督检查的需求不同，可将监督检查分为以下几种方式：一是听取被检查机关和人员对检查事项的说明和汇报；二是查阅涉及检查事项的资料、文档、账目等有关材料；三是到被检查地点进行实地考察或召开现场会议，及时了解检查事项的产生原因和真实损害情况；四是到人民群众中进行调查走访；五是就检查事项召开专门会议，召集相关单位，进行协调对接，查找问题产生原因，商议最佳解决方案。对监督检查中发现的问题，监察机关依据管辖权限作出相应的处置。检查是党内监督和其他机关自我监督的重要方式，也是监察监督的重要手段，监察检查需要相关党政机关的支持和配合，才能取得更好的腐败预防效果。在一定情形下，基于检查管辖的双重性，监察机关认为相关机关可以完成的，也可委托交由其他机关实施。

3. 一般监察管辖的可变性

一般监察管辖的可变性，是指监察级别管辖并不是一成不变的固定模式，而是随着行政体制改革和干部管理归属发生变化而变化，使得一般管辖具有可变性特征。为适应近年经济社会的发展需求，我国的行政区划也在不断地调整创新，[①] 突破了省级、地市级、县级和乡级四级行政区划管理模式的界限，出现了一些新型的区划设置，如副省级城市、县级政府由省级政府直接管理等。这些行政区划管理权限的调整是由国务院批准，为方便这些特殊行政区划履行其改革使命，适当地提高了这些行政区划的行政级别或者将这些行政区划的干部管理权上提。因此，与地方各级政府同级的地方各级监察机关的管辖权限也随之发生变化。

以国务院批准的副省级城市为例，设立的初衷是促进这些行政区划的经济社会发展，并不是使其成为省一级行政区划，为此在赋予副省级城市的管理权限上，只是使其在国民经济和社会发展上享有省级政府的权限，其在其他方面上并不享有与省级行政区划相同的管理权限，在隶

① 参见高玲玲、孙海鸣：《行政区划调整如何影响区域经济增长——来自中国地级以上行政区划调整的证据》，载《经济体制改革》2015 年第 5 期，第 66 页。

属关系上仍由原省级行政区划管理，其不享有省级行政区划的干部管理权限。[1] 但是这些城市具有副省级的行政级别，据相关组织人事规范规定，副省级城市的党委机关正职、政府正职、权力机关正职和政治协商会议机关正职的行政级别为副省级，由中央组织部统一管理；而这些城市中上述四大机关的副职及司法机关正职为厅局级，由其所在省级组织人事部门管理并报中央组织部门备案，但是副省级城市组织人事部门的正职任免需报中央组织部门审核；副省级城市直属机关及下辖区为副厅级单位，其正职为副厅级，由所在省级组织人事部门管理，副职为副局级（正处），由所在市级组织人事部门管理；市辖区及其工作部门的干部管理部门参照同级市直属机关的管理部门；副省级城市管理的县级行政区划的行政等级不变，其干部管理仍由原来负责的组织人事部门管理。[2]

对于省管县试点地区，县级行政区划的干部人事管理，目前存在三种情况，并无统一的管理方式。一是仍由试点县所在市级组织人事部门管理。我国在1983年之前，在干部管理权限上实行的是下管两级的方式，即由省级组织人事部门管理县级行政区划领导干部的人事事项。[3] 后自1982年12月党中央印发《关于地方党政机关机构改革若干问题》时起，开始推行市管县机制，下放干部管理权，随后国务院先后在江苏、广东两省进行试点，后在全国推广，逐步确立了市管县机制，并由地市级组织人事部门管理县级行政区划领导干部的人事事项。[4] 人事管理体制未进行变化的省管县试点地区仍沿用这一机制。二是省级组织人事部门管理试点县级行政区划党政领导机关的（党委、政府、人大、政协）正职领

---

① 参见宋学文：《中国市级政府行政层级的形成与改革》，载《理论与改革》2016年第1期，91页。

② 参见中央机构编制委员会：《关于副省级市若干问题的意见》（中编发〔1995〕5号）。相关学者对于副省级城市干部人事管理也进行了简要的论述。参见谢庆奎主编：《当代中国政府》，辽宁人民出版社1991年版，第319页。

③ 参见陈剩勇、张丙宣：《建国60年来中国地方行政区划和府际关系的变革与展》，载《浙江工商大学学报》2009年第5期，第11页。

④ 参见陈亚杰：《二十世纪八十年代中国城市经济体制综合改革试点述论》，载《中共党史研究》2011年第9期，第55页。其他学者对这一管理体制也进行了相关论述。参见徐竹青：《基于城市带动农村设想的市管县体制问题研究》，载《中共浙江省委党校学报》2007年第4期，第101页。

导，甚至选派行政级别高一级的干部（副厅级）担任试点县级行政区划的党政机关正职领导，以强化对试点地区的领导。[①] 而对于其他县级行政区划领导干部的组织人事管理权仍由市级组织人事部门行使。三是由省级组织人事部门全面直接管理县级行政区划领导干部的组织人事事项，不再由市级组织人事部门管理县级行政区划领导干部的组织人事事项[②]。例如，海南省是我国唯一一个全面实现省管县的省级行政区划。[③]

（三）一般监察管辖的价值

一般监察管辖的价值是指监察级别管辖的功能和作用。实践中，一般监察管辖对监察权的规范运行、监察权的运行效果、监察对象及其所在单位都产生重要影响。一般监察管辖的依法运用，对监察制度转化为监察效能具有重要的现实意义。

1. 一般监察管辖的规范价值

监察权作为监察机关的重要的职权配置，要在反腐败专职工作中发挥作用，必须依据一定的程序来实现监察权的价值。因为任何权力都必须在规制的前提下才能行使，没有规制的权力必然引发权力的滥用。一般监察管辖按照干部管理权限配置监察权并对监察权进行管理，就是通过程序规范对监察权的运行进行规制，防止监察权的滥用。从这个意义上说，监察权运行的规范性，是监察制度转化监察效能的首要前提。所谓规范性，是指行为人所有的行为举动，都应当遵循一定的规则或标准。规范性在哲学上或方法论上，是与实证性相对应的，它将目标定位为应该是什么，并以此为起点，推定出应该采取何种的措施或行为，并最终

---

① 参见黄建华等：《“省直管县”体制下干部人事管理制度研究》，载《湖南社会科学》2014年第2期，第12页。

② 海南省直管县的县级行政区划的领导班子（四大班子）直接由海南省委考核、任命、选调，这些县市的县（市）委正职为省委委员或候补委员，参与省级政府的决策过程。参见肖若海等：《基于海南实践的省直管县（市）体制改革探索》，载《中国党政干部论坛》2010年第2期，第24页。

③ 参见吴金群：《省管县改革进程中市县竞合关系的演变与比较》，载《江苏行政学院学报》2016年第6期，第103页。

实现目标。[①] 监察权的运行，是国家权力运行整体的重要组成部分，规范化地运行并实时体现规范性，是监察权有效运行的必然要求。监察管辖对监察权运行的规范性主要表现在，确保监察权行使的程序化、规范化和法治化三个方面。[②] 监察机关通过构建并运行权力适度分离的机制，确保监察权的规范运行，即构建并运行监察权与事务权的适度分离制度，违纪、违法和职务犯罪调查的适度分离制度，案件办理、审理和管理的适度分离的制度。[③] 监察机关的调查权，可分为一般调查权和职务犯罪的特别调查权。其中，职务犯罪特别调查权，是指对监督中所发现的涉嫌职务犯罪的问题，履行监察调查的权力。监察机关的犯罪调查权具有强制性的特征，能够限制或者剥夺被调查人人身或财产自由等。虽然都具有强制性，但是监察调查权与刑事侦查权还存在诸多不同之处，故监察犯罪调查并不能简单地套用刑事强制措施。因为监察调查的结果作为监察机关进行处置管辖的事实依据，能够直接影响对被监察对象的权益（如政务处分、移送审查起诉等），所以必须规范监察权力尤其是调查权的运行，才能确保监察权行使符合正当程序原则。基于监察机关与司法机关在对职务犯罪追刑权上的一致性，为确保职务犯罪调查案件证据符合刑事审判的证据标准和要求，可在职务犯罪的监察调查程序中，借鉴司法体制改革推行的相关措施，强化对监察权的制约，规范监察权的行使。例如，在一般管辖程序中，建立相应的领导干部干预监察活动，或者具体案件处理的记录或备忘录制度、案件干涉通报制度，以及严格的责任追究制度等规范性制度。[④] 通过一般监察管辖的有效适用，确保监察案件证据的合法有效，案件事实清楚，使监察权的运行规范有序。

2. 一般监察管辖的监督价值

一般监察管辖制度以干部分级管理为参照，以教育、谈话、检查等

---

① 参见王莹：《思想政治教育融入社会治理的着力点——一种基于社会治理现实的生成性视角》，载《思想理论教育》2017 年第 7 期，第 51 页。

② 参见王孟嘉：《法治轨道上的国家监察体制改革论思》，载《暨南学报（哲学社会科学版）》2017 年第 11 期，第 80 页。

③ 参见徐汉明、张乐：《监察委员会职务犯罪调查与刑事诉讼衔接之探讨——兼论法律监督权的性质》，载《法学杂志》2018 年第 6 期，第 10 页。

④ 参见黄文艺：《中国司法改革基本理路解析》，载《法制与社会发展》2017 年第 2 期，第 9 页。

党纪、行政管理监督制度为协同，针对全体公职人员和履行公职有关人员营造一个全方位的监督教育管理体系，形成多方参与的良好监督氛围，为强化公职人员和履行公职的有关人员廉洁自律意识和拒腐防变的思想防线提供坚强的制度保障。从我国腐败治理实践看，每一起公职人员及履行公职有关人员腐败案件的发生，无不始于思想价值观的迷失、理性信念的动摇。公职人员和履行公职有关人员只要在思想观念防线上有所放松，必然降低对自我行为的约束，而对自我约束的降低，必然会突破党纪国法的红线，最终种下违法犯罪的苦果。因此，必须强化一般管辖制度之下的监察监督职能，通过廉政教育强化公职人员和履行公职有关人员理想信念和廉政知识；通过监察谈话实时了解公职人员和履行公职有关人员的思想动态，对一些苗头性、倾向性的问题，早发现早纠正；通过监察检查，对一些轻微违纪问题及时发现处置，防止公职人员和履行公职有关人员由小错铸成大错。而监察监督和党纪监督一体两面，对强化党内监督执纪、加固公职人员和履行公职有关人员的思想防线意义重大。[①] 监察与党纪的合署办公机制，可以通过党内监督执纪的责任制和问责机制，提升党员干部自我监督和廉洁从政从业的自觉性，强化了监察监督的执行力。最终通过一般监察管辖的有效适用，在监察机关的监督下，将公职人员和履行公职有关人员塑造为负有责任感和使命感，在经济上廉洁，在工作作风上过硬的新时代人民公仆。

3. 一般监察管辖的制度价值

在腐败治理中，公职人员和履行公职有关人员不能腐的防线就是制度防线，这是公职人员和履行公职有关人员拒腐防变的基本前提。从公职人员和履行公职有关人员视角看，党内的监督执纪规范和监察法的相关规定，无论是强调坚定为人民服务的理想信念，坚守公正廉洁的公职人员政治本色，还是要求严格依法秉公用权，抑或是不断重申谨遵党的政治规范和纪律，遵从公职人员的职业道德操守为底线，这些都从制度层面对公职人员的思想建设，提出的具体要求和标准，表明以制度规范

① 参见陈雍：《在净化政治生态中充分发挥监察委员会政治机关的职能作用》，载《中国纪检监察》2018 年第 6 期，第 20 页。

强化思想建设的“顶层设计”理念。依据干部管理权限为参照的一般监察管辖，在运行中要涉及大量法律法规和规章制度，在实施监督的过程中，哪些制度比较有效、哪些制度效力不高、哪些制度存在漏洞、哪些制度不合时宜等，都会在监察实践得到体现。这就要求在完善腐败治理制度之时，必须以监察一般（级别）管辖为依托，以问题导向，通过一般监察管辖的检验，及时发现腐败治理之中的薄弱环节，发现现行监察制度的漏洞和不健全之处，为完善腐败治理制度提供迫切的现实需求。所以，完善腐败治理制度就需要结合近年来发生的腐败案例，通过对这些腐败案件的管辖制度反向审视，发现漏洞，吸取教训，归纳经验，强化腐败治理制度的改革和完善。最终形成从监察工作实际出发，以大多公职人员能遵守为前提，兼具必要性和可行性，重点突出，宽严适度的体系化腐败治理制度。通过制度衔接，监察机关还可以与其他职能机关彼此呼应，高效对接，快速形成腐败治理的整体合力。① 在制度的效果上，制度的有效性还需强化公职人员思想上自觉性，来积极执行制度的要求，并依托制度约束来强化思想教育，形成公职人员拒腐防变思想与腐败治理制度的良性互动。由上述内容可知，一般监察管辖的适用对腐败治理制度的完善和落实意义重大。

二、特殊监察管辖

特殊监察管辖是区别于一般级别管辖的特定管辖。特殊监察管辖在适用条件、适用依据和制度定位上都与一般监察管辖存在较大的不同，而且特殊监察管辖在适用中产生了特定的制度价值，克服了一般监察管辖适用的局限性，确保了监察机关对腐败的全面覆盖。

（一）特殊监察管辖的类别

特殊监察管辖包括两个方面：一是提级管辖和指定管辖。这一管辖是基于职务犯罪调查中重特大疑难案件按级别查办难以达到办案目的，由上级监察机关提级管辖，或由上级机关指定管辖。二是派驻管辖。这

① 参见吴建雄：《国家监察体制改革与新时代中国特色社会主义监督体系构建》，载《统一战线学研究》2018 年第 1 期，第 54 页。

一管辖是针对监察机关派驻相关机构而赋予的监察职权。特殊监察管辖的确立是基于监察公正和监察效能的考量，适用于特殊情形的监察管辖方式。

1. 提级管辖

提级管辖一般适用于监察调查管辖。依据《监察法》第 16 条第 2 款的规定，在监察机关内部系统中，在一定的情形下，上级机关可以办理下一级机关管辖范围内的监察事项；必要时甚至可以跨级办理其管辖区域内各级机关管辖的监察事项。依据《监察法》第 17 条第 2 款的规定，具体承办案件的监察机关经衡量认为所管辖的案件重大、复杂，不适宜由其管辖的，由上级监察机关管辖更为适宜的，可以提请其上级机关管辖，即下级监察机关可以报请提级管辖。《监察法实施条例》第 47 条第 1 款将提级管辖的情形，限定为三种。[①] 这是《监察法》中关于提级管辖[②]的规定。

2. 指定管辖

指定管辖同样大多适用于监察调查管辖。据《监察法》第 17 条第 1 款和《监察法实施条例》第 48 条的规定，在监察机关内部系统中，上级机关可以将其管辖的事项指定下级机关办理，也可以将下级机关不适宜管辖的事项，指定给其管辖区域内的其他下级机关，授予被指定机关对指定事项的管辖权。[③]

---

① 参见《监察法实施条例》第 47 条，这三种情形是：在本辖区内有重大影响的；涉及多个下级监察机关的监察对象，调查难度大的；其他需要提级管辖的重大、复杂案件。

② 我国职务犯罪案件调查（侦查）的提级管辖是首先是在刑事诉讼中使用，是指在必要的情况下上级法院可以直接审判下级法院管辖的案件，而且《刑事诉讼法》中并未对职务犯罪侦查管辖作出规定。参见《刑事诉讼法》（1979）第 18 条、《刑事诉讼法》（1996）第 23 条、《刑事诉讼法》（2012）第 23 条、《刑事诉讼法》第 24 条。后《人民检察院刑事诉讼规则》将审判的提级管辖具体应用到职务犯罪的侦查管辖中。参见《人民检察院诉讼规则》（1999）第 14 条、《人民检察院刑事诉讼规则（试行）》（2012）第 14 条。至 2013 年最高人民检察院发布《人民检察院直接受理立案侦查职务犯罪案件管辖规定》，其中第 3 条对职务犯罪提级管辖进行了进一步的明确。而我国《监察法》中并没有直接提出监察机关对监察事项的“提级管辖”只是对上级监察机关在必要时办理下级监察机关管辖的事项，《〈中华人民共和国监察法〉释义》将这一管辖类型称为提级管辖。参见中共中央纪律检查委员会、中华人民共和国国家监察委员会法规室编：《〈中华人民共和国监察法〉释义》，中国方正出版社 2018 年版，第 116-117 页。

③ 参见《监察法》第 17 条第 1 款。

3. 派驻（派出）管辖

《监察法》第12条规定，各级监察机关依法可以向其管辖行政区域内的党政国家机关、依法授权或委托从事公务的组织、国有企业等行使公权力的单位派驻监察机构或监察专员，并对派出监察机构或监察专员进行领导和管理。《监察法》第13条对派驻机构或派驻专员的管辖范围和职责权限，作出了原则性的规定，即依据派出监察机关的授权开展监察工作，履行监察职责。《监察法实施条例》第12、13条对派出监察机关和被派驻单位、机关及派出监察机构、监察专员的职权权限进行了进一步的细化。本文将这一类型的监察管辖称为“派驻（派出）管辖”。

（二）特殊监察管辖的适用

1. 以提级管辖为基础

提级管辖方式的适用，是基于我国监察机关系统内部上下级监察机关之间的领导与被领导关系。提级管辖是监察机关监察工作一体化制度优势发挥的体现。因而提级管辖是特殊管辖的基本前提。提级管辖有两种工作模式：一种是提级后上级监察机关自行管辖；另一种是提级后指定下级监察机关管辖。自行管辖一般为查处重大复杂、影响力大、涉案人数多、调查难度大的案件。[①] 监察提级管辖是建立在监察机关一体化领导的基础之上，职务犯罪行为呈现出智能化、团队化和更加隐蔽化的特点[②]，监察案件的办理对专业化水平的要求越来越高。我国各级监察机关之间是领导与被领导的关系，上级监察机关享有更大管理权限和更多的人员配置。由于人员配置更多，上级监察机关在人员招录中对于专业化和素质要求更高，进而上级监察机关办案人员的专业能力和技术能力整体上要强于基层监察机关。同时，基于上下级监察机关之间的领导关系，上级监察机关在办理疑难或重大案件的过程中，其有权从其管辖区域内各监察机关抽调办案经验丰富和水平较高的人员组成专案组办理疑难案件，所以在办理重大或疑难案件的过程中，上级监察机关具有较高的专

---

① 参见《监察法实施条例》第47条。

② 参见张云霄、蒋小平、廉彪：《职务犯罪侦查指定管辖制度完善之探析》，载《西南政法大学学报》2016年第4期，第50页。

业化水平。同时，因为管理权限和行政层级的不同，上级监察机关的经费要多于下级监察机关，据此上级监察机关有能力购置更多的专业化设备，并可以聘请或抽调其辖区内的其他单位的专业技术人员辅助办案，使上级监察机关的专业技术能力要强于下级监察机关。所以，相对于下级监察机关，上级监察机关不仅掌握的管辖权限更大，而且人才储备和办案技术力量等“软件”和“硬件”条件等都要优于下级监察机关。从整体的监察办案专业化能力上看，上级监察机关要优于下级监察机关，具备办理疑难或重大监察案件的技术基础。以江西省鄱阳县××局××股股长李某某为例，其仅仅为一个科级单位的内设部门负责人，但其涉案金额9000多万，涉及跨境追逃，涉案人员众多①。像这种案情复杂、难度大的案件，已经不是对其具有首次管理权限的基层监察机关所能处理的，需提级管辖，由专业性和能力更强的上级监察机关办理。

通过对监察体制改革以来重大职务犯罪案件的归纳和分析，可以发现，上级监察机关提级管辖的案件，都是被调查人“官高权重”，关系网深厚的案件。一般而言，被调查人往往为具有一定管理权限和工作年限的公职人员，其或在地方掌握“实权”或“关系深厚”，人际关系广泛，在地方具有一定的影响力。因此，排除地方保护主义、权力以及人际关系干扰②是监察案件提级管辖的一个重要的影响因素。例如，轰动一时的辽宁省原副省长慕绥新和沈阳市原常务副市长马向东腐败犯罪一案，案发后首先由被调查人工作单位所在地办理，但在案件办理过程中办案机关源于被调查人在本地的影响力，工作屡屡受阻。③ 可见，具有一定影响力的被调查人对案办理的干扰影响巨大。而上级监察机关的行政层级要高于下级监察机关，并与下级监察机关管辖行政区划不一致，且办案人员与被调查人无关联，在一定程度上跳出了被调查人的影响范围，实现

① 参见《外逃归案人员王国强、李华波依法公开宣判》，载新华社：http：//www.xinhuanet.com/legal/2017-01/23/c_ 1120367031.htm.，最后访问日期：2019年12月31日。

② 参见职务犯罪案件研究课题组：《检察机关职务犯罪案件管辖的弊病与重构》，载《政治与法律》2012年第10期，第160页。

③ 参见汪文涛：《打虎，“指定管辖”很厉害》，载《检察日报》2016年5月10日，第5版。

了案件办理的人员和机关的回避，故有利于案件办理的公平公正，有利于维护调查结果的公信力和监察机关的权威性，赢得人民群众的信任和支持，实现腐败治理的良性互动。

作为监察事项管辖办理一般（法定）规则例外的提级管辖，只有在一定条件下才能适用，目的是排除办案干扰，提高执法效率，维护监察案件办理的公平公正和监察机关的权威性和公信力。同时，提级管辖的有效实施，也是下级监察机关服从上级监察机关的指示，是监察机关上下级间领导与被领导关系的具体体现，是监察工作统一领导的有力贯彻。而且，上级监察机关通过对下级监察机关疑难或复杂案件的提级管辖，在具体的办案过程中，也是对其工作规范化和科学化水平的有力展示，对其下级监察机关的工作起到示范作用，能够有效提升本地区监察工作的总体水平。

2. 以指定管辖为常态

上级监察机关的提级管辖，在实践中由自身行使管辖权的并不多，而大多是通过指定管辖的方式来实现的。因而，指定管辖在特殊管辖中具有常态性。监察指定管辖，通常在监察机关内部系统中，经过一定的批准或备案手续，[①] 上级机关可以依法将其管辖的事项指定下级机关办理，也可以将下级机关不适宜管辖的事项，依法指定给其管辖区域内的其他下级机关，授予被指定机关对指定事项的管辖权。[②] 指定管辖包括上级监察机关管辖案件的指定管辖、提级管辖后的指定管辖和管辖争议后的指定管辖。同提级管辖一样，指定管辖的适用同样是基于上下级监察机关之间的分级管理体制。

一般情况下，各级监察机关依据管辖权限，办理各自管辖区域内的监察事项，上级机关不会任意办理下级机关管辖的事项。这一方面是因为，上级监察机关无差别地介入下级监察机关的管辖范围，会损害下级

① 参见《监察法实施条例》第 48 条。依据本条，地市级监察机关将其管辖的同级党委管理的公职人员的职务违法犯罪案件，指定给下级监察机关的，需要经省级监察机关的批准；省级监察机关将其管辖的由同级党委管理的公职人员的职务违法犯罪案件，指定给下级监察机关的，需要报国家监察委员会监督检查部门备案。

② 参见《监察法》第 17 条第 1 款。

监察机关办案的权威性和积极性；另一方面，上级监察机关的办案人员力量主要用于办理疑难案件和重点案件，以及对下级监察机关的业务指导，而不是不分主次的全面介入下级监察机关的管辖事项，损害下级监察机关工作的积极性和工作的权威性。只有在具有特殊情形时，为维护案件办理的公正性，或为了提高案件查办效能，快速办结人民群众关注的热点案件，上级监察机关才会直接介入，对下级机关管辖的事项提级管辖。《〈监察法〉释义》将特殊情形归纳为以下三种，即上级监察机关认为属于具有重大影响的、涉及事项复杂下级监察机关不便办理或影响公正处理的、上级监察机关指定由本级监察机关办理的事项。[①] 可以看出，《〈监察法〉释义》对于重大的认定较为主观，以具体案件案情为依据，并无具体的量化标准。《监察法实施条例》同样是采取较为主观的标准。[②] 针对“重大”的认定，考量的因素应包括被调查人的职务、行政级别、涉案金额规模、违法犯罪的情形等。[③] “复杂”的认定，应考量被调查人是否为下级监察机关所在行政区划主要机关单位主要领导，是否为该地政府、权力、政协、司法、监察等部门的特定关系人，是否在本地具有重大影响力、被调查人所在家族在本地的影响力，等等。同时，基于监察机关上下级之间的领导管辖，上级监察机关可以领导其管辖区域内下级监察机关的工作，故上级监察机关可以直接决定（指定）下二级监察机关的监察事项，由其领导的下一级监察机关管理。

由于监察工作的复杂性，对于某个特定监察对象涉及的监察事项，

① 参见中共中央纪律检查委员会、中华人民共和国国家监察委员会法规室编：《〈中华人民共和国监察法〉释义》，中国方正出版社 2018 年版，第 117 页。对于提级管辖，《管辖规定（试行）》第 23 条明确规定，国家监察委员会直接办理、领导或指挥省级监察机关管辖的案件，在需要时可以跨级办理各级监察机关管辖的案件。

② 参见《监察法实施条例》第 48 条，该条对上级监察机关将其自身管辖案件指定下级监察机关管辖的标准并未列明，较为原则；但是对将下级监察机关管辖的案件，如存在管辖争议、影响案件公正处理、下级监察机关报请指定管辖和其他有必要指定管辖的情形时，可以将案件指定给与下级监察机关同级的其他下级监察机关。

③ 参见史立梅、杨超：《跨行政区划法院刑事案件管辖问题研究》，载《法律适用》2017 年第 21 期，第 56 页。其他规定，对于重大标准的设置也较为主观，不易衡量。如《人民检察院刑事诉讼规则（试行）》（2012）第 45 条规定了贿赂犯罪中特别重大的标准，即贿赂犯罪涉案金额超过 50 万元，情节恶劣；有重大社会影响的；涉及国家重大利益的。除了涉案金额有明确的标准外，其他关于重大的标准也较为主观。

可能多个监察机关之间均由管辖可能。为此，《监察法》《监察法实施条例》作出明确规定，当监察机关之间因管辖权限的不明而发生争议之时，由共同的上级监察机关在综合衡量后依法作出裁定，决定监察管辖权的最终归属。[①] 管辖争议的内涵包括：一是发生管辖争议的监察机关为两个或两个以上；二是管辖争议包含积极的管辖争议和消极的管辖争议。其中，积极的管辖争议是指发生争议的监察机关，均主张对此项监察事项具有管辖权；而消极的管辖争议是指发生争议的监察机关，均主张自身对此项监察事项不具有管辖权。监察机关作为国家监察专责机关，不能因监察机关间就管辖权发生争抢而延误监察事项的查办，也不能因监察机关间就管辖权的推脱而产生监察盲区或遗漏。加上，上下级监察机关间是分级管理关系，所以由发生争议监察机关共同的上级监察机关决定管辖权的最终归属。以案例 2 为例，有效地彰显了上级监察机关的决断对指定管辖适用的决定性作用。

案例 2：宿某原系哈尔滨市呼兰区××局党委书记、局长，行政级别为正处级。2011 年 12 月—2015 年 7 月，任哈尔滨市呼兰区××局局长、党委书记，负责该全区的教育工作。任职期间，认识了本区工程承包商佟某某。宿某利用职务之便，帮助不具有投标资质的佟某某于 2013 年 3 月承揽了呼兰区××一中采购项目、于 2014 年承揽了呼兰区××小学操场改造工程和呼兰区××二中厕所改造工程。为表示感谢，2015 年年初，佟某某在宿某办公室交给其 20 万现金，宿某收到 20 万元现金后一直放在家中，并于 2015 年夏天借给了其亲属杨某某做生意使用，杨某某至今未还。2018 年宿某收受贿赂的行为案发，经黑龙江省监察委、牡丹江市监察委指定，本案由东宁市监察委管辖。立案后宿某于 2018 年 8 月 24 日被东宁市监察委留置。宿某到案后如实供述了受贿行为。2018 年 9 月 7 日，监察机关向被调查人宿某追缴了违法所得 20 万元。调查终结后，宿某被依法移送东宁市检察院审查起诉。2019 年 5 月 13 日，东宁市法院于对宿某依法作出刑事判决。[②]

---

① 参见《监察法》第 16 条第 3 款。

② 参见××省××人民法院（2018）黑 1024 刑初 124 号刑事判决书。

监察指定管辖在本案中适用：

（1）本案被调查人是否属于监察管辖对象。本案被调查人宿某被调查前系哈尔滨市呼兰区××局党委书记、局长，其人事关系由哈尔滨市组织人事部门负责管理，其工资福利待遇由国家财政负责，属于《公务员法》第2条规定的公务员。被监察调查前宿某系政府工作部门负责人，行政级别为正处级，属于公职人员中的领导干部；2011年12月—2015年7月任呼兰区××局局长期间，负责全区的教育工作，其履职行为即为对国家公权力的行使。因而，宿某属于《监察法》第15条第1款规定的监察对象。宿某任呼兰区××局局长期间，利用职务之便，帮助不具有承揽资质的承包商佟某于2013年至2014年期间，承揽三项教育工程，使佟某通过不正当竞争获取巨额利益，事后收受佟某给予的20万元现金，并全部用于个人使用，符合我国《刑法》中受贿罪的构成要件，涉嫌受贿犯罪。所以，经过对被调查人宿某基本情况的分析，被调查人宿某属于监察机关管辖对象，依据《监察法》第3条的规定，应由监察机关依法调查。

（2）结合本案分析监察指定管辖的适用。本案被调查人宿某原系哈尔滨市呼兰区××局党委书记、局长，行政级别为正处级，其人事关系由哈尔滨市组织人事部门管理，依据《监察法》第16条第1款的规定，被调查人涉嫌的职务违法犯罪问题应由哈尔滨市监察委管辖，由其负责监察调查。但是实际上，经过黑龙江省监察委、牡丹江市监察委指定，本案由东宁市监察管辖并具体承办。结合本案，可以看出监察指定管辖的适用需要具备以下几个方面的条件：

首先，监察指定管辖的适用是基于在我国监察机关上下级之间领导与被领导关系，及监察工作一体化的机制。依据《监察法》第17条第1款规定，在监察机关内部系统中，上级机关可以将其管辖的事项指定下级机关办理，也可以将下级机关不适宜管辖的事项，指定给其管辖区域内的其他下级机关，授予被指定机关对指定事项的管辖权。结合本案，黑龙江省监察委可以管辖其管理区域内的监察事项并领导下级监察机关的工作，领导哈尔滨市监察委和牡丹江市监察委的工作，是这两个市级监察机关的共同上级监察机关，所以黑龙江省监察委可以将哈尔滨市监察委管辖的本案，指定给牡丹江市监察委。同理，牡丹江市监察委也领导其管理区域内下级监察机关的工作，其可以在履行相应的法律手续后将本案继续指定给其下级监察机关东宁市监察委管辖。

可以看出，基于我国上下监察机关之间的领导与被领导关系，上级机关对其管辖区域的监察事项，可以在不同的下级机关之间调整分配，在一定条件下从有利于监察事项办理的角度或为了监察事项办理的公平公正，甚至可以将案件交由原本并没有管辖权的监察机关办理，赋予其特定监察事项的管辖权。为此，指定管辖可以分为上级监察机关将其管辖事项指定给下级监察机关办理和将下级监察机关管辖的职务违法犯罪案件指定给其他下级监察机关管辖这两种种情形。[①] 其中，因管辖争议而引发的指定情形，包括下级监察机关都认为具有管辖权的争议和都认为没有管辖权而引发的管辖争议。[②]

其次，监察指定管辖的适用主要是为了确保监察案件办理的公正性。依据《监察法实施条例》第 48 条第 3 款，将下级监察机关管辖案件，指定给与其同级的其他下级监察机关管辖的情形有四种，即管辖争议、为了案件公正处理、下级监察机关报请指定和其他有必要指定管辖。在这四种情形中，蕴含的一个共同特征和指定目的即确保案件办理的公平公正。结合本案，宿某被调查前系哈尔滨是政府工作部门负责人，行政级别为正处级，在多个领导岗位上担任要职。不难看出，在其工作地和居住地具有较大的影响力，存在干扰监察案件查办的可能，并可能进一步影响案件办理的公正性。所以，在此情况下，黑龙江省监察委将宿某涉腐案件提级后，指定其他下级监察机关管辖，排除外界的干扰和影响因素，确保监察案件调查过程的程序公正和实体结果的公正。

通过指定管辖确保案件办理的公平公正，是上级监察机关作出指定决定的重要影响因素[③]。我国监察指定管辖制度，起源于职务犯罪侦查指

① 参见《监察法实施条例》第 48 条。

② 参见中共中央纪律检查委员会、中华人民共和国国家监察委员会法规室编：《〈中华人民共和国监察法〉释义》，中国方正出版社 2018 年版，第 117 页。

③ 参见卞建林、桂梦美：《腐败犯罪诉讼管辖现状与制度完善》，载《人民检察》2015 年第 13 期，第 27-28 页。

定管辖制度。职务犯罪刑事侦查指定管辖制度产生的一个重要影响因素，便是为了保证案件办理的公平公正。在职务犯罪指定管辖制度产生的过程中，“慕马大案”的查办是一个具有标志性意义的案件。在此案最初的办理过程中，办案机关不断受到被调查人在其工作地影响力的干扰和阻挠，严重影响案件公平公正的办理。为此，当时负责全国职务犯罪侦查工作的最高人民检察院将本案指定给江苏省检察机关侦查办理，① 在指定管辖后，“慕马大案”很快取得了突破性进展。② 此后，职务犯罪指定管辖逐渐在“高官”③ 职务犯罪案件办理过程中推广开来④，并扩展到厅局级甚至部分县处级干部职务犯罪案件的办理。⑤

再次，监察指定管辖的适用，需要能够提高监察工作效能和协调司法衔接。从本案的案件办理流程看，被调查人被监察立案后，2018 年 8 月 24 日监察留置，2018 年 9 月 30 日就已移送检察机关，被东宁市检察院取保候审，监察调查工作效能较高。上级监察机关在选择被指定监察机关时，在考虑案件办理公平公正的基础上，还会综合考量被指定监察机关监察工作能力，所以被指定的监察机关一般都是监察工作能力较强、综合素质较高的监察机关。由其负责被指定案件的查办，能够在确保案件办理公正性的基础上快速地突破案件，提高监察工作效能。

---

① 慕马大案是指辽宁省原副省长慕绥新和沈阳市原常委副市长马向东腐败犯罪一案，该案涉及总人数达 100 多人，涉及厅局级干部 4 人，副部级干部 1 人，涉案金额更是巨大，在当时社会影响极大。在案件的办理过程中，马向东妻子沈阳医学院副院长（第二附属医院院长）章亚非利用其自身及马向东的影响力，阻挠办案，当时沈阳多名司法工作人员参与其中，包括时任沈阳市人民检察院检察长刘实等多人，严重影响了案件办理的进度。参见赵秉志、彭新林：《我国当前惩治高官腐败犯罪的法理思考》，载《东方法学》2012 年第 2 期，第 91 页。

② 参见职务犯罪案件研究课题组：《检察机关职务犯罪案件管辖的弊病与重构》，载《政治与法律》2012 年第 10 期，第 157 页。

③ 在我国的公职人员序列中，高官主要是指副部级以上官员，具体包括各省、自治区、直辖市省级党委正副职、省级政府部门正副职、省级人大和政协正副职等，以及同级别的国有企业和军队部门负责人。参见《中共中央、国务院关于高级干部生活待遇的若干规定》（中发〔1979〕83 号，现行有效）。

④ 参见卞建林、桂梦美：《腐败犯罪诉讼管辖现状与制度完善》，载《人民检察》2015 年第 13 期，第 26 页。其他学者也提出了相似的观点。参见张云霄、蒋小平、廉彪：《职务犯罪侦查指定管辖制度完善之探析》，载《西南政法大学学报》2016 年第 4 期，第 49 页。

⑤ 参见蔡元培：《刑事诉讼变更管辖问题研究——基于京、新、苏三地实证调查》，载《中国刑事法杂志》2013 年第 12 期，第 65-66 页。

同时，一般监察案件指定基层监察机关办理，还有协调与司法机关衔接的因素。被上级监察机关的指定管辖也是对其管辖范围内监察资源的有效整合。大多数监察案件被调查人所涉案件量刑为无期徒刑以下，根据我国审判机关的分级管辖原则，刑期在无期徒刑以下的案件由基层法院审理。在刑事案件同级移送原则的要求下，这就要求同级监察机关调查、同级检察机关审查起诉。所以，为了提高监察效能，减少案件移送环节，牡丹江市监察机关接到指定管辖决定后，进一步将本案指定给基层的东宁市监察委办理，此后案件由东宁市检察院审查起诉、东宁市法院依法审理。

本案是监察指定管辖的典型案件，通过对本案管辖方式的梳理，可以清晰地了解我国监察指定管辖的适用条件和影响因素，更加直观地了解监察指定管辖的运行方式。

3. 以派驻（派出）管辖为支点

派驻（派出）管辖作为特殊管辖的一个重要部分，区别于一般级别管辖。一般级别管辖权是通过人大法定程序而产生的，是由监察委员会直接实施的；派驻管辖是通过监察委员会的授权而实施的。虽然派驻机构经授权可行使监督调查处置职权，但这种管辖职权是不完整的，只能在派出机关的授权范围内行使，不具备一级监察机关的所有法定职权。一般情况下一些特定的监察调查职权，如职务犯罪调查处置职权，就没有赋予一些派驻机构管辖，这些派驻机构仅被授予职务违法的初步核实职权和线索收集权。[①] 因而从整体上看，派驻机构的管辖发挥的是监察"探头"作用，是国家监察体制的重要支点，也是对公职人员和履行公职有关人员监察全覆盖的前沿阵地。为强化对派驻机构的管理和职能，2018 年 6 月中央纪委、国家监委下发通知，确认纪委监委派驻机构合署

① 《监察法事实条例》第 13 条规定，派驻或者派出的监察机构、监察专员根据派出机关授权，按照管理权限依法对派驻或者派出监督单位、区域等的公职人员开展监督，对职务违法和职务犯罪进行调查、处置。监察机构、监察专员可以按规定与地方监察委员会联合调查严重职务违法、职务犯罪，或者移交地方监察委员会调查。未被授予职务犯罪调查权的监察机构、监察专员发现监察对象涉嫌职务犯罪线索的，应当及时向派出机关报告，由派出机关调查或者依法移交有关地方监察委员会调查。

办公机制，明确中央纪委、国家监委领导对其负责，享有纪律检查和国家监察双重管辖权。[①] 中共中央办公厅于2018年10月印发党中央《关于深化中央纪委国家监委派驻机构改革的意见》，明确了派驻机构管辖的职责权限和改革方向，指明了派驻机构的管辖对象为在驻单位所有行使公权力的公职人员和有关人员，重点监督在驻单位领导班子和中层领导[②]，依法履行派出机关赋予的纪律检查和监察职权，强化了监督的刚性。[③] 中国共产党第十九届中央纪委四次全会工作报告，明确对派驻机构工作制度的继续改革，并将此作为2020年持续深化纪检监察体制改革的重点工作之一。[④] 2021年7月颁布实施的《监察法实施条例》，更是将派驻监察管辖机构的职权进一步明确，具体并以监察解释的方式加以规范化和法律化。[⑤] 经过不断改革和强化，中央纪委、国家监委已实现对100多家中央一级党和国家机关的纪检监察派驻全覆盖。[⑥] 在地方上，各级监察机关也已依法向党和国家机关及国有企事业单位派驻（派出）纪检监察机构或监察专员，自上而下的派驻全覆盖业已完成。派驻纪检监察机构经过短暂的调整磨合之后，现已充分发挥其“探头”作用，将“派”的权威和“驻”的优势充分发挥出来。仅2019年一年，全国纪检监察派驻机构就共处置问题线索27.5万件，对监察对象谈话函询8.3万人次，初步核

---

① 派驻机构名称统一为中央纪律检查委员会国家监察委员会派驻纪检监察组。参见《中央纪委国家监委统一设立派驻机构》，载中央纪委国家监委网站：http：//www. ccdi. gov. cn/toutiao/201806/t20180620_ 174120. html.，最后访问日期：2019年12月28日。

② 领导班子及中层领导是指驻在单位党委党组成员及正副职领导，以及内设机构或直属单位领导，对于中央各部委及中央直属机构而言，是指中央组织部管理干部及厅局级以上干部。参见中共中央纪律检查委员会、中华人民共和国国家监察委员会法规室编：《〈中华人民共和国监察法〉释义》，中国方正出版社2018年版，第100-101页。

③ 参见朱基钗：《健全党和国家监督体系的重要内容——聚焦深化中央纪委国家监委派驻机构改革》，载新华网：http：//www. xinhuanet. com/politics/2018-11/01/c_ 1123649863. htm.，最后访问日期：2019年12月6日。

④ 参见赵乐际：《坚持和完善党和国家监督体系为全面建成小康社会提供坚强保障——在中国共产党第十九届中央纪律检查委员会第四次全体会议上的工作报告》，载《人民日报》2020年2月25日，第3版。

⑤ 参见《监察法实施条例》第12、13条。

⑥ 参见朱基钗：《健全党和国家监督体系的重要内容——聚焦深化中央纪委国家监委派驻机构改革》，载新华网：http：//www. xinhuanet. com/politics/2018-11/01/c_ 1123649863. htm.，最后访问日期：2019年12月6日。

实案件21万人次，监察立案案件达6.6万件，监察处分人员5.9万人次，参与查处中央一级党和国家、国有企业金融单位干部达59人，派驻工作成绩斐然。[①] 案例3则清晰地表明了派驻管辖对在驻单位监察管辖的重要作用。

派驻（派出）监察机构设置示意图如图4-2所示。

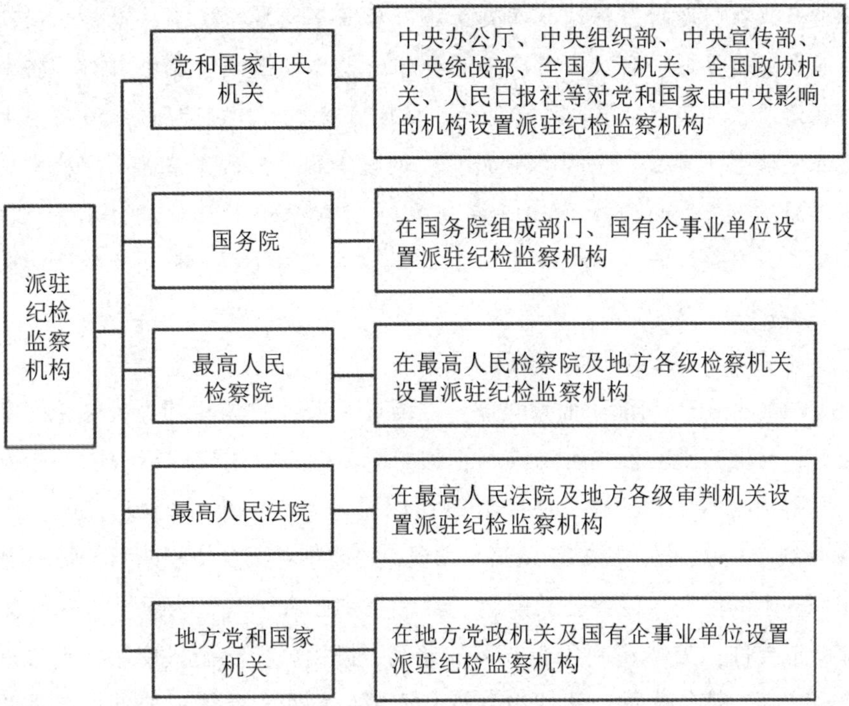

图4-2 派驻（派出）监察机构设置示意图

案例3：张××系国家××部机关文印室会计，2001年至2017年期间，张××利用其会计职务的便利，以支出而不记账的方式，多次转移单位资金，同时通过收入不记账的方式，或者虚列单位支出的方式进行平账，先后侵吞该部委公款多达647.7325万元。2003年至2017年间，张××利用职务上的便利，挪用单位公款589.1685万元归个人使用，超过三个月未还。2018年4月，部里机构改革，进行清产核资，张××涉嫌贪污、挪

① 参见兰琳宗：《学报告抓落实 健全派驻机构与地方纪委监委协作机制》，载中央纪委国家监委网站：http：//www.ccdi.gov.cn/yaowen/202003/t20200306_212936.html.，最后访问日期：2020年5月30日。

用公款的犯罪事实被发现。后张××于2018年5月2日，向其部门负责人主动交代，其自2017年1月起共挪用公款约570万元，已退还200万元的事实。2018年6月19日，该部纪检组工作人员在北京市监察委办案区对张××涉嫌职务犯罪问题进行了调查谈话。在谈话过程中，张××如实交代了其挪用单位公款及贪污单位公款的犯罪事实。纪检组在了解张××涉嫌职务犯罪问题后，将这一问题上报。后国家监察委发函将案件交由北京市监察委办理；北京市监察委收到国家监委问题线索交办书后，将本案指定北京市西城区监察委管辖，西城区监察委于2018年6月19日对本案立案调查并对张××采取留置措施。调查终结后，该案移送北京检察院第二分院审查起诉，并于2018年9月26日对张××执行逮捕，北京市检察院二分院起诉后，2019年3月22日北京市第二中级人民法院依法对张××作出刑事判决。[①]

派驻管辖方式在本案中的适用：

（1）张××是否属于监察对象。被调查人张××是国家部委机关文印室会计，对文印室的公共财物具有管理职能，其履行职权的行为能够影响公共财物的使用和增减，所以其行使职权的行为即为对公权力的行使。张××属于《监察法》第15条第5款规定的监察对象。任职期间，张××利用职务上的便利，侵吞公共财物，数额特别巨大，其行为符合贪污罪犯罪构成要件；张××还利用职务上的便利，挪用公款归个人使用，超过三个月未还，情节严重，其行为又符合挪用公款罪犯罪构成要件，涉嫌两种罪名的职务犯罪。依据《监察法》第3条的规定，张××犯罪问题应由监察机关管辖。

（2）结合本案对派驻管辖适用进行分析。派驻或派出监察机构、监察专员由派出它的监察机关直接领导和统一管理，其是派出监察机关的组成部分，不是被派驻单位的组成部分。[②] 派驻或派出机构、派驻专员的管辖权限由派出监察机关授权，并在授权范围内履行监督、调查和处置

---

① 参见××市××人民法院（2019）京02刑初1号刑事判决书。

② 参见《关于深化中央纪委国家监委派驻机构改革的意见》，载新华网：http：//www. xinhuanet. com/politics/2018-10/30/c_ 1123637158. htm.，最后访问日期：2019年11月29日。

的监察职责。监察派驻（派出）机构或监察专员，一般设置在被监察对象所在组织或区域内，其管辖职能融入到监察对象的日常工作中，对监察对象所在行业或专业的运行有较为清晰的了解，可以及时发现问题，做到“早发现，早治理”。故派驻（派出）管辖能够有效地提高监察效能，是派出监察机关管辖职能的有效补充。本案中派驻纪检组设置在部委机关，具有对部委机关工作人员的日常监督权，所以该部纪检组有权对张××的违法犯罪问题进行调查谈话。但是，本案案发时为 2018 年 5 月，派驻监察机构与派驻纪检机构尚未合署，派驻纪检组不具备职务违法犯罪的调查权，所以其将本案线索上报至其派出机关中央纪委并移送国家监委，后国家监委将本案交由北京市监察委办理。后北京市监察委将本案指定西城区监察委办理。该案调查终结后，本案由北京市人民检察院第二分院审查起诉，北京市第二中级人民法院依法审理。

通过对本案的分析，结合《监察法》对派驻管辖的规定，派驻管辖的适用需要注意以下几个方面的因素：

首先，派驻管辖是由派驻监察机构行使的。监察机关的派驻（派出）管辖制度，起源中国共产党的党内派驻纪律检查制度，承继于我国的行政监察派驻制度，反映了党内纪律检查与国家监察合署办公的必然要求，是我国当前腐败治理的经验总结和复杂情形的现实需要。① 派驻管辖制度

① 参见过勇：《中国纪检监察派驻制度研究》，载《国家行政学院学报》2014 年第 2 期，第 113-114 页。

是国家监察权力的自然延伸。同时，契合“嵌入性理论”① 的治理需求。监察制度与国家治理的其他制度，都是国家治理中的附属系统或子网络，只有与其他系统或网络密切互动，才能有效地发挥监察职能，共同维护国家秩序的有序健康发展。所以，派驻管辖的优势只有将其设置在被监督机关，充分行使派出机关的“探头”作用，才能充分发挥派驻管辖的效能。

其次，派驻管辖依授权行使监察权限。《管辖规定（试行）》第 8 条，明确了国家监委派驻中央机关纪检监察组的管辖范围，即监督在驻单位领导班子和公职人员的履职行为，发现在驻单位中央组织人事部门管理干部存在问题的要及时上报中央纪监委和国家监委。第 27 条明确规定，国家监委授权派驻纪检监察组，对派驻单位非中央组织人事部门管理的厅局级干部及其他公职人员拥有调查权，并允许派驻机构可以与北京市监察机关联合办理此类案件。第 29 条明确规定，工作地点在地方而干部管辖权限在主管单位的公职人员涉嫌职务违法犯罪的，监察机关派驻该单位的纪检监察组具有调查管辖权限。② 结合本案，本案因纪检组不具有监察调查权，国家监委收到案件线索后指定北京监察委办理。实践中，大多数国家部委派驻纪检监察组直接调查的职务犯罪案件也是与北

① 经济社会学中的“嵌入性”（embedment）概念最早由英国学者卡尔·波兰尼提出，他提出社会学中的“嵌入”一词是指人类经济关系是隐藏在社会关系中的……经济关系是嵌入于社会关系中的……在互惠原则占主导地位的情形下，交易行为是嵌入在囊括信任和信赖的长期关系中的，这种社会关系能够有效消除交易的对立性……。简而言之，市场经济是附属于社会关系之中的。参见［英］波兰尼：《大转型：我们时代的政治与经济起源》，冯钢、刘阳译，浙江人民出版社 2007 年版，第 50、53 页。后来格兰诺维特（Granovetter）将波兰尼的嵌入性的观点进一步发展，他指出嵌入性的本质在于，人是嵌入在具体的、连续运行的社会关系中的参与和行动者，建立在此基础上的亲朋关系以及基于信任的其他友好关系组成了社会网络，而这种社会网络维系着经济关系和经济制度的运行。即经济或非经济的参与者间形成社会关系，社会关系进又能影响经济运行或经济制度，进而影响人的行为或决策；此后，Abolafia 于 2001 年提出了制度嵌入性理论，用以指组织与制度环境之间的关系，提出制度与组织相互影响，制度嵌入性有利于组织有效获取外部资源信息，但同时也会受到所嵌入制度的制约和影响。参见杨玉波、李备友、李守伟：《嵌入性理论研究综述：基于普遍联系的视角》，载《山东社会科学》2014 年第 3 期，第 172-175 页。

② 《监察法实施条例》第 49 条规定，工作单位在地方、管理权限在主管部门的公职人员涉嫌职务犯罪的职务违法和职务犯罪，一般由驻在主管部门、有管辖权的监察机构、监察专员管辖；经协商，监察机构、监察专员可以按规定移交公职人员工作单位所在地的地方监察委员会调查，或者与地方监察委员会联合调查。

京市监察委联合办案的，这是因为根据刑事案件同级移送原则，派驻纪检监察组调查终结后，移送同级检察机关审查起诉，检察机关审查后再将符合起诉条件的案件起诉至同级审判机关。派驻纪检监察组没有对应的检察机关，所以派驻纪检监察组在办理职务犯罪调查案件中会与地方监察机关联合办案，方便调查终结后的刑事诉讼衔接。为保障被调查人的诉讼权利，北京市监察委收到交办线索后，将案件指定西城区监察委办理。案件调查终结后，依法被移送北京市检察院第二分院，由其负责案件的审查起诉工作。由于派驻纪检监察机构的权限授予特征，非垂直管理中央机关的派驻纪检监察组，依法仅有权对本级单位中的公职人员或履行公职的有关人员进行监督，与派驻单位在省级、地市级、县级行政区划中派驻纪检监察机构不是领导关系，只是业务上的指导关系，所以派驻单位在省、市、县级的派驻纪检监察机构由其本级纪检监察机关派出，并由其领导和管理。①

最后，监察监督是派驻管辖的主要职能，而且派驻机构的管辖职能一直在强化②。以驻商务部纪检监察组 2018 年工作情况为例，其综合监督对象为商务部、贸促会 2100 多名公务员。2018 年 1 至 7 月份，自办问题线索 36 件，立案 5 件，处分 5 人，谈话函询、诫勉谈话 23 人，对 4 名厅级干部给予党内严重警告或者警告处分。③ 与驻商务部纪检监察组相似，仅 2018 年 1 至 8 月份，驻农业农村部纪检监察组，就已查处“四风”问题 23 起，对 15 名厅级领导干部给予党纪处分，对 11 名厅级和 4 名处级领导干部进行了组织处理，对 13 起 24 人次综合监督单位的“四风”问题进行通报。④ 可见，派驻监察机构充分发挥其对嵌入在驻单位的

---

① 参见过勇：《中国纪检监察派驻制度研究》，载《国家行政学院学报》2014 年第 2 期，第 114 页。

② 如中央纪委国家监委驻民政部纪检监察组主要职责中，就明确规定了该派驻纪检组的日常监督、调查监督单位非中央管理的司局级以下公职人员的职务违法和职务犯罪案件等相关职责。参见中央纪委国家监委驻民政部纪检监察组网站：http：//preview. zbjjz. mca. gov. cn/article/zzjg/201607/20160700884586. shtml.，最后访问日期：2020 年 8 月 14 日。

③ 参见李仰哲：《牢牢把握“两个维护”根本政治任务 把全面从严治党贯穿商务发展全过程》，载《中国纪检监察》2018 年第 18 期，第 10-11 页。

④ 参见张国栋：《增强派驻监督实效 更好发挥“探头”作用——党的十九大以来中央纪委国家监委派驻监督工作综述》，载《中国纪检监察》2018 年第 22 期，第 10 页。

优势，充分了解在驻单位的工作运行，及时发现问题及时处置，将一些苗头性、倾向性问题在萌芽时期发现处置，防止其发展、恶化，侵害国家和人民的合法权益，时刻保持反腐败的高压态势，以处置的及时性和威慑力确保在驻单位工作人员“不敢腐”和“不想腐”，通过监督的针对性，有效填补制度漏洞，确保在驻单位工作人员“不能腐”。

4. 以管辖争议解决为补充

在一般监察管辖和特殊监察管辖的适用中，职务犯罪被调查人大多因多地为官、权涉多个领域、犯罪行为连续、涉及多个地域、涉嫌多个罪名等而可能出现管辖争议。需要上级监察机关协调解决，管辖争议解决作为监察管辖的兜底性措施，成为监察全覆盖的重要补充。

管辖争议是在《监察法》中有明确规定。《监察法》第 16 条第 3 款指出：“监察机关之间对监察事项的管辖有争议的，由其共同的上级监察机关确定。”这是关于两个或两个以上的监察机关之间对于某一项监察事项的管辖存在争议，该如何处理并最终确定管辖主体的问题。

由于监察所涉及的对象以及事项本身具有一定程度的复杂性，监察管辖交叉、重叠或者管辖不清的情况可能会时有发生。为了避免因为管辖争议而引发不同监察机关之间的管辖争抢或推诿现象，保证各级监察机关能够有效履行自己的职责，并相互协调配合。《监察法》明文规定管辖争议的处理原则：两个或者两个以上监察机关发生管辖争议之后，应当就争议的监察事项提交共同的上级监察机关确定，由该上级监察机关确定由哪一个监察机关管辖；如果管辖争议发生在不同省份的监察机关之间，则应提交国家监委确定。根据法条的文义进行解释“共同的上级监察机关”是指，对发生管辖争议的两个或者两个以上的监察机关都有领导关系的监察机关。因为监察机关实行的是垂直领导，如同一省的两个地市级监察机关的共同上级监察机关，是该省的省级监察机关；两个县级监察机关，如分属同一省内的两个不同地市，其共同的上级监察机关还是该省的省级监察机关。[①]

① 中共中央纪律检查委员会、中华人民共和国国家监察委员会法规室编：《〈中华人民共和国监察法〉释义》，中国方正出版社 2018 年版，第 117 页。

（三）特殊监察管辖的价值

1. 特殊监察管辖的基本价值

特殊监察管辖的基本价值是有利于监察全覆盖。作为一般监察管辖的补充，弥补了一般管辖的不足，确保了监察管辖的全覆盖，不留管辖的盲点和空白，实现对所有公职人员（公权力行使人员）的监察监督。

一般监察管辖是监察管辖制度运行的基础，能够满足日常监察工作的管辖需求。但在监察机关监察范围的广泛性、监察事项的多元性，不可避免地会出现一些特殊的案件情形。在这种情况下，一般监察管辖原则适用较为困难，需要特定管辖方式的适用来确保监察管辖不留死角。并且，特殊监察管辖能够发挥其“特殊”的优势，与一般监察管辖实现优势互补，强化监察全覆盖的效能。

以派驻管辖为例，派驻管辖在派出机关的领导和授权下开展监察工作，深入在驻机关的监察工作第一线，能够及时发现在驻单位及其行使公职人员存在的问题，实现监察管辖关口的前移，有效运用“四种形态”，落实抓早抓小，强化了职务犯罪预防工作。而且，监察派驻机构或监察专员深入在驻单位工作的第一线，对一些专业性的工作或行业运行有较为清晰的了解，弥补了监察机关监察工作人员对特定工作或行业专业性知识欠缺的短板，是对全面强化监督监察的有益补充，能够有效地提高监察工作效率，节省监察监督工作执行成本。

2. 特殊监察管辖的核心价值

特殊监察管辖的核心价值是有利于突破重大疑难复杂案件。实践中，重大疑难复杂案件难以突破的一个重要因素，就是被调查人关系网对案件办理的干扰和影响。职务犯罪被调查人在其工作地或居住地的影响力，能够对腐败案件的办理产生明显的影响，其利用工作职务或私人关系，能够在其犯罪行为地形成盘根错节的“保护网”，而这个“保护网”就是一个利益的共同体，如果其中一人的腐败行为案发，则关系网中的组成人员都会受到相应的惩处。所以，为了逃避惩处，违法犯罪行为人关系网中的成员会尽力地干扰阻挠案件的办理，防止罪行败露，这会严重影响职务犯罪侦办机关公平公正地办案。同时，我国是一个典型的“人情社会”①，被调查人盘根错节社会关系网，可能还会与部分办案人员或办案机关的存在一定的利益关系，甚至会引发办案人员或办案机关的回避。② 在这一情形下，由被调查人单位所在地或居住地监察机关进行查办，不但影响案件查办的效率，而且监察调查结果的公正性也会受到质疑。为了打破上述监察案件办理的困境，《监察法》规定了一些特殊的管辖方式，帮助监察机关履行管辖权。

以提级管辖为例，《监察法》第 17 条第 2 款规定，下级监察机关在其权限范围内履行职权的过程中，发现某些案件超出其办案能力或存在不宜由其进一步办理的情形，可以申请上级监察机关提级管辖。下级监察机关报请提级管辖的情形包括三种：下级机关认为案件重大、复杂，已经不适宜由其管辖，需要由上级机关直接办理的；下级监察机关基于公平公正等考虑认为不宜由其管辖的；以及其他原因需要上级监察机关管辖的重大复杂监察事项。③ 可以看出，上级监察机关决定提级管辖的因素，主要是为了维护监察案件办理的公平公正、维护监察机关案件办理的权威性和公信力。而且，当前某些特定案件的案情复杂程度和对办案人员办案水平的要求，确实已经超出了下级监察机关的办案能力，如某些“小官巨腐”案件涉案金额巨大，涉案人员较多，从提升监察案件办理效能和节省执法成本的角度，将案件交由上级监察机关办理也较为妥当，这也是全国监察机关监察工作统一领导的具体体现。所以，提级管辖、指定管辖等特殊管辖方式的适用，能够将被调查人社会关系的影响力降到最低，快速突破上述疑难复杂的案件。

---

① 费孝通先生将我国公众的社会行为方式概括为差序方式（差序格局），即典型的中国人的人际关系会像石头投到水中后形成的水纹一样，由亲到远的逐渐扩散，并以此形成不同的圈子；不同的圈子之间适用不同的关系规则；而这些圈子会形成一个社会网，我国的社会结构就是由这些社会关系网不断的重叠交错而形成，而每个人就是这一个个社会关系网的中心。参见费孝通：《乡土中国·生育制度·乡土重建》，商务印书馆 2011 年版（2017 年 6 月重印），第 25-32 页。

② 《监察法》第 58 条规定，监察工作人员因与其办理案件当事人具有亲属或利害关系以及具有可能影响监察事项公平公正办理的需要进行回避。

③ 参见中共中央纪律检查委员会、中华人民共和国国家监察委员会法规室编：《〈中华人民共和国监察法〉释义》，中国方正出版社 2018 年版，第 116-117 页。

3. 特殊监察管辖的重要价值

特殊监察管辖的重要价值就是有利于监察权协调运转。我国的疆域广阔，各地的经济社会发展不一致，且各地监察机关的人员配置和技术装备的配置不一致，甚至一个省级或地市级的行政区划内，下级监察机关之间的人员配置和技术力量就有很大的差距。同时，经济社会发展状况的不一致，还影响到各地监察机关的案件数量和工作压力。[①] 为确保监察权的协调运转，需要对各级监察机关的管辖能力和人员力量进行协调，确保各级监察机关管辖力量的均衡，进而可以有效行使监察权，及时发现问题，及时治理。这也是腐败治理客观规律的必然要求，因为对腐败行为的惩治，重点不在于刑罚的严酷程度，而在于腐败行为发现的及时性和有效性[②]，所以要求我国监察机关在监察权有序运行的基础上，不断强化运用“四种形态”，抓早、抓小，运用各种管辖方式综合治理腐败，以应对依然严峻的反腐败工作形势。

监察管辖制度设立的初衷，即明确监察事项的范围与责任机关（主体），及监察机关内部在办理监察事项的过程中的权限分工，确保监察权的有序运行。管辖权的确定关系到监察程序能否启动，及监察程序启动后调查活动能否有效高速地进行。所以，具体到管辖职责上，要求监察机关，积极履行其监察管辖职权，对监察事项既不能争相办理也不能互相推诿而留存监督盲点，致使腐败行为无人监管，形成监察权有序运行的阻碍。对存在争议的监察事项，由上级监察机关确定具体的承办监察机关，确保腐败行为存在必查，违法犯罪必究，保持腐败惩治的高压态势，维护监察机关腐败治理的权威性和公信力。这其中作出指定管辖决

---

① 以湖南省和浙江省监察机关 2018 年监察案件的办理为例，湖南省 2018 年共监察立案 29429 件，立案审查省管干部 96 人。参见蒋伟：《一图读懂湖南省十一届纪委四次全会工作报告》，载三湘风纪网：http：//www. sxfj. gov. cn/news/10987292. html. ，最后访问日期：2019 年 12 月 31 日。而浙江省 2018 年共监察立案 17544 件，其中地厅级 52 人、县处级 490 人。参见《任振鹤在省纪委十四届四次全会上的工作报告》，载浙江省纪委省监委网：http：//www. zjsjw. gov. cn/ch112/system/2019/02/22/031473213. shtml. ，最后访问日期：2019 年 12 月 31 日。可见各地区的因经济社会情况的不一致，案件办理数量存在较大的差异。

② 意大利著名法学家贝卡利亚曾说过，对于犯罪最有效的约束力不是刑罚的严酷性，而是刑罚的必定性。参见［意］切萨雷·贝卡利亚：《论犯罪与刑罚》，黄风译，中国方正出版社 2004 年版，第 57 页。

定的上级监察机关，是指存在管辖争议的监察机关的共同的上级监察机关，即如果这两个监察机关是在一个地市级行政区划内，则由对二者享有管辖权的地市级监察机关指定；如果二者不在一个地市行政区划内，则有对二者享有管辖权的省级监察机关指定；如果二者所在地在不同的省级行政区划内，则由国家监委进行指定，以确定最终的管辖机关。

在此基础上，我国各级监察机关形成上级领导、下级具体承办，集提级、交办、督办、多监察机关或其工作人员联合调查的职务犯罪调查于一体的一元化模式①，在一定范围内有效地整合力量，集中优势人员和技术装备力量突破大案、疑难案件，优化监察机关监察资源的配置，进而形成“帕累托改进”② 的监察事项办理状态，破解地区间案件数量分布不均和人员素质强弱不一的现状③。推动监察权的协调运转，不断赢得人民群众对监察机关办案的支持和信任，并积极行使群众监督权配合监察机关办案，形成职务违法犯罪行为治理的良性互动状态。

① 一元化调查模式即为将监察事项的管辖权在国家监察委员会统一领导的监察机关内部进行科学有效的划分，优化监察人员和监察装备的合理配置。参见史立梅：《论“一元侦查机制”下职务犯罪案件的侦查管辖》，载《河南大学学报（社会科学版）》2012 年第 3 期，第 52 页。

② 帕累托改进是一种资源配置改变的方式，具体指在没有任何人因为配置的改变而受到损害，并且至少有一个人因此而得到好处。这种改进也当然包含所有人因为配置的改变而获得好处。参见张维迎：《经济学原理》，西北大学出版社 2015 年 8 月版，第 294 页。

③ 参见李义凤：《省直管县改革背景下司法管辖制度的完善》，载《河南社会科学》2016 年第 4 期，第 26 页。

第五章　监察管辖事项

监察管辖事项是指监察管辖对象所涉监察事项。依据《监察法》的规定，监察所涉事项包括三个方面：①对公职人员开展廉政教育，对其依法履职、秉公用权、廉洁从政从业以及道德操守情况进行监督检查。②对涉嫌贪污贿赂、滥用职权、玩忽职守、权力寻租、利益输送、徇私舞弊以及浪费国家资财等职务违法和职务犯罪进行调查。③对违法的公职人员依法作出政务处分决定：对履行职责不力、失职失责的领导人员进行问责；对涉嫌职务犯罪的，将调查结果移送人民检察院依法审查、提起公诉；向监察对象所在单位提出监察建议。① 从上述事项可以看出，监察管辖事项涵盖监督、调查、处置三项职责。

监督作为监察机关的第一职能②，其不仅是监察工作的首要任务，而且是监察管辖的首要任务。具体而言，监督管辖事项，是指监察机关对监察对象依法履职、廉洁从政从业和道德操守等方面的内容的监督检查。调查管辖事项，是指监察机关对监察对象涉嫌的职务违法和职务犯罪问题的调查核实。因涉及对共同犯罪行为人的调查，所以调查管辖对象涉及的范围要大于监督管辖对象，且监察调查具有强制性，并通过强制性保障监督管辖的有效适用，在监督管辖和处置管辖之间起到承接作用，对监督管辖发现的职务违法犯罪问题进一步核实，为处置管辖打下基础，提供事实依据。处置管辖事项，是指监察机关依据调查结果，对情节轻微不需要处分被调查对象进行谈话提醒、批评教育等，对轻微违法的对

---

① 参见《监察法》第 11 条。

② 参见钱小平：《监察委员会监督职能激活及其制度构建——兼评〈监察法〉的中国特色》，载《华东政法大学学报》2018 年第 3 期，第 39 页。

被调查对象给予政务处分，对失职失责领导人员进行追责，将涉嫌犯罪被调查人移送审查起诉，对被调查人所在单位提出监察建议等方面的内容。处置管辖具有复合性、强制性和处罚性，通过对部分违反行为规范和违法行为进行处罚，并可强制被处置对象履行处置决定。处置管辖作为监察工作的最后一个环节，通过对此前监督、调查案件的处置和处理措施的强制执行，维护了监察工作的实效性，强化了监察工作的威慑力，对腐败的综合治理提供保障。一般监察管辖的主要工作，即监察监督，所以监督管辖事项，包含廉政教育、监督谈话和监督检查等内容，在一般监察管辖部分，已经进行了说明和辨析，本章将着重对监察调查管辖事项和处置管辖事项进行分析。

一、调查管辖事项

调查管辖事项是指对监察对象涉及的职务违法和职务犯罪问题的管辖。《监察法》第 11 条第 2 款，将监察机关调查管辖案件的范围限定为职务违法和职务犯罪案件。[①] 中央纪委国家监委制定的《公职人员政务处分暂行规定》（以下简称《政务处分暂行规定》），第十三届全国人大常委第十九次会议通过的《中华人民共和国公职人员政务处分法》（以下简称《政务处分法》），中央纪委国家监委制定的《管辖规定（试行）》《监察法实施条例》等与《监察法》配套的法律法规，对监察管辖的职务违法和职务犯罪行为进行了列举式界定。职务违法包括政治类违法行为、组织类违法行为、廉洁类违法行为、失职渎职、违反道德操守等方面的 49 种行为，职务犯罪包含贪污贿赂类 19 个罪名、滥用职权类 18 个罪名、玩忽职守类 11 个罪名、徇私舞弊类 15 个罪名、公职人员重大责任事故类 12 个罪名、公职人员行使职权过程中触犯的其他类共 17 个罪名。[②] 同时，《刑事诉讼法》第 19 条第 2 款规定，检察机关在对诉讼活动实行法律监督中发现的司法工作人员利用职权实施的非法侵害公民权利和损害司法公正的犯罪，可以由人民检察院立案侦查。结合《监察法》第 11 条第 2

① 具体类别为，贪污贿赂类、滥用职权类、玩忽职守类、徇私舞弊类及浪费国家资财等。

② 参见《管辖规定（试行）》第 12-17 条；《监察法实施条例》第 26-31 条。

款的规定，可知这部分职务犯罪的管辖权由监察机关与检察机关共享。

(一) 调查管辖的适用范围

可以看出，与公职人员职务行为相关的罪名，均已被囊括在监察机关的管辖范围，弥补了改革前职务犯罪侦查机关管辖案件范围相对较窄的弊端，将职务违法犯罪案件统一归口，由监察机关专属管辖。而且与改革前相比，监察管辖案件范围从轻微违法到涉嫌犯罪，实际上是对此前行政监察和职务犯罪刑事侦查的整合。据此，监察机关对公职人员违法犯罪行为的监察横跨轻微违法、一般违法到涉嫌犯罪，这些都是监察机关的调查管辖事项的范围。

1. 调查管辖的违法行为

依据《监察法》第11条、45条及辅助《监察法》适用的《政务处分法》的相关规定，监察机关调查管辖的违法行为包括以下种类和内容：

表5-1　调查管辖的违法行为统计

种类	内容	《政务处分法》对应条款
政治类违法行为	①散布有损宪法权威、中国共产党领导和国家声誉的言论的；②参加旨在反对宪法、中国共产党的领导和国家的集会、游行、示威等活动的；③拒不执行或者变相不执行党和国家的路线方针政策、重大决策部署的；④参加非法组织、非法活动的；⑤挑拨、破坏民族关系，或者参加民族分裂活动的；⑥利用宗教活动破坏民族团结和社会稳定的；⑦在对外交往中损害国家荣誉和利益的	第28条
	①利用宗族或者黑恶势力等欺压群众的；②纵容、包庇黑恶势力活动的	第37条

续表

种类	内容	《政务处分法》对应条款
组织类违法行为	①不按照规定请示、报告重大事项；②违反个人有关事项报告规定，隐瞒不报的；③篡改、伪造本人档案资料的	第29条
	①违反民主集中制原则，个人或者少数人决定重大事项，或拒不执行、擅自改变集体作出的重大决定的；②拒不执行或者变相不执行、拖延执行上级依法作出的决定、命令的	第30条
	①违反规定出境或者办理因私出境证件的；②违反规定取得外国国籍或者获取永久居留资格、长期居留许可的	第31条
	①在选拔任用、录用、考核、晋升等干部人事工作中违反有关规定的；②弄虚作假，骗取职务、职级、职称、待遇、资格、学历等，或其他利益的；③对依法行使批评、控告、检举等权利的行为进行压制，或打击报复的；④诬告陷害，意图使他人受到名誉损害，或责任追究等不良影响的；⑤以暴力、威胁、贿赂、欺骗等手段破坏选举的	第32条
廉洁类违法行为	①贪污贿赂的；②利用职权或职务上的影响，为本人或他人谋取私利的；③纵容、默许特定关系人利用本人职权或职务上的影响谋取私利的	第33条
	①收受可能影响公正行使公权力的礼品、礼金、有价证券等财物的；②向公职人员及其特定关系人赠送可能影响公正行使公权力的礼品、礼金、有价证券等财物，或接受、提供可能影响公正行使公权力的宴请、游泳、健身、娱乐等活动安排的	第34条
	①违反规定从事或者参与营利性活动；②违反规定兼任职务、领取取酬的	第36条

续表

种类	内容	《政务处分法》对应条款
工作类违法行为	①违反规定设定、发放薪酬或津贴、补贴、奖金的；②违反规定，在公务接待、公务交通、会议活动、办公用房以及其他工作生活保障等方面超标准、超范围的；③违法规定公款消费的	第35条
失职渎职行为	①违反规定向管理服务对象收取、摊派财物的；②在管理服务活动中故意刁难、吃拿卡要的；③在管理服务活动中态度恶劣粗暴，造成不良后果或者影响的；④不按规定公开工作信息，侵犯管理服务对象知情权，造成不良后果或影响的；⑤其他侵犯管理服务对象利益的行为，造成不良后果或影响的	第38条
	①滥用职权，危害国家利益、社会公共利益或者侵害公民、法人、其他组织合法权益的；②不履行或者不正确履行职责，玩忽职守，贻误工作的；③工作中有形式主义、官僚主义行为的；④工作中有弄虚作假，误导、欺骗行为的；⑤泄露国家、工作秘密，或者泄露因履行职责掌握的商业秘密、个人隐私的	第39条
违反道德操守的行为	①违背社会公序良俗，在公共场所有不当行为造成不良影响的；②参与或支持迷信活动的；③参与赌博的；④拒不承担赡养、抚养、扶养义务的；⑤实施家庭暴力，虐待、遗弃家庭成员的；⑥其他严重违反家庭美德、社会公德的行为；⑦吸食、注射毒品；⑧组织赌博，组织、支持、参与卖淫、嫖娼、色情淫乱活动的	第40条

上述内容即为各级监察机关调查管辖违纪及职务违法事项的内容，行使公权力的人员存在上述行为的，依据其行为的严重性和社会影响力，监察机关依据《监察法》及《政务处分法》的相关规定，给予相应的监察处置，对涉嫌职务犯罪的行为，则进一步调查核实。

2. 调查管辖的犯罪行为

《监察法》第11条第2款，将调查管辖的职务违法和职务犯罪行为划分为七大类，即涉嫌贪污贿赂、滥用职权、玩忽职守、权力寻租、利益输送、徇私舞弊以及浪费国家资财等七类。这七类行为虽是公职人员履职过程中发生频率最高的违法行为，但并非全是《刑法》中列明的犯罪种类，其中贪污贿赂、滥用职权、玩忽职守和徇私舞弊是《刑法》的具体犯罪种类①，另外三类行为则是犯罪的形式、手段和结果表现等，不对应《刑法》中具体的犯罪种类和罪名。

中央纪委国家监委《管辖规定（试行）》，将调查管辖的职务犯罪罪名明确为88个，其中涵盖了非国家工作人员受贿、对非国家工作人员行贿罪、对外国公职人员和国际公共组织官员行贿罪这三种非国家工作人员贿赂犯罪和单位行贿罪与单位受贿罪等单位犯罪，体现了对公权力行使人员的监察全覆盖，表明国家对贪污贿赂行为严厉惩处的立场，形成腐败治理的闭环，确保对公权力运行的监督制约，防止公权力的滥用，塑造风清气正的整体社会环境。

《管辖规定（试行）》《监察法实施条例》规定了调查管辖的具体罪名，但并未规定管辖的具体违法事项。通过对职务违法性的具体情形分析，结合职务犯罪的判断标准，职务违法行为符合刑法犯罪构成要件和立案标准的，就构成职务犯罪，否则属于职务违法行为。依据《管辖规定（试行）》《监察法实施条例》，调查管辖事项具体为以下六大类101个罪名。

（1）贪污贿赂类

贪污贿赂类职务犯罪包括贪污类和贿赂类两类犯罪行为，具体有贪污、挪用公款、私分国有资产、行贿、受贿、介绍贿赂等破坏公务行为廉洁性的行为。《管辖规定（试行）》《监察法实施条例》在此类犯罪中共列举了19个罪名。② 其中，适用最多的是贪污罪和受贿罪。（表5-2）

---

① 参见《刑法》第8、9章。

② 这19个罪名具体为：贪污罪；挪用公款罪；受贿罪；单位受贿罪；利用影响力受贿罪；行贿罪；对有影响力的人行贿罪；对单位行贿罪；介绍贿赂罪；单位行贿罪；巨额财产来源不明罪；隐瞒境外存款罪；私分国有资产罪；私分罚没财物罪；职务侵占罪、挪用资金罪、非国家工作人员受贿罪；对非国家工作人员行贿罪；对外国公职人员、国际公共组织官员行贿罪。

表 5-2　职务犯罪判决中高频罪名分布情况①

			管辖类型 a			总计
			一般管辖	指定管辖	提级（自行）管辖	
高频罪名 a	贪污	计数	38	6	1	45
		占高频罪名的百分比	84.4%	13.3%	2.2%	
		占管辖类型的百分比	28.1%	11.1%	25.0%	
		占总计的百分比	19.7%	3.1%	0.5%	23.3%
	巨额财产来源不明	计数	2	0	0	2
		占高频罪名的百分比	100.0%	0.0%	0.0%	
		占管辖类型的百分比	1.5%	0.0%	0.0%	
		占总计的百分比	1.0%	0.0%	0.0%	1.0%
	受贿	计数	62	25	2	89
		占高频罪名的百分比	69.7%	28.1%	2.2%	
		占管辖类型的百分比	45.9%	46.3%	50.0%	
		占总计的百分比	32.1%	13.0%	1.0%	46.1%
	行贿	计数	5	9	1	15
		占高频罪名的百分比	33.3%	60.0%	6.7%	
		占管辖类型的百分比	3.7%	16.7%	25.0%	
		占总计的百分比	2.6%	4.7%	0.5%	7.8%
	挪用公款	计数	22	4	1	27
		占高频罪名的百分比	81.5%	14.8%	3.7%	
		占管辖类型的百分比	16.3%	7.4%	25.0%	
		占总计的百分比	11.4%	2.1%	0.5%	14.0%

① 笔者以“无讼案例网”（开放法律服务平台）公布的裁判文书为数据来源。在进行案件选择时，以2019年11月1日为截止时间，以“裁判年份：2019”“案由：贪污贿赂罪”“审理程序：一审”“管辖”为检索条件，在无讼案例网共检索出案例395份；以2019年11月1日为截止时间，以“裁判年份：2019”“案由：渎职罪”“审判程序：一审”“管辖”为检索条件，在无讼案例网共检索出案例74份。筛选出因有法定理由不公开内容、2018年3月《监察法》颁布之前审判生效、2018年3月份之前检察机关直接立案并于2018年3月份之后审判生效的判决书，此类判决书与监察管辖制度相关性较弱，本文将其筛选排除。在此基础上，将剩余的210份代表性案例作为分析样本。通过对案例信息的结构化转换，使用数据分析软件SPSS分析后，得出上述表中数据。

续表

			管辖类型 a			总计
			一般管辖	指定管辖	提级（自行）管辖	
高频罪名 a	玩忽职守	计数	12	12	0	24
		占高频罪名的百分比	50.0%	50.0%	0.0%	
		占管辖类型的百分比	8.9%	22.2%	0.0%	
		占总计的百分比	6.2%	6.2%	0.0%	12.4%
	滥用职权	计数	27	11	3	41
		占高频罪名的百分比	65.9%	26.8%	7.3%	
		占管辖类型的百分比	20.0%	20.4%	75.0%	
		占总计的百分比	14.0%	5.7%	1.6%	21.2%
	徇私枉法	计数	3	3	0	6
		占高频罪名的百分比	50.0%	50.0%	0.0%	
		占管辖类型的百分比	2.2%	5.6%	0.0%	
		占总计的百分比	1.6%	1.6%	0.0%	3.1%
总计		计数 b	135	54	4	193
		占总计的百分比	69.9%	28.0%	2.1%	100.0%

百分比和总计基于响应者。
a. 使用了值 1 对二分组进行制表。
b. 因为部分被告人存在数罪并罚的情形，故罪名频次总量要高于管辖类型案件总数，此处总数为适用管辖类型案件数量

《刑法》第 382 条对构成贪污罪的犯罪构成要件进行了规定。依据《刑法》第 383 条及《最高人民法院、最高人民检察院关于办理贪污贿赂刑事案件适用法律若干问题的解释》等相关司法解释，公职人员的行为是否构成贪污犯罪，可以从两个方面进行判断标准：是否达到法律规定的构成犯罪的数额标准，是否满足法律规定的情节较重的情形。其中数额标准要求贪污数额在三万元以上；情节标准要求贪污数额为一万元以上不满三万元，但需具备以下情形之一：一是贪污救灾等特定款物的，二是曾因贪污贿赂行为受过党纪、行政处分的，三是因故意犯罪受过刑事追究的，四是用赃款赃物进行非法活动，五是不配合追缴工作致使无

法追缴的，六是产生其他严重后果的。[①] 尚未达到数额或情节判断标准的行为，则为贪污的违法行为。

《刑法》第385条对受贿罪的犯罪构成要件作了规定。贿赂犯罪是典型的对合犯[②]，没有行贿行为就不会存在受贿行为。对于贿赂犯罪的治理必须坚持对受贿和行贿行为的共同治理，否则可能会导致行贿人的有恃无恐，引发更多的行贿行为，破坏公平正义。[③] 世界上许多国家都通过法律规定同时打击受贿和行贿行为，如德国、法国、意大利等，并降低对行贿行为的认定标准。[④] 为了有效治理贿赂犯罪，党的十九大提出要“坚持受贿行贿一起查”。党的这一腐败治理方针，表现在《监察法》《管辖规定（试行）》《监察法实施条例》中就是将行贿、受贿和非国家工作人员受贿等贿赂犯罪罪名纳入调查管辖的范围，体现对包括商业贿赂在内整个贿赂犯罪的整体治理理念。在是否构成犯罪的判断标准上，贿赂犯罪与贪污犯罪相似，都有数额和情节两种标准，其中受贿和行贿行为在涉嫌构成犯罪的数额标准上是一致的，即要求收受或行贿数额3万元以上[⑤]。这也从另一个侧面反映了我国对行贿受贿共同治理的思路。

贪污贿赂类犯罪是职务犯罪中最为常见的犯罪类型[⑥]，也是对社会有序发展威胁最大的职务犯罪行为。《监察法》将贪污贿赂类违法犯罪行为列为调查管辖的首要管辖对象，反映了国家腐败治理对贪污贿赂行为的重视和治理决心。《管辖规定（试行）》《监察法实施条例》将公职人员（公权力行使人员）贪污贿赂行为涉及的19个罪名列出，为各级监察机

---

① 参见《最高人民法院、最高人民检察院关于办理贪污贿赂刑事案件适用法律若干问题的解释》第1条。

② 参见孙国祥：《对合犯与共同犯罪的关系》，载《人民检察》2012年第15期，第7页。

③ 参见李少平：《行贿犯罪执法困局及其对策》，载《中国法学》2015年第1期，第10-11页。

④ 参见李少平：《行贿犯罪执法困局及其对策》，载《中国法学》2015年第1期，第16页。

⑤ 参见《最高人民法院、最高人民检察院关于办理贪污贿赂刑事案件适用法律若干问题的解释》第1、7条。

⑥ 据最高检统计数据显示，2018—2019年检察机关受理职务犯罪案件中，贪污贿赂罪占比超过80%，罪名集中在贪污、受贿、行贿和挪用公款罪上。参见《各级监委两年移送职务犯罪4万余人 贪污贿赂类犯罪占比超八成》，载中央纪委国家监委网：http：//www.ccdi.gov.cn/toutiao/202007/t20200722_222415.html.，最后访问日期：2020年7月22日。

关明确管辖案件范围和界限提供了指引，有利于强化对贪污贿赂行为的综合治理。

(2) 滥用职权类

滥用职权类犯罪是我国《刑法》中三大基本渎职犯罪中的首要类型[①],《管辖规定（试行）》《监察法实施条例》在此类职务犯罪中共列举出 18 个罪名[②]。滥用职权具体是指公职人员利用其职务上的便利，不遵循法定的程序和权限行使职权，危害公权力运行的正常秩序，给国家和人民造成重大利益损失的行为。[③] 滥用职权类职务犯罪行为具有以下共同的特点：一是行为的主体为公职人员和行使公权力的有关人员；二是违法犯罪行为人主观上是故意的，或是不正确的履行职权，或是以权谋私；三是违法犯罪行为表现为超越职权、违反法定程序、违反法律规定等，破坏的是公权力的正常运转，其本质上是一种越权行为，即不具有权力行使的合法性；四是法律后果上给国家、人民利益及公共资产造成重大损失。

本类罪名中，基础罪名和适用最多的是滥用职权罪。滥用职权的行为是否构成犯罪，其判断标准为滥用职权行为是否致使“国家、人民利益和公共财产”遭受重大损失。法律对“重大损失”的界定为两种标准：一种是财产上的经济损失达 30 万元以上；另一种是非财产的法律后果，即造成的人身伤亡后果和社会影响等。其中，人身伤亡方面以造成人员死亡、重伤或轻伤达到一定人数为标准，体现了国家对人民人身法益的维护，如造成 1 人以上死亡，或造成 3 人以上重伤的则涉嫌构成滥用职权

① 参见王洪祥、罗庆东、韩耀元：《刑法实施中若干问题研究》，载《中国刑事法杂志》1998 年第 2 期，第 12 页。

② 这 18 个罪名具体为：滥用职权罪；国有公司、企业、事业单位人员滥用职权罪；滥用管理公司、证券职权罪；食品、药品监管渎职罪；故意泄露国家秘密罪；报复陷害罪；阻碍解救被拐卖、绑架妇女、儿童罪；帮助犯罪分子逃避处罚罪；违法发放林木采伐许可证罪；办理偷越国（边）境人员出入境证件罪；放行偷越国（边）境人员罪；挪用特定款物罪；非法剥夺公民宗教信仰自由罪；侵犯少数民族风俗习惯罪；打击报复会计、统计人员罪；司法工作人员以外的公职人员利用职权实施的非法拘禁罪；司法工作人员以外的公职人员虐待被监管人罪；司法工作人员以外的公职人员利用职权实施的非法搜查罪。

③ 参见王连生：《试论越权定价行为中的滥用职权犯罪问题》，载《宁夏社会科学》2003 年第 4 期，第 9 页。

犯罪；在社会影响方面要有达到恶劣的社会影响。[①]

（3）玩忽职守类

玩忽职守类职务犯罪是我国《刑法》中第二类基本的渎职犯罪，《管辖规定（试行）》《监察法实施条例》在此类犯罪中共列举了11个罪名[②]。玩忽职守，是指公职人员在履职中，不负责任或不履行职责，致使国家、人民利益等遭受损失的行为。[③] 玩忽职守类犯罪的共性表现为，行使公权力人员在工作中不严格依据法律规定和程序履职，对其工作职责严重不负责任，或是不履行其应履职的工作职责，或是不正确履行其工作职责，其法律结果是造成国家和人民利益受损。[④]

玩忽职守罪是此类犯罪的基础罪名，其他罪名是玩忽职守行为在具体工作中的具体化体现。以玩忽职守罪为例，玩忽职守罪的形成是由于公职人员在对待工作职责的思想上不重视、态度上不严肃，具体表现为擅离职守、不坚守岗位等不认真执行职责权限或者不完全履行职责义务行为。[⑤] 是否构成玩忽职守罪的判断标准与滥用职权罪相同，也是以造成的经济损失、人员伤亡和社会影响为参照。[⑥]

（4）徇私舞弊类

徇私舞弊类犯罪是《刑法》中三大基本渎职犯罪中的最后一类，《管

---

① 参见《最高人民法院、最高人民检察院关于办理渎职刑事案件适用法律若干问题的解释（一）》第1条。

② 这11个罪名具体为：玩忽职守罪；国有公司、企业、事业单位人员失职罪；国家机工作人员签订、履行合同失职被骗罪；环境监管失职罪；传染病防治失职罪；商检失职罪；动植物检疫失职罪；不解救被拐卖、绑架妇女、儿童罪；失职造成珍贵文物损毁、流失罪；过失泄露国家秘密罪。

③ 参见魏颖华：《渎职罪客观行为基本问题及实务应用论略》，载《中州学刊》2010年第6期，第89页。

④ 参见张礼萍：《浅谈玩忽职守罪与滥用职权罪的区别》，载《河南社会科学》2006年第6期，第113页。

⑤ 参见马怀德主编：《监察法学》，人民出版社2019年版，第172页。

⑥ 参见《最高人民法院、最高人民检察院关于办理渎职刑事案件适用法律若干问题的解释（一）》第1条。

辖规定（试行）》《监察法实施条例》在此类犯罪中共列举了15个罪名[①]。徇私舞弊是指公职人员以徇情、徇利为目的，利用职务之便，违背法律规定，故意虚构事实掩盖真相、伪造材料、弄虚作假，致使国家、人民利益等公共财产遭受损失的行为。[②] 对徇私舞弊行为的认定，应把握三个原则：首先是明知的原则，要求涉嫌本罪的公职人员对其徇私舞弊时具有直接故意或间接故意；其次是要求具有具体的舞弊行为；最后是坚持客观事实的原则，对徇私舞弊的认定应以证据为核心，以证据形成的“实质真实”为基础，证实徇私舞弊的行为，最终形成以行为为核心，由行为倒推主观故意，客观事实证实行为的证明原则。[③] 在徇私舞弊的行为中，徇私是指徇私利，为了个人的利益，包括物质利益和非物质的精神利益等；徇情是指徇私情，以个人的关系亲疏远近决定行为人的行使职权行为，表现为公报私仇或照顾私情等。[④]

在对徇私舞弊具体行为是否构成犯罪的判断标准上，徇私舞弊类相关罪名较为具体，有的是以情节严重为判断标准，有的是以情节或数额为判断标准，规定的都较为具体。以放纵走私罪为例，行为人或是放纵走私犯罪；或是因放纵走私致使国家税收损失达10万元以上；或是具有放松走私行为3次以上等，只要符合上述条件之一的即构成犯罪。[⑤]

（5）责任事故类

责任事故类是我国《刑法》中较为重要的一种过失犯罪，《管辖规定

---

① 这15个罪名具体为：徇私舞弊低价折股、出售国有资产罪；非法批准征收、征用、占用土地罪；非法低价出让国有土地使用权罪；非法经营同类营业罪；为亲友非法牟利罪；枉法仲裁罪；徇私舞弊发售发票、抵扣税款、出口退税罪；商检徇私舞弊罪；动植物检疫徇私舞弊罪；放纵走私罪；放纵制售伪劣商品犯罪行为罪；招收公务员、学生徇私舞弊罪；徇私舞弊不移交刑事案件罪；违法提供出口退税凭证罪；徇私舞弊不征、少征税款罪。

② 参见北京市人民检察院课题组、刘旭东等：《破解查办徇私舞弊型犯罪难题》，载《中国检察官》2008年第8期，第17页。

③ 参见刘阳：《论徇私舞弊的司法认定》，载《河南社会科学》2016年第11期，第44-45页。

④ 参见徐伟、刘峰、徐德臣：《渎职罪中“徇私”问题探析》，载《山东理工大学学报（社会科学版）》2017年第3期，第34页。

⑤ 参见《最高人民检察院关于渎职侵权犯罪案件立案标准的规定》第1条第23款。

（试行）》《监察法实施条例》在此类犯罪中共列举了12个罪名。[①] 责任事故是指发生在生产、作业等公共领域，行使公权力的人员因违反关于安全管理等规定，对不特定多数人的生命、健康或公私财产造成重大损失等法定的危害后果。[②] 对责任事故类职务犯罪的认定，重点在于对“责任”的认定。首先，本类犯罪保护的客体是涉及不特定多数人的生命、健康及公私财产的安全。其次，本罪的主体要求，即具有相关管理职责的公职人员，需负有遵循特定管理规定或维护公共安全的义务，如涉嫌教育设施重大安全事故罪的行为人，就负有维护教育设施，或校舍安全的义务；而涉嫌消防责任事故罪的行为人，则负有遵循消防管理法规的义务。[③] 再次，行为人主观上存在过失，而不具有主观上故意。即发生法定危害的后果与行为人的主观意图相悖，行为人本身对危害结果的发生，在思想也是排斥的，或者说行为人反对危害结果的发生。[④] 最后，客观上发生了严重事故，造成了严重的人员伤亡或财产损失等。[⑤]

责任事故类犯罪在是否构成犯罪的判断标准上，是以造成的严重后果为参照的，具体包括造成情节标准、数额标准及情节数额结合的标准。以消防责任事故罪为例，只要符合以下三种情形之一的便符合立案标准构成犯罪：一是造成1人以上死亡，或者3人以上重伤的；二是造成直接经济损失，超过50万元的；三是造成过火林地面积超过2公顷以上的，或过火苗圃面积超过4公顷以上等。[⑥] 所以，在对责任事故行为人是否构成犯罪的判断上，应以是否符合相关法规规定的情节、数额要求为标准。

---

① 这12个罪名具体为：重大责任事故罪；教育设施重大安全事故罪；消防责任事故罪；重大劳动安全事故罪；强令违章冒险作业罪；危险作业罪；不报、谎报安全事故罪；铁路运营安全事故罪；重大飞行事故罪；大型群众性活动重大安全事故罪；危险物品肇事罪；工程重大安全事故罪。

② 参见廖天虎：《对责任事故犯罪的“责任”的解读》，载《理论与改革》2013年第4期，第194页。

③ 参见廖天虎：《对责任事故犯罪的“责任”的解读》，载《理论与改革》2013年第4期，第194-195页。

④ 参见刘守芬、申柳华：《重大责任事故罪罪过形式研究》，载《法学论坛》2006年第1期，第105页。

⑤ 参见周其华：《刑法规定的过失犯罪的认定与论证》，载《法学家》2002年第5期，第56-57页。

⑥ 参见《最高人民检察院、公安部关于公安机关管辖的刑事案件立案追诉标准的规定（一）》第15条。

（6）其他行使公权力相关类

其他行使公权力类职务犯罪是《刑法》中涉及公职人员职务犯罪，但又无法归入相关职务犯罪类型罪名的犯罪，属于调查管辖罪名的兜底，《管辖规定（试行）》《监察法实施条例》在此部分共列举了17个罪名①。本类犯罪的共同特点是均涉及公职人员公权力的行使，存在公职人员不当行使职权的行为，对社会秩序、人民、国家利益及公私财产造成损失。在判断是否构成犯罪标准上，因此类犯罪是《刑法》中涉及公职人员各类犯罪的整合，有的是以造成严重情节后果为标准，有的是以造成损失的数额为标准，还有是以情节和数额损失相结合为标准。以破坏选举罪为例，该罪的立案条件是以情节为判断标准的，要求具备造成选举无效、选举结果不真实或选举无法正常进行等情形，才能构成犯罪；②而违法发放贷款罪是否构成犯罪是以造成损失的数额为标准的，违法发放贷款数额在100万元以上的；或者是违法发放贷款，造成直接经济损失20万元以上的，只要具备上述两个情形之一，便构成犯罪。③

上述六类为《管辖规定（试行）》《监察法实施条例》中规定的调查管辖罪名，监察机关在履行调查管辖职权的过程中，依据《刑法》及相关司法解释，判断公职人员的违法行为是否符合刑事案件的立案标准，对于符合犯罪构成的公职人员依法调查核实，符合移送起诉条件的，依法移送检察机关审查起诉；对于不符合刑事案件立案标准的，则为职务违法行为，同样属于监察机关的调查管辖事项，通过调查管辖，查清案件事实，为后续的监察处置提供事实证据。

（二）调查管辖的适用依据

监察调查管辖是法律赋予监察机关的法定职权。监察机关作为国家

---

① 这17个罪名具体为：破坏选举罪；背信损害上市公司利益罪；金融工作人员购买假币、以假币换取货币罪；利用未公开信息交易罪；诱骗投资者买卖证券、期货合约罪；背信运用受托财产罪；违法运用资金罪；违法发放贷款罪；吸收客户资金不入账罪；违规出具金融票证罪；对违法票据承兑、付款、保证罪；非法转让、倒卖土地使用权罪；私自开拆、隐匿、毁弃邮件、电报罪；故意延误投递邮件罪；泄露不应公开的案件信息罪；披露、报道不应公开的案件信息罪；接送不合格兵员罪。

② 参见《最高人民检察院关于渎职侵权犯罪立案标准的规定》第2条第7款。

③ 参见《最高人民检察院、公安部关于公安机关管辖的刑事案件立案追诉标准的规定（二）》第42条。

监察机构在其履行管辖职能过程中，应严格依照法定程序和国家法律法规行使公职人员职务违法犯罪事项的管辖权。这就要求监察机关在调查过程中，依据相关的法律规定收集证据，为此后的监察处置提供客观真实的事实依据。监察案件的调查，涉及职务违法和职务犯罪两个方面，在对职务行为违法性的确定上，监察机关不仅需要依据《监察法》及其实施条例的相关规定，还需要具体的专业性法律规范，如《公务员法》《政务处分法》《政务处分暂行规定》[①]《事业单位工作人员处分暂行规定》《公安机关人民警察纪律条令》《检察人员纪律处分条例》等相关公职人员行为规范。因党内纪检机关与监察机关的合署办公机制，调查过程中还会依据相关的党内法规，如党内监督执纪的主要规范《中国共产党纪律检查机关监督执纪工作规则》。在涉及职务犯罪事项的认定和调查中，监察机关主要依据《监察法》《刑法》《刑事诉讼法》的相关规定。这是因为监察机关对职务犯罪的调查，本质是也是一种求刑权，是国家对被调查人违法犯罪行为的刑事责任追究，在刑事责任追究的目的上，其与刑事侦查机关是一致的。[②] 因而《监察法》第33条要求，监察机关调查管辖事项的证据标准与刑事审判的证据标准一致，以非法方法获取的证据需依法予以排除，不得作为处置管辖的事实依据。同时，监察机关在对调查案件进行核实的过程中，应按照《刑法》关于职务犯罪条文的规定收集证据资料，以确保调查案件事实清楚，证据确实充分。这也是《监察法》第45条第4款，对调查案件移送审查起诉标准的要求。为此，可以说在调查管辖案件的核实中，《监察法》是基本法律依据，《刑法》《刑事诉讼法》《监察法实施条例》[③] 等相关法律提供了更为具体的程序规范和违法犯罪认定标准，这些法律法规的互相配合，为调查案件管辖证据的合法性、客观性和有效性提供了法律支撑。

---

① 因《政务处分法》并未废止《政务处分暂行规定》，《政务处分暂行规定》与《政务处分法》不冲突的相关规定依然有效，如监察问责方面的规定等。

② 参见朱福惠：《论检察机关对监察机关职务犯罪调查的制约》，载《法学评论》2018年第3期，第16页。

③ 参见《监察法实施条例》第59条第3款，“监察机关依照监察法和本条例规定收集的证据材料，经审查符合法定要求的，在刑事诉讼中可以作为证据使用。”

二、处置管辖事项

监察机关的处置管辖事项是指对监督调查结果的处置和追责管辖。处置职能，是监察机关三大职能中的最后一项职能，通过处置职能，监察机关对监督、调查的结果进行回应，确保监督、调查的职权得以实现，并以监察成果巩固监督、调查的成效，形成监察工作闭环，以螺旋前进的形式深化对腐败的综合治理。

（一）处置管辖事项的含义

1. 处置管辖事项的适用对象

监察处置是一种复合性的权限，涉及对监督调查发现问题的处理和整治。① 根据《监察法》第11条第3款和第45条的规定，监察机关对以下事项进行处置管辖：对职务违法情节较轻的公职人员批评教育；对违法的公职人员给予政务处分；对负有领导责任的人员问责或向有问责权限的机关提出问责建议；对涉嫌职务犯罪的被调查人，移送检察机关审查起诉；对监察对象所在单位组织廉洁履职上存在的问题，提出监察建议。从上述事项可以看出，监察机关的处置管辖需要以具体的执行对象为落脚点，确保处置决定能够被履行，发现的问题能够得到有效的整治，所以监察处置管辖事项的适用需要以具体的适用对象为基础。结合上述法律规定，处置管辖事项的适用对象包含以下几种：一是涉嫌违法犯罪，需要给予谈话提醒等组织措施、政务处分和移送审查起诉的公职人员；二是负有责任的领导人员；三是具有问责决定权限的机关和监察对象所在单位。

2. 处置管辖事项的适用依据

监察处置是监察机关的三大职能中的最后一项，是对监督调查结果的确认和巩固。处置管辖是否合法有效，直接关系到整个监察工作的效力性问题。这就对处置管辖提出了较高的要求，必须严格依照法定程序和法定权限确认和判断处置管辖事项，以便对事项进行定性和分类，并

① 参见马怀德主编：《监察法学》，人民出版社2019年版，第176页。

依法给予最终的处置。《监察法》和《监察法实施条例》对处置管辖作出了较为原则的规定，有效地对处置管辖事项内容的定性和分类进行了指引。但是具体的内容方式等程序性规范，仍需其他相关法律法规和党内法规的辅助。例如，在谈话提醒等方面，对党内谈话提醒等进行明确规定的党内法规《中国共产党纪律检查机关监督执纪工作规则》是重要的参照依据。在政务处分方面，《政务处分法》《政务处分暂行规定》《公务员法》《检察官法》和《行政机关公务员处分条例》等是重要的适用依据。[①] 在问责方面，《关于实行党政领导干部问责的暂行规定》《中国共产党问责条例》是重要的适用依据。在移送审查起诉方面，《刑法》《刑事诉讼法》及其相关司法解释是重要的适用依据。在监察建议方面，在《监察法》的总体指引下，《中国共产党纪律处分条例》等重要的党内法规是重要参照依据。

3. 处置管辖事项的特征

因监察机关职能的广泛性和复合性，与其他机关的管辖权相比，处置管辖事项具有显著的特征，具体表现为以下三个方面：

一是处置管辖事项的复合性。监察管辖权限的广泛性、复合属性决定了监察机关的处置管辖与其他机关的管辖权力相比具有复合性。表现在处置管辖的事项上就是内容涉及较广，包括对轻微职务违法的谈话提醒、对一般职务违法的政务处分、对涉嫌犯罪调查对象的移送审查起诉、对失职失责领导人员的问责、对具有问责决定权机关提出问责建议、对监察对象所在单位存在的廉政履职问题提出监察建议。简言之，处置管辖的事项涵盖了教育、处分、问责、移送审查起诉、建议这五大项内容，因而处置管辖事项也具有复合性。

二是部分管辖事项为实体性权力。依据《监察法》45 条第 1 款第 1、2 项的规定，对管辖事项中的轻微违法行为，监察机关可以直接或委托有关机关、人员进行谈话提醒、批评教育等；对管辖事项中一般违法行为，监察机关可依法定程序直接作出记过、记大过等政务处分决定。这些决

① 参见《公职人员政务处分暂行规定》第 3 条。

定经法定程序作出后，就具有法定效力，能够对被处置对象的实体权力产生影响，被处置对象就负有对决定的法定执行义务。所以，部分处置管辖事项为实体性权力①，监察机关通过对实体权力的行使，以确保有效开展腐败治理工作，避免监察效果流于形式。

三是处置事项适用主体和对象的多元性。依据《监察法》第 45 条的规定，处置事项涉及的适用对象为轻微违法、一般违法和涉嫌犯罪的公职人员、失职失责的领导人员、有权作出问责决定的机关、监察对象所在的单位。同时，对于轻微违法公职人员的谈话提醒，监察机关还可以委托有关机关和人员进行。处置事项的复合性、部分处置事项决定主体的多元性和部分处置事项执行的可委托性，决定了处置事项适用主体的多元性，即处置事项的适用对象不仅仅是公职人员，还包括具有一定权限的机关、单位和有关人员，适用主体包括监察机关及对公职人员具有一定管理权限的机关、人员。

（二）处置管辖事项的内容

根据《监察法》第 11 条对管辖事项的内容进行了规定，第 45 条将第 11 条的规定进行了细化，列明了适用的对象、处置的方式等。从这两个法律条文的规定可知，处置管辖的事项包含政务处分、问责、案件移送、监察建议四种处分和责任追究类型，以及谈话提醒这一类具体处置措施。

1. 谈话提醒

《监察法》第 45 条第 1 款第 1 项规定，对轻微违法的被监察对象，依据相应的管辖权限，监察机关可以直接或者委托有关机关、人员，对这些对象采取相应的处置措施，帮助其改正错误。这些措施具体包括谈

---

① 参见徐继敏：《监察委员会政务处分行为探究》，载《河南社会科学》2018 年第 10 期，第 69 页。

话提醒、批评教育、责令检查和予以诫勉四种。[①] 需要清晰认识的是，这些措施不是处分或者责任追究，而是一种处置措施。通过这些措施促使和提高被处置对象的遵纪守法意识和自我约束能力，防止存在轻微违法问题公职人员的错误行为扩大而涉嫌犯罪。谈话提醒、批评教育等这类处置措施最初是一类党内的组织措施，是"四种形态"的第一种[②]。适用谈话提醒这类处置措施时，需注意其适用条件的限制，这类措施只适用于存在轻微违法行为公职人员，而且每种措施的适用要求也不同。因违法程度的轻重不同，结合公职人员的日常履职表现，在综合衡量后的选择适用某一处置措施，四种处置措施是一种递进的管辖，即谈话提醒适用的情节最轻，予以诫勉适用的情节最重，超过予以诫勉的违法情节，则必须给予相应的政务处分和党纪处分。[③]

在这四种处置措施中，谈话提醒与《监察法》第 19 条规定的提醒谈话是有区别。处置事项中的谈话提醒，只适用于监察调查后，对存在违法行为但情节轻微，并且免于政务处分的公职人员才能适用。而且，谈话提醒措施的执行，监察机关可以直接适用，也可以委托该公职人员所在单位、主管部门，或对其负有管理职责的负责人代为执行。《监察法》第 19 条中的提醒谈话，是指在调查前，对可能发生职务违法行为的人员进行的预防性谈话。由此可见，《监察法》第 19 条中的提醒谈话是预防性的谈话，而谈话提醒则是调查结果的处置措施。[④]

2. 政务处分

政务处分是《监察法》中新设的处分制度。在《监察法》颁布实施

---

① 《监察法实施条例》第 201 条规定：监察机关对于公职人员有职务违法行为但情节较轻的，可以依法进行谈话提醒、批评教育、责令检查，或者予以诫勉。上述方式可以单独使用，也可以依据规定合并使用。谈话提醒、批评教育应当由监察机关相关负责人或者承办部门负责人进行，可以由被谈话提醒、批评教育人所在单位有关负责人陪同；经批准也可以委托其所在单位主要负责人进行。对谈话提醒、批评教育情况应当制作记录。被责令检查的公职人员应当作出书面检查并进行整改。整改情况在一定范围内通报。诫勉由监察机关以谈话或者书面方式进行。以谈话方式进行的，应当制作记录。

② 参见《中国共产党纪律处分条例》第 5 条。

③ 参见董开星：《浅议监察法中"谈话提醒"的理解与适用》，载《中国纪检监察报》2019 年 2 月 13 日第 8 版。

④ 参见马怀德主编：《监察法学》，人民出版社 2019 年版，第 187 页。

前，对经核实认定违法的公职人员的处分，适用党纪处分、行政处分和刑事责任，但三者之间存在监督盲点而且相互之间的衔接不畅，出现了“要么是好同志，要么是阶下囚”的状况[①]，而且对于非党员和非行政机关公职人员的职务违法问题并无相应的处分制度，在法律和党内纪律处分之间出现了制度的空白，损害了法律的公正性和权威性。《监察法》实施后，依据政务处分的规定，按照行使公权力人员违法行为的轻重程度，适用相应的政务处分种类。政务处分制度的实施，将党纪、政纪和国法有效的衔接起来，确保违法的公职人员[②]依法受到应有的惩处，维护了法律的权威性和公正性。

《监察法》第45条第1款第2项规定，对违法的公职人员依据其违法情节的轻重，依法适用相应的处分种类。[③] 政务处分的种类，具体包括警告、记过、记大过、降级、撤职和开除这六大类。依据公职人员违法的轻重程度，采取由轻到重的方式，给予相应的政务处分。其中，对违法情节最轻的被调查人，给予警告的处分；对违法情节较轻的被调查人，给予记过的处分；对违法情节较重的被调查人，给予记大过的处分；对违法情节严重的被调查人，给予降级的处分；对严重违法的被调查人，给予撤职的处分；对特别严重违法，并且不适宜继续担任公职的被调查人，给予开除的处分。在政务处分的种类中，警告是最轻的处分方式，其与诫勉适用的违法情节相似，都具有训诫的作用，但是警告是一种处分方式，而诫勉是免于处分后一种用于提醒的处置措施，二者适用的最大不同在于适用对象的态度，经教育后能够积极改正的，可以政务处分，给予诫勉。[④] 政务处分中降级的适用，一般是降低一个行政级别，如果被降级公职人员职级本身就为最低级的，则可给予记大过处分。[⑤] 撤职处

① 参见姜洁：《王岐山在福建调研时强调 全面从严治党 严明党的纪律 把握运用监督执纪“四种形态”》，载《人民日报》2015年9月27日，第4版。

② 依据《政务处分法》第2条第3款的规定，该法中的“公职人员”是指《监察法》第15条所规定的公职人员和有关人员。

③ 《监察法实施条例》第202条规定，对违法的公职人员依法需要给予政务处分的，应当根据情节轻重作出警告、记过、记大过、降级、撤职、开除的政务处分决定，制作政务处分决定书。

④ 参见《公务员法》第61条。

⑤ 参见马怀德主编：《监察法学》，人民出版社2019年版，第178页。

分，要求撤销现任所有职务，至少降低一个职务层级，之后另行确定继续担任的非领导职务，但是不得改任同级，或者下级领导职务，按新任职务确定级别和工资，不得以任何理由保留原工资待遇。[①] 开除处分是最为严厉的政务处分方式，因为这一方式适用的前提便是不适宜继续担任公职人员，所以自处分决定之日起就必须解除与单位间的任职关系，不得再担任何公职人员的职务。[②]

政务处分是《监察法》制定后新设的处分制度，为了将政务处分与现行有效的其他处分制度相衔接，《公务员法》和《政务处分法》等法律规范都进行了特别规定或指引性的法律条款，如《政务处分暂行规定》第 7 条就明确规定，公职人员中党员涉嫌犯罪的应先给予党纪处分，并由监察机关给予政务处分后，再移送审查起诉；非党员的公职人员如果涉嫌职务犯罪的，应当依法给予其政务处分后，再移送检察机关审查起诉。随后，第 8 条就规定了党纪和政务处分相适应的原则，不能轻重不一。《政务处分法》第 16 条及《公务员法》第 61 条都进行了相似的规定，即对公权力行使人员（或公务员）的违法行为，由公权力行使人员任免机关或监察机关择一处分，坚持“一事不二罚”。

3. 监察问责

《监察法》第 45 条第 1 款第 3 项对问责机制进行了规定，我国行政问责始于 2003 年“非典”时期，首先是从中央层面进行，后来扩展至地方；从最先应对突发性公共事件的个案，逐渐走向常态的制度化。[③]

依据《监察法》第 45 条的规定，问责是指具有特定职责和义务的公权力机关的领导人员，因故意或过失不履行或不正确履行其法定职责义务，影响其所在机构正常工作秩序，致使公权力机关效率较低，侵害国家、人民合法权益，对其失职失责问题应按照法定程序依法追究其责

---

① 参见董芳：《公务员受撤职处分执行问题分析》，载《中国监察》2014 年第 7 期，第 46-47 页。

② 参见《行政机关公务员处分条例》第 9 条。

③ 参见高志宏：《困境与根源：我国行政问责制的现实考察》，载《政治与法律》2009 年第 10 期，第 20-21 页。

任。[①] 从问责制度的概念可知，问责的特质主要集中在以下几个方面：一是问责适用对象为领导人员。问责主要追究失职失责的领导人员的责任，而不是一般工作人员的责任，通过对领导人员的追责，强化其责任意识，以维护公权力机构的正常工作秩序和高效运转。二是问责的责任限定为不履行或不正确履行其职责的领导责任，是政治责任和道德责任的结合[②]，即公权力机关首长对其下属及工作人员违法失职负有的首长责任。三是问责是对实体性权力的处置。依法对问责对象的追责能够造成领导人员实体性权力的减少或丧失，所以问责是包含实体性权力的处置。问责的方式包括引咎辞职、责令免职和免职等。[③]

依据《监察法》第 45 条第 1 款第 3 项的规定，在对问责适用主体、对象、适用情形的基础上，将监察问责的方式定为对领导人员的问责和对具有问责决定权机关的问责建议两类。二者区别主要在于，问责决定的强制性较高，能够直接执行，而问责建议的强制性较弱，还需接受建议机关转化为问责决定，再对适用对象执行。《监察法》《监察法实施条例》[④] 和《政务处分暂行规定》对问责的规定较为原则。为有效执行问责机制，《政务处分暂行规定》第 17 条规定了指引性规范，要求监察机关在履行问责的职责时，参照《中国共产党问责条例》和《关于实行党政领导干部问责的暂行规定》的相关规定，进行问责。依据上述规定，监察机关可对领导人员作出通报、诫勉等问责决定，对问责机关提出停职、免职等建议。[⑤]

4. 案件移送审查起诉

案件移送审查起诉是指监察机关依据调查结果，对涉嫌职务犯罪的被调查人，依法移送检察机关审查起诉，追究其法律责任。《监察法》第 45 条第 1 款第 4 项规定，对于监察案件，监察机关在调查终结后，经过

---

① 参见李红勋：《政府行政问责制问题新探》，载《人民论坛》2013 年第 2 期，第 30 页。

② 有学者将公权力机关应承担的责任归纳为政治责任、道德责任、行政责任和法律责任。参见傅思明、王磊：《我国行政问责体系建构刍议》，载《新视野》2010 年第 5 期，第 46 页。

③ 参见《关于实行党政领导干部问责的暂行规定》第 7 条。

④ 参见《监察法实施条例》第 34 条、55 条、204 条等的规定。

⑤ 参见《中国共产党问责条例》第 7 条。

内部案件审理部分审查，依据调查证据和资料，认为案件事实和证据已经符合起诉条件的[①]，将制作监察案件起诉意见书，连同案卷材料、证据等，一并移送至检察机关，由检察机关继续审查是否符合公诉条件，对符合公诉条件的，将依法向审判机关提起公诉。监察机关通过案件移送审查起诉的处置方式，实现职务犯罪案件的监察与司法衔接，共同对职务犯罪行为履行国家追诉的职责，依法追究腐败犯罪行为人的刑事责任。

从《监察法》和《国家监察委员会与最高人民检察院办理职务犯罪案件工作衔接办法》（以下简称《衔接办法》）的规定可知，监察案件移送检察机关审查起诉，需要符合法定的标准和条件。首先，移送机关必须是依法具有管辖权的监察机关，接收机关是与监察机关同级的检察机关；其次，移送的人员是涉嫌职务犯罪的被调查人；再次，移送案件需是经调查核实后，案件事实业已查清，被调查人涉嫌职务犯罪的证据也已达到确实、充分的要求；第四，随案移送的材料包括监察起诉意见书、证据、案卷材料和涉案款物等；第五，监察机关移送的职务犯罪案件，由检察机关公诉部门直接负责依法审查和提起公诉，不再进行单独立案和转化。[②]《监察法实施条例》对上述案件移送审查起诉程序进行了进一步的细化和规范。[③]

涉嫌职务犯罪的监察案件，经过监察机关调查部门的自行审核和监察审理部门的专门审核后，还需符合"犯罪事实清楚、证据确实充分"这一刑事审判的证据标准和要求，才能从监察机关移送检察机关，体现了监察机关对职务犯罪案件查办的审慎态度。依据《刑事诉讼法》的规定，"犯罪事实清楚"是指与定罪量刑有关的事实和情节都已经调查核实清楚，[④]"证据确实充分"是指职务犯罪案件定罪量刑的事实都有证据予以证明、定案的每个证据都依法经法定程序调查和确认属实、综合全案

① 即犯罪事实清楚，证据确实充分。

② 参见中共中央纪律检查委员会、中华人民共和国国家监察委员会法规室编：《〈中华人民共和国监察法〉释义》，中国方正出版社2018年版，第207页。

③ 参见《监察法实施条例》第212-233条。

④ 参见陈瑞华：《刑事证明标准中主客观要素的关系》，载《中国法学》2014年第3期，第177页。

证据对所认定的事实已经排除合理怀疑。①

5. 监察建议

监察建议是指监察机关依据监督、调查的结果，针对监察对象所在单位在廉政建设和履职方面存在的问题，依据监察权限向该单位和相关人员提出的具有法定效力的建议。② 监察建议作为一项法定的监察处置方式，具有以下几个方面的特征：一是决定主体是具有管辖权的监察机关及其派驻（派出）的监察机构、监察专员。二是监察建议的适用主体特定。这是由于监察范围决定的，监察机关只能以“人”为监察对象，所以其适用对象也是以“人”为基础的，只能是监察对象所在单位及相关人员。三是针对的问题具体限定，只能对监察对象所在的单位组织，在廉政建设和履行职责上的问题等，提出具有针对性的监察建议。四是监察建议的执行力较强，监察建议的法定性确保了它能以法律的强制性被履行，被建议的相对方无法定正当理由必须履行和反馈结果。③

监察建议的问题针对性决定了其提出建议的特定性。一般而言，监察机关及其派驻（派出）机构可针对下列问题提出监察建议：一是存在必须予以纠正的拒不执行或违反法律、法规的情形，二是存在应当予以纠正或撤销的违反法律法规及国家政策的单位决定、命令的情形，三是存在需要采取补救措施的致使国家、集体及公民合法权益损害的情形，四是存在应当予以纠正的录用、任免、奖惩等决定失当的情形，五是存在依法应当给予处罚的情形，六是存在廉政制度建设不完善的情形。④

上述内容为监察处置管辖的事项，监察机关对这些事项的处置，回应了此前的监督和调查工作，对监察机关具有处置权限的被监察对象，直接给予相应的处分和提醒，对需要与司法机关衔接追究刑事责任的被调查人依法移送，确保每名行使公权力的人员在行使其职权的同时都应

① 参见《刑事诉讼法》第55条。

② 参见中共中央纪律检查委员会、中华人民共和国国家监察委员会法规室编：《〈中华人民共和国监察法〉释义》，中国方正出版社2018年版，第207页。

③ 参见马怀德主编：《监察法学》，人民出版社2019年版，第185页。

④ 参见罗淦、宋甜甜、李琳：《监察机关是如何提出监察建议的》，载《中国纪检监察》2018年第12期，第48页。

对其履职行为承担相应的责任。通过对处置事项的管辖，有效维护监察机关的严肃性、权威性和公正性。

三、管辖的并存与竞合

监察机关的管辖事项既涉及对公职人员日常履职、道德操守等方面的监督，又涉及对职务违法和职务犯罪的调查，并在监督调查的基础上，针对存在的问题，依法进行监察处置。基于上述管辖事项的广泛性，不可避免地会与其他机关的管辖事项发生牵连，这些管辖牵连主要表现在与党内监督执纪的管辖并存、与一般刑事犯罪侦查管辖牵连和与司法工作人员职务犯罪侦查的管辖竞合两个方面。

（一）与党内监督执纪管辖的并存

监察的本质就是监督，监察机关是一个监督机关而不是办案机关。[①]同时，坚持党对国家的全面领导和执政地位，就必须保持党的纯洁性和先进性，所以加强党的建设，强化党内监督，历来是党的工作重点。我国的公职人员中超过 80% 的公务员和超过 95% 的领导干部是党员[②]，这一客观现实决定了监察监督和党内监督目的的一致性和事项的高度重合性。为此，《管辖规定（试行）》第 5 条明确规定，应通过监察监督职责与党内监督的有机统一，深化运用党内监督执纪的“四种形态”，防微杜渐。《监察法实施条例》第 3 条则进一步强调“监察机关与党的纪律检查机关合署办公，坚持法治思维和法治方式，促进执纪执法贯通、有效衔接司法，实现依纪监督和依法监察、适用纪律和适用法律有机融合”。监察机关与党内纪检机关的合署办公机制，使得对党员干部和行使公权力人员的日常监督可以一并进行，相关工作可以同时启动一并开展。（图 5-1）

① 参见王希鹏：《完善国家监察领导体制及推进纪检监察一体的思考》，载《湖南社会科学》2018 年第 2 期，第 110-111 页。

② 参见习近平：《在第十八届中央纪律检查委员会第六次全体会议上的讲话（2016 年 1 月 12 日）》，载《人民日报》2016 年 5 月 3 日，第 2 版。

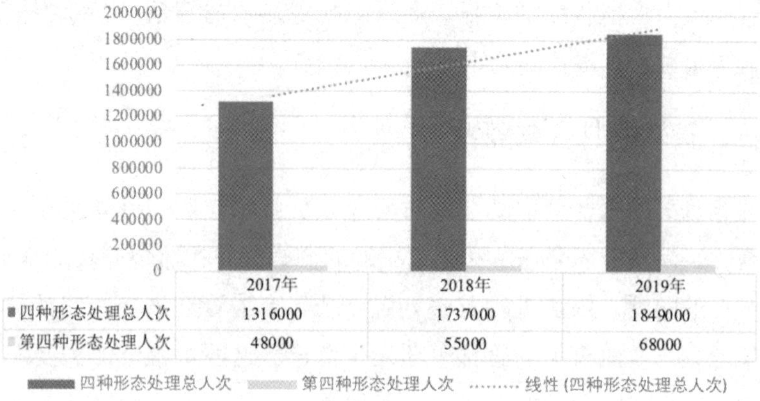

	2017年	2018年	2019年
四种形态处理总人次	1316000	1737000	1849000
第四种形态处理人次	48000	55000	68000

图 5-1　2017—2019 年全国纪检监察机关运用四种形态情况①

1. 监督事项的并存

《监察法》第 11 条第 1 款对监察监督的总体事项进行规定，但是具体的监督内容并未列明；《政务处分法》第 3 章对公职人员的违法行为及应适用的政务处分种类进行了明确。以《政务处分法》第 28 条规定为例，该条规定公务员不得从事的行为，即监察机关的监督内容，具体包括散布有损党和国家声誉的言论；组织参与反对党和国家的活动；拒不执行党和国家的方针政策及重大部署的；组织参与非法组织或活动的；挑拨民族关系、分裂国家等；利用宗教破坏社会稳定和民族团结的；在对外交往中损害国家利益和荣誉的等共 7 类违法行为。第 32 条列举了违反规定选拔任用干部，骗取职位、荣誉等不当利益，对批评、申诉等打击报复，诬告陷害他人及以暴力等手段破坏选举等 5 类违法行为，并规

① 2017—2019 年，全国纪检监察机关运用“四种形态”处置总人次和运用“第四种形态”处置人次均呈现出上升态势，其中 2017 年处置总数为 1 316 000 人次，“第四种形态”（即严重违纪涉嫌违法立案的）为 48 000 人次；2018 年处置总数为 1 737 000 人次，“第四种形态”为 55 000 人次；2019 年处置总数为 1 849 000 人次，“第四种形态”为 68 000 人次。2017 年数据参见《中央纪委通报 2017 年全国纪检监察机关纪律审查情况》，载中央纪委国家监委网：http：//www. ccdi. gov. cn/toutiao/201801/t20180110_ 161529. html.，最后访问日期：2020 年 7 月 15 日。2018 年数据参见《中央纪委国家监委通报 2018 年全国纪检监察机关监督检查、审查调查情况》，载中央纪委国家监委网：http//www. ccdi. gov. cn/toutiao/201901/t20190108_ 186570. html.，最后访问日期：2020 年 7 月 15 日。2019 年数据参见《中央纪委国家监委通报 2019 年全国纪检监察机关监督检查、审查调查情况》，载中央纪委国家监察委网：http：//www. ccdi. gov. cn/toutu/202001/t20200117_ 207968. html.，最后访问日期：2020 年 7 月 15 日。

定对这些违法行为应适用的政务处分种类。《中国共产党党内监督条例》第5条，对党内监督的内容进行了明确，共8项内容，即遵守党内规范和国家法律等的情况；拥护中央统一领导，落实党的路线方针政策等情况；坚持民主集中制情况等；党风廉政建设和反腐败建设等情况；作风建设等情况；选拔用人情况；廉洁从政的情况；以及对上级任务的完成情况等。通过上述法律条文和党内法规条文的对比，表明监察监督的事项与党内监督的事项在要求党员干部遵纪守法、维护国家统一、廉洁自律、道德操守和反腐败等多个方面存在管辖的重合。在纪检监察机关合署办公的机制下，可以合并进行。

2. 处置事项的并存

《监察法》第11条第3款规定，对违法的公职人员依据调查结果作出相应的政务处分；对失职失责的领导人员进行问责。依据《政务处分暂行规定》第7、8条的规定，对于公职人员中的党员，因违法应受处罚的，应对其进行党纪和政务双重处罚，即对涉案公职人员采取“双罚制”，而且政务处分的轻重应与党纪处分轻重相适应。对于公职人员违法行为的处分，《政务处分法》从法律的角度作了进一步的明确，如第16规定，对公职人员的同一违法行为，监察机关及公职人员的任免机关，不得给予重复的处分和政务处分，只能择一适用；第17条规定，对于公职人员的违法行为，有关机关给予组织处理的，监察机关可以同时给予政务处分。《政务处分暂行规定》第17条，对负有管理责任领导人员的监察问责，规定监察机关可参照《中国共产党问责条例》《关于实行党政领导干部问责的暂行规定》等规定的内容，依据管理权限作出相应的问责决定。从上述法律及相关规范的规定可知，监察处置事项与党内纪律处分事项存在很多重叠之处。从处分的方式来看，二者也存在很大的相似之处。以《政务处分法》为例，该规定第7条规定了处分种类，具体包括警告、记过、记大过、降级、撤职和开除等多种处分方式。《中国共产党纪律处分条例》第8条规定，对党员的纪律处分种类包括警告、严重警告、撤销党内职务、留党察看和开除党籍这五种方式。二者依据相同的监督调查结果，依据各自规定给予相似的处分方式。在问责方式上，《中国共产党问责条例》是监察问责和党内问责的共同参照依据，该条例

第7条第2款规定，对履行职责不力的应当严肃批评、整改，并在一定范围内进行通报；对失职失责情节较轻的，应当以谈话或书面方式诫勉；对失职失责情节较重不宜担任现职的，应当根据情况采取停职检查、调整职务等组织调整或组织处理的处分；对失职失责情况严重应当给予纪律处分的，依规给予相应的处分。这些问责方式与《政务处分暂行规定》的问责决定种类[①]近似。从上述规定的内容看，监察处置中的政务处分和问责方式与党纪的处分、问责方式相似，依据同一违纪违法事实，由不同的主体对公职人员中的党员干部作出相应的处分，监察管辖事项内容与党纪管辖的事项内容并存。

（二）与刑事侦查管辖的牵连与竞合

《监察法》第11条第2款规定，明确了监察机关的调查权，即对涉嫌职务违法犯罪公职人员的调查。职务犯罪是我国刑事犯罪中主体特定的一类犯罪，其通常与其他一般刑事犯罪相牵连，与其前罪后罪难以割裂。[②] 在这一情形下，一般刑事侦查管辖与监察管辖牵连并存。《刑事诉讼法》第19条第2款规定了检察机关对诉讼活动进行法律监督中发现的司法工作人员涉及的职务犯罪案件可以直接立案侦查。《监察法实施条例》第52条进一步细化了这一管辖牵连与竞合。[③] 检察机关对司法工作人员的这一特殊侦查管辖与对所有公职人员职务犯罪问题具有调查权的监察管辖产生了竞合。所以，监察机关对公职人员的职务犯罪管辖与刑事侦查管辖，既包括牵连并存的情形，也包括管辖竞合择一适用的情形。

---

① 参见《政务处分暂行规定》第17条。

② 参见史立梅：《论“一元侦查机制”下职务犯罪案件的侦查管辖》，载《河南大学学报（社会科学版）》2012年第3期，第48页。

③ 参见《监察法实施条例》第52条，具体规定为：“监察机关必要时可以依法调查司法工作人员利用职权实施的涉嫌非法拘禁、刑讯逼供、非法搜查等侵犯公民权利、损害司法公正的犯罪，并在立案后及时通报同级人民检察院。监察机关在调查司法工作人员涉嫌贪污贿赂等职务犯罪中，可以对其涉嫌的前款规定的犯罪一并调查，并及时通报同级人民检察院。人民检察院在办理直接受理侦查的案件中，发现犯罪嫌疑人同时涉嫌监察机关管辖的其他职务犯罪，经沟通全案移送监察机关管辖的，监察机关应当依法进行调查。”

1. 与一般刑事案件的管辖牵连

《监察法》实施后，监察范围的扩大，监察对象涵盖了所有行使公权力的人员，此前由公安机关管辖的部分罪名也划归到监察机关案件管辖范围。《管辖规定（试行）》第4章、《监察法实施条例》第3节，将监察机关调查管辖案件范围列举为101种。其中，涉及国有公司、企业、事业单位人员失职罪，签订、履行合同失职被骗罪，非法经营同类营业罪，非法剥夺公民宗教信仰自由罪，接送不合格兵员罪等案件，在监察体制改革前，由公安机关对此案件管辖，检察机关的侦查部门对此类案件没有管辖权。改革后，对此类案件的管辖权，由公安机关转移至监察机关。而非国家工作人员受贿罪、重大责任事故罪、破坏选举罪等案件则公安机关和监察机关都具有管辖权，区别在于行为主体的不同。如果是行使公权力人员涉嫌上述犯罪则由监察机关管辖，否则仍由公安机关管辖。[①]如果公职人员与非公职人员共同涉嫌此类犯罪，则监察机关的管辖和公安机关的管辖牵连并存，需要进行协调分案。同时，被调查人涉及与职务犯罪相关的前罪或后罪之时，监察管辖与一般刑事侦查管辖牵连并存，如职务犯罪后隐藏转移赃款赃物、毁灭证据、妨害作证等，也需要进行协调分案，以便案件的快速查办。

与刑事诉讼中对互涉案件以主从罪为标准进行分案管辖的方式[②]不同，《监察法》采取的是监察管辖优先，以监察机关调查为主的方式，从而避免了调查过程主从罪区分困难的弊端。而监察管辖优先的主从案调查模式，是指涉案被调查人既涉嫌构成职务犯罪又涉嫌构成其他刑事犯罪时，应当以监察机关的调查为主，其他机关予以配合[③]。监察管辖优先的主从案调查模式应符合以下条件才能适用：其一，涉案的人员必须是监察机关调查的被调查人，如果是其他人员则不适用；其二，被调查人员需既涉嫌职务违法犯罪，又涉嫌其他违法犯罪，而且职务违法犯罪案件的案情相对于牵连的其他犯罪更为严重；其三，不符合《管辖规定

---

① 参见《管辖规定（试行）》第21条第2款。

② 参见最高人民法院、最高人民检察院、公安部、国家安全部、司法部、全国人大常委会法制工作委员会《关于实施刑事诉讼法若干问题的规定》（2012）第1条。

③ 参见《监察法》第34条第2款；《监察法实施条例》第51条。

（试行）》第20条第2款规定并案条件，否则直接并案由监察机关管辖。[①]《监察法》规定的这种主从调查模式并未移转管辖权，监察机关和公安机关仍相互保留管辖权，只是在调查过程中确定以谁为主，其他机关协助配合，所以这类案件的管辖权牵连并存，共同对同一犯罪问题具有管辖权。

2. 与司法工作人员职务犯罪的管辖竞合

《刑事诉讼法》第19条第2款规定，检察机关可以对司法工作人员[②]职务犯罪立案侦查。随后，最高人民检察院《关于人民检察院立案侦查司法工作人员相关职务犯罪案件若干问题的规定》（以下简称《职务犯罪案件若干问题的规定》），将可以由检察机关立案侦查的职务犯罪案件进一步细化，并列举了14个职务犯罪罪名[③]，明确了检察机关直接立案管辖案件的范围。其中，涉及侵犯公民权利的罪名为5个，涉及损害司法公正的罪名为9个。

依据《监察法》第3条的规定，监察机关拥有对所有行使公权力公职人员的监察管辖权，所以监察机关必然也对诉讼活动中的司法工作人员职务犯罪具有管辖权。《刑事诉讼法》第19条第2款将检察机关对这14种罪名的侦查管辖规定为"可以"，而不是"应当"，所以监察机关与检察机关对这14种罪名的案件共同拥有管辖权，产生管辖竞合。《管辖规定（试行）》第4章，并未将除玩忽职守、滥用职权罪以外的12种罪名在监察机关案件管辖范围中列明。该规定第21条第1款规定，对于诉讼活动中司法工作人员涉嫌的职务犯罪，由检察机关管辖更为适宜的则

---

① 依据该条规定，监察机关并案管辖的条件：一人犯数罪的、共同犯罪的、共同犯罪的公职人员还实施其他犯罪的、多人实施的犯罪存在关联而并案有利于查明案件的，符合上述条件的，监察机关可在职责范围内并案调查。

② 我国的司法工作人员是指具有侦查、检察、审判和监管职责的工作人员。参见《刑法》第94条。

③ 这14个职务犯罪罪名具体为：非法拘禁罪（非司法工作人员除外）；非法搜查罪（非司法工作人员除外）；刑讯逼供罪；暴力取证罪；虐待被监管人罪；滥用职权罪（非司法工作人员滥用职权侵犯公民权利、损害司法公正的情形除外）；玩忽职守罪（非司法工作人员玩忽职守侵犯公民权利、损害司法公正的情形除外）；徇私枉法罪；民事、行政枉法裁判罪；执行判决、裁定失职罪；执行判决、裁定滥用职权罪；私放在押人员罪；失职致使在押人员脱逃罪；徇私舞弊减刑、假释、暂予监外执行罪。参见《关于人民检察院立案侦查司法工作人员相关职务犯罪案件若干问题的规定》第1条。

可以由检察机关管辖。《监察法实施条例》第27条，以列举的方式进一步明确了“司法工作人员以外的公职人员利用职权实施的非法拘禁罪、虐待被监管人罪、非法搜查罪”，由监察机关直接管辖。《监察法》及其监察解释通过如此细化的规定，明确监察机关监察管辖与检察机关侦查管辖的衔接，实际上是对检察机关对司法机关工作人员职务犯罪管辖权的让渡。

之所以将这部分职务犯罪管辖权进行让渡，是基于诉讼活动的特殊性及检察机关的法律监督职能。检察机关是国家的法律监督机关，[①] 对诉讼活动的法律监督是其法定职权。检察机关作为诉讼活动的参与方，在诉讼活动中通过法律监督职权的履行确保司法工作人员审慎用权、公正司法、严格执法，维护国家法律的权威性和公正性。保留检察机关对司法工作人员的职务犯罪侦查管辖权，是检察机关实施法律监督权的有力保障。实践中，诉讼活动中的冤假错案、司法不公及社会影响恶劣的诉讼案件，往往都与司法工作人员的职务犯罪行为相关，如因受贿而徇私枉法、因徇情而枉法裁判等类似的案件在诉讼领域屡见不鲜。只有赋予检察机关通过对司法工作人员的犯罪侦查管辖权，通过对司法工作人员的犯罪侦查，查清司法不公之后的职务犯罪问题，才能从根本上解决诉讼活动中的腐败问题。[②] 如果单纯地纠正违法，没有强制力和威慑力予以保障，监督只会是流于形式。所以，为了更好地履行法律监督职权，需对检察机关保留此类犯罪侦查权。

同时，保留检察机关对司法工作人员职务犯罪侦查管辖权，是诉讼活动中职务犯罪本身的特性决定的。诉讼活动较为封闭，专业性较强，具有较高的独立性，不受行政机关、社会团体或个人的干涉，非诉讼活动参与人很难介入或了解诉讼活动的运行。检察机关作为诉讼活动的参与方，是司法工作人员之一，参与整个诉讼活动运行的全过程，能够及时发现、固定和解决问题。而且，实践中司法工作人员的职务犯罪问题，大多是检察机关在参与诉讼活动时发现的，其本身就已掌握了许多与案

① 参见《宪法》第134条。

② 参见邱学强：《论检察体制改革》，载《中国法学》2003年第5期，第7页。

件相关的资料，了解案件的相关证人，能够及时地开展侦查活动，节约侦查执法成本。如果教条地将此类职务犯罪案件全部交由监察机关管辖，实际上是将已经开展的侦查工作中断，再由监察机关重新开始调查，既浪费了此前的侦查资源，也提高了执法成本。因而出于侦查犯罪行为的便利性和降低办案成本的思量，此类案件一般交由检察机关办理更为适宜，而且从有利于案件办理的角度可以将司法工作人员涉及的职务犯罪一并交由检察机关并案管辖。只有在特定情形下，如果由监察机关调查更有利于查明案情和维护案件办理公正的，才由监察机关管辖，无论是监察机关立案，还是检察机关立案，都应及时地将信息通报对方，防止重复立案。① 因此，将对司法工作人员职务犯罪侦查管辖权保留给检察机关，是基于检察机关的法律监督职能和侦查的便利性的双重考量。②

为规范检察机关与监察机关管辖权的适用，检察机关管辖涉嫌司法工作人员职务犯罪的案件，应符合三个条件，即案件线索需为检察机关在诉讼活动中履行法律监督职责的过程中发现、犯罪主体需为司法工作人员、犯罪行为侵犯的客体需为公民权利或司法公正。③ 为了整合侦查力量，强化检察机关对司法工作人员职务犯罪案件的管辖，《职务犯罪案件若干问题的规定》指出，此类案件由设区市以上检察机关管辖，基层检察机关不具有管辖权，但上级检察机关可将此类案件指定基层检察机关办理。④

综上，上述关于监察管辖事项的论述，明确了监察机关监督、调查、处置职能的管辖内容，界定了监察职权的行使边界，分析了监察管辖事项与其他机关管辖事项的牵连、并存和竞合现象，指出了管辖事项竞合的最优处理方式，为进一步认清监察管辖制度和了解监察管辖制度的运行奠定了基础。

---

① 参见周岩：《监察管辖与侦查管辖如何衔接》，载中央纪委国家监委网站：https：//www. ccdi. gov. cn/hdjl/ywtt/202102/t20210225_ 236510. html.，最后访问日期：2021 年 11 月 11 日。

② 参见董坤：《检察机关机动侦查权研究——从 2018 年修改的〈刑事诉讼法〉第十九条第 2 款切入》，载《暨南学报（哲学社会科学版）》2019 年第 1 期，第 124 页。

③ 参见《关于人民检察院立案侦查司法工作人员相关职务犯罪案件若干问题的规定》第 1 条。

④ 参见《关于人民检察院立案侦查司法工作人员相关职务犯罪案件若干问题的规定》第 2 条。

第六章 监察管辖的运行

自《监察法》颁布实施以来，监察机关充分履行国家监察的专责职能，依法监察所有行使公权力的人员，监督制约公权力的行使，防止公权力滥用，腐败治理成效显著，监察管辖的制度优势得以体现。同时，《监察法》及相关辅助规范中关于监察管辖规定的原则性，在监察管辖的运行中也引发一定的适用问题。在此基础上，本章对监察管辖的运行进行研究分析，并对监察管辖实践中存在的问题进行归纳总结。

一、监察管辖的运行现状

《监察法》对监察机关的管辖范围作出法定的明确规定，既可以有效避免管辖争议，又可以引导有关单位、个人依据管辖范围向监察机关提供问题线索，充分调动和发挥人民群众反腐败的积极性。同时，对提级管辖、指定管辖等管辖方式及管辖争议的解决方式，作出明确的规定，不仅增强了监察工作的机动性和实效性，而且确保了原则性与灵活性的有机结合，使得各级监察机关责任清晰，推动了监察管辖的有序运行。

（一）监察管辖运行的状况

监察管辖运行的状况可以从监察管辖运行的总体状况和监察管辖在监察案件的适用中得以充分展现。具体内容如下。

1. 监察管辖运行的总体状况

在一般管辖（分级管辖）的运行中，监察机关实行的是级别管辖与地域管辖相结合的原则，各级监察机关依据干部管理权限，对本辖区内的监察对象依法进行监察。依据干部管理权限即实行分级管理，如国家监察机关管辖，中央组织部门直接管理干部所涉监察事项；省级监察机关则负责管辖，本省省级组织部门直接管理干部所涉的监察事项，并以此类推。对《监察法》第15条第5项规定的“基层群众性自治组织中从事管理的人员”所涉监察事项的管辖，则由其所在的县级监察机关负责管辖，县级监察机关向这类人员所在街道、乡镇，派出监察机构或监察专员的，则由派出的监察机构、监察专员予以直接管辖。①

在提级管辖的运行中，基于一般管辖中级别管辖的规定，按照管辖分工，上级监察机关一般优先负责管辖其自身管辖范围内的监察事项，对按下级监察机关管辖范围的监察事项，上级监察机关一般不会主动管辖。因为对下级监察机关管辖事项干涉过多，不仅增加上级监察机关的工作任务，降低管辖效果，而且影响下级监察机关的工作积极性，不利于监察工作的有序开展。只有在特定的情形下，上级监察机关才会介入下级监察机关的管辖范围，办理依法应由下级监察机关管辖范围内的监察事项，在监察管辖实践中需要上级监察机关提级管辖的特定情形，为以下几种情况：一是上级监察机关认为所涉监察事项在其所辖地区内有重大影响的；二是上级监察机关认为所涉监察事项重要复杂，不便由下级监察机关办理的，或者该监察事项由下级监察机关办理，可能会影响公正处理的；三是该监察事项由领导机关指定，交上级监察机关直接办理。② 实践中，提级管辖的适用和运行，有效解决了一些重大、疑难、复杂案件的管辖问题，对一般管辖方式的运行进行了必要的补充。③

在指定管辖的运行中，指定管辖的适用包括两种情况：第一种情况是上级监察机关将由其管辖的监察事项，指定给其管理下辖的下级监察机关办理。例如，省级监察机关可将依法由其管辖的监察事项，指定由该省内的某一个市级监察机关管辖并办理。因为这一情形是常态化一般

① 参见中共中央纪律检查委员会、中华人民共和国国家监察委员会法规室编：《〈中华人民共和国监察法〉释义》，中国方正出版社2018年版，第116页。《监察法实施条例》第13条，对派驻管辖的规范进行了进一步的细化。

② 《监察法实施条例》第47条将提级管辖的情形明确为三种情形：一是在本辖区有重大影响的；二是涉及多个下级监察机关管辖的监察对象，调查难度大；三是其他需要提级管辖的重大、复杂案件。

③ 参见中共中央纪律检查委员会、中华人民共和国国家监察委员会法规室编：《〈中华人民共和国监察法〉释义》，中国方正出版社2018年版，第116-117页。

管辖的例外，需加以规范，防止指定管辖的任意适用，侵害被调查人的审级利益。《监察法实施条例》第 48 条规定了严格的审批程序，即设区市级监察机关将应由其管辖案件指定其下级监察机关管辖的，应当报请省级监察机关批准；省级监察机关将应由其管辖的案件指定给其下级监察机关管辖的，应当向国家监察委员会监督检查部门备案。指定管辖运行，是上下级监察机关之间领导与被领导关系的直接体现了，也强化了管辖方式的适用的灵活性，以适应监察管辖工作的复杂性。上级监察机关将其管辖的监察事项进行指定，是基于对监察机关内部人员和设备等资源的综合考量和配置，通过指定对资源进行优化和整合，提高监察工作的质量和效率。

第二种情况，是上级监察机关将其管辖的某一个下级监察机关管辖的监察事项，指定给该上级监察机关管辖其他监察机关的办理。实践中，这一情形的指定管辖主要适用于以下两种情况：一是涉及监察事项地域管辖出现归属不明的情形。例如，涉嫌共同职务违法犯罪行为，该行为由不同行政区域内的监察对象共同实施，这些监察对象所在的行政区域的监察机关，对该行政区域内的监察对象均具有管辖权，这种情形下上级监察机关可以将某个下级监察机关管辖的监察对象，指定给另一个下级监察机关管辖。二是出于排除办案干扰、案件办理公平公正等方面的原因，在对监察事项具有管辖权的监察机关不适宜继续管辖的情形下，上级监察机关也会对该监察事项进行指定，以确保监察事项办理的效率和公正。①

在指定管辖的运行中还包括报请提级管辖的适用。依据一般管辖的管辖原则，各级监察机关一般按照分工，处理好各自权限范围内的监察事项。但是，由于监察工作和监察事项的复杂性，在综合考虑监察机关自身的人员、设备、资源和能力等相关情况之后，如果监察机关认为其管辖的某一监察事项重大、复杂程度较高，超出其管辖能力，或基于综合因素由其管辖不适宜的，该监察机关可以将这一监察事项报请上级监

① 参见中共中央纪律检查委员会、中华人民共和国国家监察委员会法规室编：《〈中华人民共和国监察法〉释义》，中国方正出版社 2018 年版，第 119-120 页。

察机关，由其管辖。从监察实践来看，报请提级管辖的运行，主要适用于以下几种情形：一是有管辖权的监察机关认为该监察事项有重大影响，由上级监察机关管辖办理更为适宜的；二是下级监察机关存在相关不利因素或条件，该重大复杂的监察事项不适合由其办理的，或者该监察事项直接由该下级监察机关办理，可能会出现影响公正办理的情形的；三是该重大、复杂的监察事项涉及其他原因，应由上级监察机关管辖的。通过指定管辖和报请提级管辖的运行可知，上级监察机关的指定管辖和下级监察机关的报请提级管辖，是有一定的适用条件的，是依据涉及监察事项的具体情况和涉及监察机关的管辖能力来确定的，否则不依据客观情况的指定和报请提级管辖，会干扰监察管辖正常秩序的运行，影响监察管辖的质量和效率。① 同时，被指定的下级监察机关在接受被指定的案件后，经过核实如果认为该案件其也不具有管辖权或不适宜管辖的，在未经指定管辖的上级监察机关批准前，不得将案件再行指定管辖；在案件办理过程中，发现新的职务违法或职务犯罪线索或其他与案件相关重要情况、重大问题时，要及时向作出指定管辖的上级监察机关请示报告，依据上级监察机关的指示或批准履行管辖权。②

在派驻管辖的运行中，主要包括两方面的内容：一方面是派驻监察机构依据派出机关的授权，进行监督管辖，并根据具体情况提出相应的监察建议。依据相关法律规定，派出机关对派驻或者派出监察机构、监察专员的权限进行授予，具体包括监督管辖对象的范围、监察管辖的事项内容等，派驻（派出）监察机构依据授权开展相关的监督管辖工作。实践运行中，派驻或者派出监察机构监督管辖对象，一般为其在驻的党政机关、企事业单位等机构中的所有公职人员，其重点监督管辖对象是在驻单位的领导成员。以国家监察委员会派驻的各个监察机构为例，这

① 参见中共中央纪律检查委员会、中华人民共和国国家监察委员会法规室编：《〈中华人民共和国监察法〉释义》，中国方正出版社2018年版，第120页。《监察法实施条例》第48条，将上级监察机关管辖的某一下级监察机关管辖案件指定给该上级监察机关管辖的其他监察机关的情形，规定为四种情形，即管辖有争议的，指定管辖有利于案件公正处理的，下级监察机关报请指定管辖的，其他有必要指定管辖的。

② 参见《监察法实施条例》第48条第4款。

些派驻机构监督管辖的重点对象，是在驻单位机关和内设部门的领导成员、中央组织人事部门直接管理的公职人员以及该单位的司局（厅级）级公职人员。监督管辖的事项，主要包括该单位内公职人员依法履职、廉洁用权和职业道德等方面的情况。另一方面是派驻监察机构依据派出机关的授权，依法进行调查管辖和处置管辖。实践运行中，派驻或者派出的监察机构（或监察专员）可以根据授权，对在驻单位或机构有关公职人员涉嫌的职务违法和职务犯罪行为进行调查，根据调查核实的结果，派驻机构依据授权和法定程序，对违法的公职人员作出警告、记过等政务处分决定。在派驻管辖的运行中，派驻机构调查管辖和处置管辖的在驻单位监察对象，并不包括直接由其派出机关调查和处置管辖的在驻单位监察对象。以国家监察机关派驻在中央各部委的监察机构为例，其依据授权仅能依法调查和处置在驻部委的司局级及以下的公职人员，对在驻国家部委中直接由中央组织人事部门管理的公职人员，有权调查处置管辖的仍然是国家监察机关。[①]

此外，对于监察机关之间产生的管辖争议，在实践运行中，依法由产生管辖争议监察机关的共同上级监察机关，依据管理权限进行解决。监察机关之间的“管辖争议”，就是指对某一监察事项，依据管辖权确定的原则，或者两个监察机关均认为有管辖权，或者是两个以上监察机关均认为无管辖权，进而产生管辖争议。在涉及该监察事项的监察机关产生管辖争议后，因管辖权无法确定，需报请该监察事项涉及监察机关的共同上级监察机关解决，该上级监察机关依据管辖权限，在综合权衡涉及该监察事项的各种因素之后，确定最终的管辖机关。这里的“共同的上级监察机关”，是指某一监察事项发生管辖争议后，对该事项涉及监察机关均存在领导关系的上级监察机关。进行如此规定，是基于上下级监察机关之间的分级领导关系。在实践运行中，同一个省级行政区划内，地市级监察机关之间的共同上级监察机关，是该省级行政区划内的省级监察机关；而县级监察机关，按照属地如果分属于同一个省级行政区划

① 参见中共中央纪律检查委员会、中华人民共和国国家监察委员会法规室编：《〈中华人民共和国监察法〉释义》，中国方正出版社 2018 年版，第 100-101 页。

内的不同地（市），涉及监察机关的共同上级监察机关，仍然是该省级行政区划内的省级监察机关。在监察管辖的运行中，对于监察对象涉及的监察事项，各级监察机关既不能相互“争抢”，也不能相互“推诿”，对存在争议的事项，要及时上报请示，以便明确管辖权的归属，只有如此才能确保监察管辖的有序运行。[①]

2. 监察管辖在监察案件中的适用

随着《监察法》颁布实施而建立的监察管辖制度，适用监察管辖制度的监察裁判文书已经颇具规模，为准确了解监察管辖的运行现状，本文对监察案件裁判文书进行整理研究，通过对监察案例中与监察管辖相关数据的分析，发现监察管辖运行的基本规律。

作为分析数据基础的裁判文书，以“无讼案例网”（开放法律服务平台）公布的裁判文书为数据来源。在进行案件选择时，以2019年11月1日为截止时间，以“裁判年份：2019”“案由：贪污贿赂罪”“审理程序：一审”“管辖”为检索条件，在无讼案例网共检索出案例395份；以2019年11月1日为截止时间，以“裁判年份：2019”“案由：渎职罪”“审判程序：一审”“管辖”为检索条件，在无讼案例网共检索出案例74份。筛选出因有法定理由不公开内容、2018年3月《监察法》颁布之前审判生效、2018年3月份之前检察机关直接立案并于2018年3月份之后审判生效的判决书，此类判决书与监察管辖制度相关性较弱，本文将其筛选排除。在此基础上，将剩余的210份代表性案例作为分析样本。这些作为基础数据的案例原文均可在上述互联网网站查询，本文未做删减和修改。

本文将抽选的210份判决书进行结构化梳理，将与监察管辖确定相关的被告人的性别、工作地点、犯罪地点、住所地、是否是人大代表、是否是依据《监察法》15条确定的管辖对象、实际管辖机关、实际管辖机关是否是依据《监察法》第16条第1款确定（一般管辖）、实际管辖机关是否是依据《监察法》第17第1款确定（指定管辖）、实际管辖机关

① 参见中共中央纪律检查委员会、中华人民共和国国家监察委员会法规室编：《〈中华人民共和国监察法〉释义》，中国方正出版社2018年版，第117-118页。

是否是依据《监察法》第 16 条第 2 款确定（提级后自行管辖）等共 80 余种变量进行整理提取，默认样本案件被告人为 1 人，然后将这些文本化数据进行结构化转换，构建本文进行分析的 SPSS 数据库。

在本文统计的 210 份样本案例中，一般管辖案件数量占样本案例的 68.9%，指定管辖案件数量占样本案例的 29.19%，提级管辖（提级后自行管辖）案件数量占样本案例的 1.91%。（图 6-1）可以看出，样本中一般管辖案件占比超过 2/3，指定管辖案件占比超过 1/4，这两种管辖是样本案件中最常用的管辖类型。相对而言，一般管辖是监察管辖制度是适用最为广泛的管辖方式，是监察管辖制度的基础和其他监察管辖方式适用的根基。可以说，一般管辖是整个监察管辖制度适用的基础，一般管辖制度是否有效适用，对整个监察管辖制度的适用和贯彻至关重要。

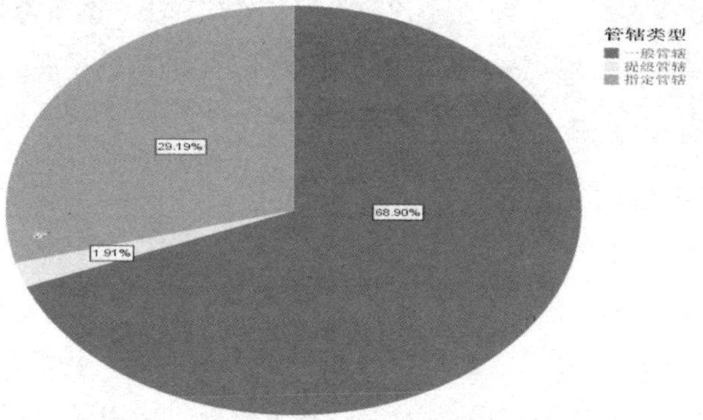

图 6-1　样本数据中三种管辖类型所占比例

在派驻管辖方式方面，2019 年中央纪委国家监委已实现对 100 多家中央一级党和国家机关的纪检监察派驻全覆盖。[①] 在地方上，各级监察机关也已依法向党和国家机关及国有企事业单位派驻、派出纪检监察机构或监察专员，自上而下的派驻全覆盖业已完成。仅 2019 年一年，全国纪检监察派驻机构就共处置问题线索 27.5 万件、对监察对象谈话函询 8.3 万人次、初步核实案件 21 万人次、监察立案案件达 6.6 万件，监察处分人员 5.9 万人次，参与查处中央一级党和国家、国有企业金融单位干部达

① 参见朱基钗：《健全党和国家监督体系的重要内容——聚焦深化中央纪委国家监委派驻机构改革》，载新华网：http://www.xinhuanet.com/politics/2018-11/01/c_1123649863.htm.，最后访问日期：2019 年 12 月 6 日。

59 人。[①] 派驻管辖的监察优势得到充分的发挥。

（二）监察管辖运行达到的效果

习近平总书记指出，“深化国家监察体制改革的初心，就是要把增强对公权力和公职人员的监督全覆盖、有效性作为着力点，推进公权力运行法治化，消除权力监督的真空地带，压缩权力行使的任性空间，建立完善的监督管理机制、有效的权力制约机制、严肃的责任追究机制。”[②]监察管辖制度的运行，充分反映了增强对公权力和公职人员监督全覆盖的国家监察体制改革初心，通过明晰监察范围对象和管辖事项，运用一般管辖、提级管辖、指定管辖等多种方式，实现了对监察对象所涉腐败问题的抓早抓小、动则辄咎。据中央纪委国家监察公布数据统计，2018 年 3 月至 2019 年期间，全国纪检监察机关监察监督达 350 多万人次，谈话函询达 70 多万人次，处分达 120 多万人次，违法立案审查达 12 多万人次，充分发挥了“治病树、拔烂树、护森林”[③] 的法治反腐功能。[④]

1. 监察管辖在涉腐人员上的全面覆盖

从中央纪委国家监委公布的数据可知，自《监察法》实施以来，2018 年全国纪检监察机关运用监察管辖制度，监察人数为 173.7 万人次，处分行使公权力的人员达 62.1 万人，其中包括省部级公职人员 51 人，厅局级公职人员 0.35 万人，县处级公职人员 2.6 万人，科级公职人员 9.1 万人，一般公职人员 11.1 万人，农村和企业等机构中其他行使公权力的

---

① 参见兰琳宗：《学报告抓落实 健全派驻机构与地方纪委监委协作机制》，载中央纪委国家监委网站：http：//www.ccdi.gov.cn/yaowen/202003/t20200306_212936.html.，最后访问日期：2020 年 5 月 30 日。

② 参见习近平：《在新的起点上深化国家监察体制改革》，载《求是》2019 年第 5 期，第 6 页。

③ 参见姜洁、赵兵：《纪检监察机关探索实践监督执纪“四种形态”治病树 拔烂树 护森林》，载《人民日报》2016 年 1 月 9 日，第 6 版。

④ 数据来源：《中央纪委国家监委通报 2018 年全国纪检监察机关监督检查、审查调查情况》，载中央纪委国家监委网：http：//www.ccdi.gov.cn/toutiao/201901/t20190108_186570.html.，最后访问日期：2020 年 8 月 11 日。《中央纪委国家监委通报 2019 年全国纪检监察机关监督检查、审查调查情况》，载中央纪委国家监察委网：http：//www.ccdi.gov.cn/toutu/202001/t20200117_207968.html.，最后访问日期：2020 年 8 月 11 日。

人员达 39 万人（图 6-2）。[①] 2019 年全国监察机关运用监察管辖制度，监察人数为 184.9 万人次，处分人数达 58.7 万人，其中包括省部级公职人员 41 人，厅局级公职人员 0.4 万人，县处级公职人员 2.4 万人，科级公职人员 8.5 万人，一般公职人员 9.8 万人，农村和企业等机构中其他被监察人员达 37.7 万人（图 6-3）。[②] 从监察制度建立后两年的运行实践看，监察管辖制度克服了此前行政监察管辖和职务犯罪侦查管辖范围较窄的弊端，通过对各级机关公务员、参公管理人员、国有企业管理人员等共六大类行使公权力人员的监察，实现了行使公权力人员的监察全面覆盖，基本上将腐败行为涉及的人员全部纳入监察管辖的范围。

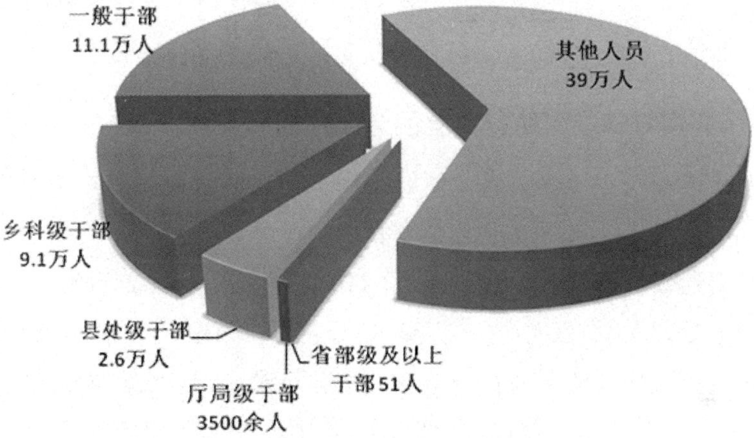

图 6-2　2018 年全国监察机关处分人员情况统计[③]

① 参见《中央纪委国家监委通报 2018 年全国纪检监察机关监督检查、审查调查情况》，载中央纪委国家监委网：http：//www. ccdi. gov. cn/toutiao/201901/t20190108_ 186570. html.，最后访问日期：2020 年 8 月 11 日。

② 参见《中央纪委国家监委通报 2019 年全国纪检监察机关监督检查、审查调查情况》，载中央纪委国家监察委网：http：//www. ccdi. gov. cn/toutu/202001/t20200117_ 207968. html.，最后访问日期：2020 年 8 月 11 日。

③ 参见《中央纪委国家监委通报 2018 年全国纪检监察机关监督检查、审查调查情况》，载中央纪委国家监委网：http：//www. ccdi. gov. cn/toutiao/201901/t20190108_ 186570. html.，最后访问日期：2020 年 8 月 11 日。

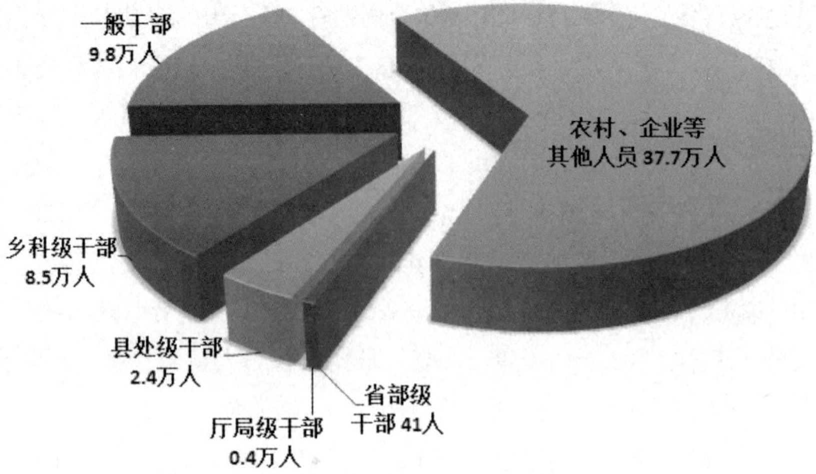

图6-3　2019年全国监察机关处分人员情况统计①

2. 监察管辖在涉腐行为上的全面覆盖

从中央纪委、国家监委公布的数据可知，自《监察法》实施以来，2018年全国纪检监察机关运用监察管辖制度对173.7万人次监察对象进行了监察监督，运用第一种形态处理110.4万人次（日常监督），运用第二种形态处理49.5万人次（党纪轻处分、组织处理），运用第三种形态处理8.2万人次（党纪重处分、重大职务调整），运用第四种形态处理5.5万人次（违法立案审查）。（图6-4）2019年全国纪检监察机关运用监察管辖制度，对184.9万人次监察对象进行了监察监督，运用第一种形态处理124.6万人次（日常监督、批评教育），运用第二种形态处理46.3万人次（党纪轻处分、组织处理），运用第三种形态处理7.2万人次（党纪重处分、重大职务调整），运用第四种形态处理6.8万人次（违法立案审查）。②（图6-5）结合《监察法》第11条、第45条的规定，监察机关

① 数据来源：《中央纪委国家监委通报2019年全国纪检监察机关监督检查、审查调查情况》，载中央纪委国家监察委网：http://www.ccdi.gov.cn/toutu/202001/t20200117_207968.html.，最后访问日期：2020年8月11日。

② 参见《中央纪委国家监委通报2018年全国纪检监察机关监督检查、审查调查情况》，载中央纪委国家监委网：http://www.ccdi.gov.cn/toutiao/201901/t20190108_186570.html.，最后访问日期：2020年8月11日。《中央纪委国家监委通报2019年全国纪检监察机关监督检查、审查调查情况》，载中央纪委国家监察委网：http://www.ccdi.gov.cn/toutu/202001/t20200117_207968.html.，最后访问日期：2020年8月11日。

通过监督事项、调查事项和处置事项的管辖，实现了对行使公权力人员履职行为的监督，对违纪行为、职务违法和职务犯罪行为的调查和处置。

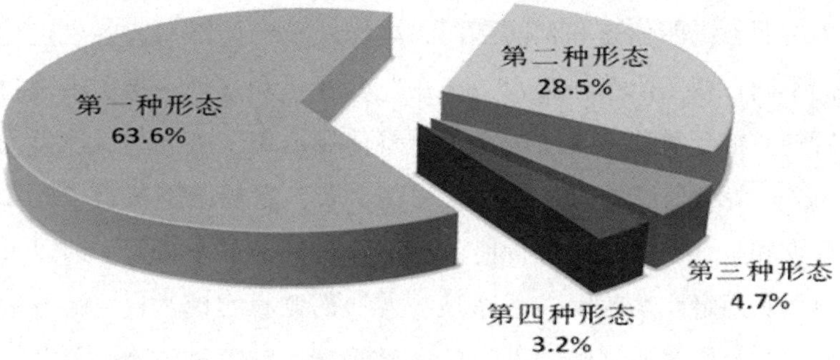

图 6-4　2018 年全国纪检监察机关适用“四种形态”情况统计①

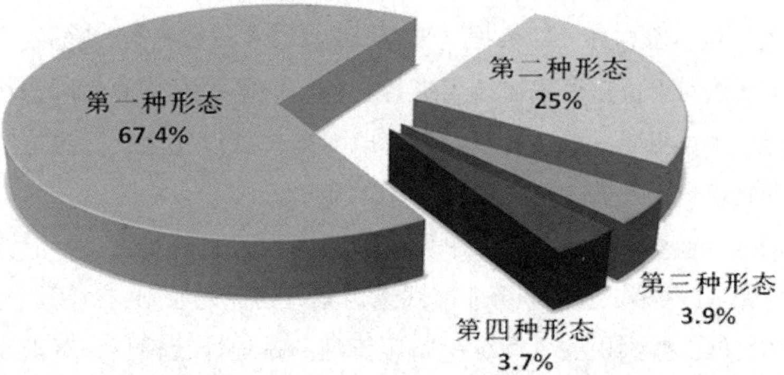

图 6-5　2019 年全国纪检监察机关适用“四种形态”情况统计②

二、监察管辖运行中的问题及成因

经过对本文选取案源和相关数据的统计分析，归纳出监察管辖在实践工作中存在的代表性问题，以此窥见监察管辖运行的总体概况，具体表现在以下几个方面。

① 参见《中央纪委国家监委通报 2018 年全国纪检监察机关监督检查、审查调查情况》，载中央纪委国家监委网：http：//www. ccdi. gov. cn/toutiao/201901/t20190108_ 186570. html.，最后访问日期：2020 年 8 月 11 日。

② 参见《中央纪委国家监委通报 2019 年全国纪检监察机关监督检查、审查调查情况》，载中央纪委国家监察委网：http：//www. ccdi. gov. cn/toutu/202001/t20200117_ 207968. html.，最后访问日期：2020 年 8 月 11 日。

（一）单位职务犯罪管辖的规范冲突

监察体制改革前，我国对腐败的治理职能分散在行政监察机关、检察机关的职务犯罪侦查和预防部门、国家腐败预防部门，各个机构的管辖范围不同，相互衔接不紧密，存在监督盲点和难点。为了实现对公权力运行的监督全覆盖，我国进行了监察体制改革，由改革后新设的国家监察机关，专责监察所有行使公权力的人员，管辖范围覆盖了改革前的监督盲点和难点，实现了对行使公权力人员的监察全覆盖，即以人员为监察对象和划定监察范围，通过对“人”的监察实现对权力运行的制约和监督。监察机关通过对“人”的监察管辖，取代此前的对“事”监督管辖，虽然将所有行使公权的人全部纳入监察范围，但是对于法律拟制的“人”则排除在外，即依据《监察法》第15条和第16条的规定，监察机关无法对单位违法犯罪行为进行管辖。依据我国《刑法》的相关规定，对于单位犯罪一般实行双罚制，既对单位处以罚金，又对主要责任人员和直接责任人员处以刑罚，如单位行贿罪。①

依据《监察法》的规定，单位未被明确列为监察对象；而依据《监察法》第34条第1款的职务犯罪线索监察管辖优先原则，对于职务犯罪案件的管辖，监察机关具有统一归口管理的排他性管辖权。对于职务犯罪案件的线索，除检察机关能够对诉讼活动中特定的14种职务犯罪行为享有管辖权以外，其他相关机关没有管辖权，只有监察机关才能管辖，这样形成了一个职务犯罪管辖的闭环，即职务犯罪案件只有监察机关有管辖权，但是在法律的适用中却存在着法律依据不足的困境。

《监察法》颁布实施后，中央纪委国家监委随后制定了《管辖规定（试行）》，该规定第4章在监察机关管辖案件范围中将单位职务犯罪予以列明，进一步表明了监察机关对单位犯罪的管辖权。2019年10月，全

① 参见《刑法》（2017）第393条。

国人大通过规定，授权国家监委以监察法规制定权。[①] 此后，2021 年 9 月 20 日《监察法实施条例》颁布实施。作为全国人大授权后，监察机关颁布的首部系统实施《监察法》的监察法规，对监察管辖和立案进行了明确的规定。依据《监察法事实条例》第 44 条规定，“有关机关、单位、组织集体作出的决定违法或者实施违法行为的，监察机关应当对负有责任的领导人员和直接责任人员中的公职人员依法追究法律责任”。该条例第 181 条第 2 款规定，“对单位涉嫌受贿、行贿等职务犯罪，需要追究法律责任的，依法对该单位办理立案调查手续。对事故（事件）中存在职务违法或者职务犯罪问题，需要追究法律责任，但相关责任人员尚不明确的，可以以事立案。对单位立案或者以事立案后，经调查确定相关责任人员的，按照管理权限报批确定被调查人”[②]。由上述《管辖规定（试行）》《监察法实施条例》的规定可知，监察机关具有对单位职务犯罪具有管辖权，但是《管辖规定（试行）》为国家监察委员会内部规定，位阶不高，效力不强，仅能对监察机关系统内部具有约束力，作为法律适用依据其效力等级不足，不能作为监察机关对单位职务犯罪具有管辖权的法律依据。《监察法实施条例》为全国人大授权后国家监察机关依法制定的监察法规，依据全国人大授权的规定，监察机关为执行法律的规定需要制定监察法规的事项，但不得与监察法规及法律相抵触。[③]《监察法实施条例》此处对单位职务犯罪的规范规定与《监察法》中监察机关以“行使公权力的公职人员”为监察范围的规范存在冲突之处。

---

① 2019 年 10 月 26 日，第十三届全国人大常委会第十四次会议通过《关于国家监察委员会制定监察法规的规定》，授权国家监察委员会以监察法规制定权，该决定于 2019 年 10 月 27 日生效施行。参见《全国人民代表大会常务委员会关于国家监察委员会制定监察法规的决定》，载中国人大网：http：//www. npc. gov. cn/npc/c30834/201910/911aed040a7948a3b2679568d6216140. shtml.，最后访问日期：2020 年 2 月 10 日。因《国家监察委员会管辖规定（试行）》制定日期为 2018 年 4 月，早于此决定，且该决定未规定溯及既往，因而《管辖规定（试行）》属于内部规定，不属于效力较高的监察解释。

② 参见《监察法实施条例》第 44 条、第 181 条。

③ 参见《全国人民代表大会常务委员会关于国家监察委员会制定监察法规的决定》，载中国人大网：http：//www. npc. gov. cn/npc/c30834/201910/911aed040a7948a3b2679568d6216140. shtml.，最后访问日期：2020 年 2 月 10 日。

（二）非公职人员行贿的立案管辖规范效力层级低

监察机关的监察管辖对象为公职人员和行使公权力的人员，并依据《监察法》第3条、11条的规定，对公职人员涉嫌贪污贿赂等职务违法犯罪案件具有管辖权，而对于非行使公权力的人员涉嫌的职务犯罪，如非国家工作人员受贿罪等，因公职人员参与共同犯罪才享有管辖权。为此，依据《监察法》的规定，监察机关对于非行使公权力人员的职务犯罪案件的管辖权，法律依据不足，如私营业主或民营企业行贿罪。而在贿赂犯罪案件中，行贿人大都为私营业主或民营企业。① 贿赂犯罪为对合犯，是一种特殊的共同犯罪，有受贿行为就必然存在行贿行为，要治理贿赂犯罪必须治理行贿行为，为此党的十九大报告中提出了要"坚持行贿受贿一起查"。虽然《监察法》第22条第2款规定，监察机关可以对行贿人和共同职务犯罪的涉案人员进行留置，这只是确保查明事实和证据收集②，而不是对涉嫌行贿的非行使公权力人员具有管辖权。同样，对非行使公权力人员涉嫌的单位行贿罪，监察机关管辖的法律依据存在欠缺。而《管辖规定（试行）》第21条，仅对部分非公职人员涉嫌的职务犯罪规定由公安机关管辖，并未包含非行使公权力人员或单位作为犯罪主体涉嫌的贪污贿赂类犯罪。

由上述分析可知，由于《监察法》规定的较为原则和相关法律规定的缺失，部分监督管辖案件的管辖法律依据欠缺，监察管辖适用困难，而根据《监察法》集中统一管理职务犯罪案件的立法目的和初衷，此类案件其他机关无相关的管辖权，进而造成了监察机关应管而法律依据不足的困境，法律规定与法律适用间的偏差，长此以往将造成部分职务犯罪罪名管辖的虚置化③。为了强化对行贿犯罪的管辖，《监察法实施条例》

① 如××省××人民法院（2019）皖1124刑初114号刑事判决书中的被告，滁州天成药业有限公司和其实际负责人刘某某为民营企业和非行使公权力的私营业主。

② 参见中共中央纪律检查委员会、中华人民共和国国家监察委员会法规室编：《<中华人民共和国监察法>释义》，中国方正出版社2018年版，第135页。有学者据此将留置措施界定为取证手段。参见魏昌东：《〈监察法〉监察强制措施体系的结构性缺失与重构》，载《南京师大学报（社会科学版）》2020年第1期，第114页。

③ 参见钱小平：《监察管辖制度的适用问题及完善对策》，载《南京师大学报（社会科学版）》2020年第1期，第134页。

第46条第3款在《监察法》规定的基础上，对行贿犯罪的管辖进行了扩大解释，规定“监察机关调查公职人员涉嫌职务犯罪案件，可以依法对涉嫌行贿犯罪、介绍贿赂犯罪或者共同职务犯罪的涉案人员中的非公职人员一并管辖。非公职人员涉嫌利用影响力受贿罪的，按照其所利用的公职人员的管理权限确定管辖”。但是，《监察法实施条例》对非公权力主体实施行贿行为监察管辖的扩大解释，则与《监察法》以公职人员为监察范围的规范存在冲突，需尽快将非公职人员或单位涉嫌行贿犯罪管辖的规范，上升为法律，提高其适用的法律位阶，赋予其更强的法律效力，消解规范冲突。

（三）提级和指定管辖决定程序规范不足

自指定管辖适用于高官腐败的职务犯罪案件侦查后，逐渐形成了省部级高官职务犯罪案件跨省侦查、起诉和审理；厅局级官员在其所在省内异地侦查、起诉和审判的惯例；部分特殊厅局级高官跨省侦办审理，是因为其涉及更高级别官员的职务犯罪行为。[①] 监察体制改革后，国家监察机关延续了这一做法，对省部级高官的职务犯罪行为跨省查办和审理。[②] 通过对中央纪委国家监委网站公布的中管干部执纪审查信息的梳理，发现从2018年《监察法》实施以来至2019年12月1日，共有39名副部级及以上中央管理的高级领导干部被执纪审查，从已有的信息看这些监察案件，全部是通过指定管辖的方式办理。[③] 通过对本文统计的样本案例的分析，发现仅在210份样本案例中就有60件案件适用指定管辖，占比将近30%，而提级管辖（提级后自行管辖）也占比达1.9%（图6-1），放到全国范围内数量更为庞大。以黑龙江省哈尔滨市纪委监委为例，

① 参见李玉萍：《异地审判与我国刑事管辖制度的改革与完善》，载《中国刑事法杂志》2009年第2期，第3-4页。对这一职务犯罪案件办理的常态总结，其他学者也表示了认同。参见卞建林、桂梦美：《腐败犯罪诉讼管辖现状与制度完善》，载《人民检察》2015年第13期，第26-27页。

② 参见徐日丹：《天津检察机关依法对秦岭涉嫌受贿、贪污案提起公诉》，载《检察日报》2019年8月8日第2版。

③ 参见中央纪委国家监委网站：http：//www.ccdi.gov.cn/scdc/zggb/zjsc/.，最后访问日期：2020年2月20日。

截至2019年6月1日，哈尔滨市纪委监委已经作出指定管辖决定111份。[①] 可见，指定管辖的适用在逐步扩大，已经从主要适用于高官腐败案件的查处，广泛适用于一切职务犯罪案件。同样，提级管辖的适用情况也呈上升态势。

监察指定管辖和提级管辖作为应对特殊案件的辅助管辖方式，其是一般管辖方式的补充，其设立目的是通过对特殊案件的特殊管辖，确保管辖的全面覆盖和监察制度的权威性。但在当前，除了省部级高官职务犯罪案件和省级组织人事部门管理的厅局级干部指定管辖外，已经扩展到处级领导干部，甚至部分乡科级公职人员都要指定管辖或提级管辖。指定管辖和提级管辖的大量适用，已经冲击以干部分级管理和管辖地域为准的一般管辖原则了。

依据《〈监察法〉释义》指定管辖适用的情形有两种，即地域管辖不明而导致的管辖争议，或原管辖机关不适宜或不能管辖的情形。[②] 提级管辖的适用情形为，上级监察机关认为属于具有重大影响的、涉及事项复杂下级监察机关不便办理或影响公正处理的、上级监察机关指定由本级监察机关办理的事项。[③] 而下级监察机关的报请提级适用情形也为三种，具体为下级监察机关认为案件重大复杂需要由上级监察机关办理的、下级监察机关基于公平公正等考虑认为不宜由其管辖的及其他原因需要上级监察机关管辖的重大复杂监察事项。[④] 而对于监察管辖进一步进行明确的《管辖规定（试行）》，对指定管辖、提级管辖适用应遵循的一般原则、被指定管辖单位需要具备的条件、涉及案件的案情标准以及必须指定管辖的情形等，都没有作出进一步的明确规定。此后国家监委颁布实施的《监察法实施条例》第48条，对监察指定管辖进行了细化和规范。依据该条例第48条，上级监察机关将其管辖案件指定下级监察机关管辖

---

① 参见××省××法院（2019）黑0108刑初74号刑事判决书。

② 参见中共中央纪律检查委员会、中华人民共和国国家监察委员会法规室编：《<中华人民共和国监察法>释义》，中国方正出版社2018年版，第119–120页。

③ 参见中共中央纪律检查委员会、中华人民共和国国家监察委员会法规室编：《<中华人民共和国监察法>释义》，中国方正出版社2018年版，第117页。

④ 参见中共中央纪律检查委员会、中华人民共和国国家监察委员会法规室编：《<中华人民共和国监察法>释义》，中国方正出版社2018年版，第120页。

需履行必要的审批或备案程序；将下级监察机关管辖案件指定其他同级下级监察机关管辖包括管辖有争议的，指定管辖有利于案件公正处理的，下级监察机关报请指定管辖的和其他有必要指定管辖的这四种情形；并明确被指定管辖后，下级监察机关不得未经指定监察机关批准，再行指定管辖。从该条例的规范细则梳理可知，对指定管辖的规范同样是原则性的规定，没有明确的量化标准和执行规范。[1] 据此，当前指定管辖或提级管辖适用决定的依据是原则化的，没有具体明确的操作程序和规范，如对于“重大”如何界定，对“复杂”“调查难度大”如何认定等。由于缺乏具体的操作规范和程序，在监察机关指定管辖或提级管辖的决定过程中，参与决策者的主观判断具有很大的影响力。虽然，决定过程可能存在一定的内部决策规定，但是这类规范的内部性决定了其法定效力不高，是以决定的科学性或合理性在一定情况下容易受到质疑。

没有程序的限制和约束，可能存在“人定”代替“法定”的情形[2]，可能存在需要指定管辖或提级管辖的情形，却并未作出指定或提级的决定；或指定、提级的决定具有一定的倾向性。以本文统计分析的一份样本案例为例，具体案情如下：H 省 XX 市 Y 区纪委监委原会计朱某挪用公款罪一案。朱某任职期间，利用职务之便挪用区纪委公款人民币 73.876234 万元归个人使用，其犯罪行为案发后，由 Y 区监察委调查并采取留置措施，后经 Y 区检察院审查起诉，Y 区法院认为其构成挪用公款罪，判处有期徒刑 1 年 6 个月，缓刑 2 年。[3] 虽然，被告人存在自首和案发后积极归还挪用款物的情形，但本案在办理中被告人所在监察机关，并未因本案存在一般刑事案件办理过程中的回避情形[4]而回避调查，案件的公正合法性存疑。诚然由于监察指定管辖具体适用规则的缺失，本案

① 参见《监察法实施条例》第 48 条。

② 参见龙宗智、白宗钊、谭勇：《刑事诉讼指定管辖若干问题研究》，载《法律适用》2013 年第 12 期，第 41 页。

③ 参见××省××法院（2019）豫 0711 刑初 17 号刑事判决书。

④ 依据《刑事诉讼法》第 29 条规定，审判人员、检察人员、侦查人员具有下列情形之一的，应当回避，当事人及其法定代理人有权向相关机关要求上述人员回避：①是本案当事人或当事人的近亲属的；②本人或他的近亲属与本案有利害关系的；③担任过本案的证人、鉴定人、辩护人、诉讼代理人的；④与本案当事人有利害关系，可能影响案件公正处理的。

由被告人原单位自行调查并未违反相关法律[①]，具有一定的合法性。但是，同样是本单位工作人员涉案的情形，2013 年，《人民检察院直接受理立案侦查职务犯罪案件管辖规定》第 11 条则明确规定，下级检察机关应当向其上级检察机关提请指定改变管辖，上级检察机关应当指定异地侦查。[②] 同样的情形，只是工作人员所在机关的不同，就采取不同的管辖类型，而且是合理性存疑的管辖方式，这容易引发同罪不同罚的隐忧，也是对刑法公正性和公平性的侵害，损害监察机关的权威性。

基于指定或提级管辖决定的“非法定化、非程序化”，尤其是指定管辖的案件，可能会引发相关监察机关的“争抢”。指定管辖的案件为非被指定监察机关本地案件，案件当事人不是本级组织人事部门管理的公职人员或行使公权力的人员。如果能够争取这样的案件，既能锻炼本单位工作人员的工作能力，又能完成一定数量的案件要求；被调查人非本级党委和组织人事部门管理干部，对其查处不会引发对同级党委领导人员的主体责任，而且相关的办案经费由指定单位负责。在现行的工作考核体系下，这对一些监察机关具有很大的“诱惑性”，如果能够尽量多地争取相应的指定管辖案件，则既能提高工作业绩，又能扩大本级监察机关的影响力和权威性，进而引发对指定管辖案件的“争抢”。

（四）派驻管辖规范可操作性不强

《监察法》颁布实施后，监察派驻机构成为派出监察机关的组成部门，授予其部分监察权限，是派驻制度从党内的监督方式成为国家监察职能履行的重要手段。为此，国家深化对监察派驻机构的改革，强化对派驻机构的领导，使派驻机构聚焦监察监督的职能，并提升其监督工作的独立性，不再参与驻在单位的日常管理事务，监督管辖职能日益加重，增加了对部分监督对象的违法犯罪调查处置职能。以《监察法》颁布后

① 依据《监察法》第 58 条的规定，对于存在回避情形的，仅要求办理监察事项的监察工作人员回避，未要求必须单位回避或提请指定管辖。

② 《人民检察院直接立案侦查职务犯罪案件管辖规定》（2013 年 1 月 8 日）第 11 条规定，当存在下列情形时，下级检察机关应当提请上级检察机关指定改变管辖，上级检察机关应当指定异地侦查：①依据刑事诉讼法的规定，本院检察长应当回避的；②本院的工作人员涉嫌职务犯罪的，而且按照分级管辖原则属于本院管辖的。

至2019年12月1日期间，中央纪委国家监委公布的，中央一级党政机关及国有企业中公职人员执纪审查情况为例[①]，派驻监察机构管辖了其中的绝大部分案件。（表6-1）而且，整合后的派驻机构不再只负责其驻在单位的监察监督任务，有时某一派驻机构会负责两个以上机构的监察监督任务。例如，改革后的中央纪委国家监委驻民政部纪检监察组，负责民政部和中国残疾人联合会两家机构的综合监督工作，除了对驻在单位班子成员和中管干部的监督外，其还具有对驻在单位司局级以下非中央管理干部的违法犯罪调查权。[②] 同时，由于监察体制改革后，监察对象覆盖所有公职人员，监督对象陡增。以中央纪委国家监委驻商务部纪检监察组为例，该派驻机构对商务部和中国贸促会进行综合监督，其中仅商务部就有2100名公务员，而中国贸促会的工作业务分布在世界各国，监督监察任务十分繁重。[③]

表6-1　中央一级干部监察管辖统计（2018.4.1—2019.12.1）

	频率	百分比	有效百分比/%	累积百分比/%
国家监委	1	1.7	1.7	1.7
派驻部委纪检组	38	64.4	64.4	66.1
省级监察机关	1	1.7	1.7	67.8
派驻重要金融企业纪检组	5	8.5	8.5	76.3
派驻央企纪检组	12	20.3	20.3	96.6
派驻国企监察专员	2	3.4	3.4	100.0
总计	59	100.0	100.0	

在派驻机构管辖工作任务繁重的同时，在派驻管辖规范方面，《监察法》仅有第12、第13条对其进行规定，《管辖规定（试行）》《监察法

① 数据统计于中央纪委国家监委网站公布的相关公职人员执纪审查信息。参见中央纪委国家监委网：http://www.ccdi.gov.cn/scdc/zyyj/zjsc/index_1.html.，最后访问日期：2020年8月14日。

② 参见中央纪委国家监委驻民政部纪检监察组网站：http://preview.zbjjz.mca.gov.cn/article/zzjg/201607/20160700884586.shtml.，最后访问日期2020年8月14日。

③ 参见李仰哲：《牢牢把握“两个维护”根本政治任务 把全面从严治党贯穿商务发展全过程》，载《中国纪检监察》2018年第18期，第10-11页。

实施条例》中也对派驻管辖的规范也较为原则[1]，致使派驻管辖的适用缺乏可操作性的程序规范进行指导。

在监察调查措施的适用上，“管办”分离的监察案件因“属人”管辖与“属地”管辖的区别，也存在一定的协调问题。就中央一级的派驻监察机构而言，自深化派驻（派出）机构改革后，中央纪委国家监委授予中央一级派驻（派出）纪检监察机构（纪检监察合署办公）全部调查措施适用的权限。即中央一级派驻（派出）纪检监察机构可以使用留置、搜查、技术调查等严厉调查措施，依据属人管辖对工作地点在地方、干部管理权限在主管部门的公职人员职务犯罪问题开展调查。与此同时，该类干部工作地点在地方，地方监委本身具有属地管辖权之要素，也可以调查上述公职人员职务犯罪案件。在这种情况下，《管辖规定（试行）》要求双方进行协商确定管辖，避免管辖冲突。《监察法实施条例》规定由派出或派驻机构、监察专员进行管辖[2]，并赋予派驻（派出）监察机构一定的决定权，即工作地点在地方、干部管理权限在主管部门的公职人员涉嫌职务违法犯罪的，派驻（派出）纪检监察机构认为由其工作地的地方纪委监委调查更为适宜的，及时同其工作地有关纪检监察机关协商确定管辖归属问题。但实践中，由于协调沟通机制不畅、人为因素多、责任不明等原因，容易导致派驻（派出）机构与地方监察委员会在管辖权上的积极冲突或者消极推诿问题。

对于省级及以下派驻（派出）机构而言，与中央一级派驻（派出）机构获得的全部授权不同，省级纪委监委一般并未授予其派驻（派出）纪检监察机构具有留置、搜查、技术调查等严厉监察调查措施的权限。就被调查人涉嫌的职务犯罪案件调查而言，其与不涉罪的职务违法案件调查，是存在诸多明显差异性的，仅调查措施使用权限就大为不同，依赖于搜查、留置措施等调查措施。因此，在省以下，就派驻（派出）纪检监察机构而言，如果省级纪委监委未授权其留置、搜查等措施使用权限，那么其实质只能查处管理权限范围内的公职人员仅涉嫌职务违法的

① 参见《管辖规定（试行）》第27-29条；《监察法实施条例》第12、13、49条。

② 参见《监察法实施条例》第49条。

案件。但是，由于管辖权不区分职务违法和职务犯罪，对管理权限范围内公职人员涉嫌职务犯罪问题名义上有管辖权，实质上是无力查处的。这一以干部管理权限为主的管辖规定对职务犯罪案件而言，有名无实，根本无法落到实处。而以干部管理权限为主的管辖规定，导致地方监委也并不能依法获得这类干部的职务犯罪管辖权，需要与具有管辖权的派驻（派出）机构进行沟通并协商一致，此时管辖机制已无法自行运转，出现了“有权查的却查不了”的消极冲突。

（五）互涉案件协调机制不健全

不当行使公权力引发的腐败行为，往往会与其他犯罪行为相交织，出现职务违法犯罪与普通刑事犯罪案件互涉的情形。例如，徇私枉法往往与行贿人的行贿行为密切相关，而职务犯罪案件发生后，其密切关系人为掩盖其犯罪行为可能会引发伪证罪、窝藏罪等案件，极端情况下甚至会引发故意杀人罪等案件的产生。此类互涉案件需有效处置，才能明确责任，有利于案件的办理，否则将会降低案件办理效率，提高办案成本。现阶段《监察法》对互涉案件的处置方式，就是监察机关对职务犯罪案件办理具有优先权[①]，即以监察机关调查为主，其他相关机关协助的“主从配合”分案管辖模式[②]。

监察管辖的主从配合分案模式，虽然切实维护了监察机关对职务犯罪案件管辖的优先权，并提升职务犯罪案件的调查效能；[③] 但是，《监察法》中关于分案模式的规定较为原则，缺乏具体的相关细则和协调机制，使这一分案模式实践的适用中也出现了问题——即当作为“主案”的职务违法犯罪案件与作为“从案”的普通刑事案件相比，“主案”案情并不严重；或者作为“主案”的职务犯罪案件案情相对简单，而作为“从案”的普通刑事犯罪则较为复杂、技术性要求较高。如果严格按照主从配合的分案模式，则可能给监察机关带来不必要的办案压力，占据其本身就

① 参见《监察法》第34条。

② 参见谢小剑：《监察委员会刑事调查管辖制度初探》，载《湖湘论坛》2019年第5期，第60页。

③ 参见《监察法》第34条；《管辖规定（试行）》第19条；《监察法实施条例》第51、52条。

较为紧张的办案资源。以受贿罪为例，被调查人受贿的案情和情节较为简单明了，而被调查人在受贿后积极参与行贿人涉嫌的影响较大、数额巨大的经济犯罪。而且，普通刑事犯罪案情复杂、涉及人员众多，侦查的技术性要求较高。在此情形下，如果一味地强调以监察机关调查为主，由监察机关协调沟通整个案件的办理，不但会加重监察机关的工作强度，而且会因监察机关相关专业技术能力的缺失，降低整个案件的办理效能。

同时，因协调机制的欠缺，无具体的程序性规范，如果严格适用主从配合监察管辖分案模式，还会引发以下方面的问题：

一是普通刑事案件侦查机关对监察措施的借用，损害犯罪嫌疑人的部分合法权益。当涉案被调查人一人犯数罪，需通过分案管辖的方式明确监察机关和相关机关的管辖权，但涉案的犯罪主体只有被调查人一人，不能对其同时采取刑事强制措施和留置措施，则会产生留置措施与司法强制措施适用的冲突。如果司法侦查在先、监察调查在后，势必会出现监察机关需要对已被采取司法强制措施的人员采取留置措施进行调查的问题。《监察法》《刑事诉讼法》为职务犯罪案件中留置措施与刑事强制措施的转换，调查程序与审查起诉程序的流转提供了依据——检察机关通过行使“先行拘留权”保障监察调查程序向刑事诉讼程序过渡，实现“法法”有效衔接①。但对已被采取强制措施的人员，能否对其采取留置措施以及如何转换衔接，《监察法》和《刑事诉讼法》对此均未作规定。尽管法律尚未明确规范，但是实践探索已经不少。例如，张某某因涉嫌寻衅滋事罪被公安机关先立案侦查、采取逮捕措施的同时，监委发现其还涉嫌行贿犯罪，经双方协商一致，由公安机关对其取保候审，同日监委对其依法采取留置措施。② 那么，对同一个人能否同时适用取保候审措施和监察留置措施，这种法律适用上的矛盾如何解决，这都是值得思考的。

为此，部分侦查机关便利用主从配合分案管辖的原则，故意通过

---

① 参见徐汉明、丰叶：《检察机关“先行拘留权”属性、程序、效能之逻辑结构》，载《法学评论》2020 年第 6 期，第 87-100 页。

② 参见湖北省纪委监委案件监督管理室：《拟留置对象已被采取司法强制措施的怎样协调办理》，载《中国纪检监察报》2019 年 6 月 12 日，第 8 版。

“配合”监察机关的调查工作，参与调查活动，利用“留置”等监察措施，规避刑事强制措施的严格审批要求。虽然留置措施和刑事强制措施都具有限制涉案人员人身自由的特性，但是现阶段在监察调查阶段并未赋予被调查人与犯罪嫌疑人完全相同的程序性权利。当作为普通刑事案件的犯罪嫌疑人，由于侦查机关借用监察调查措施而被限制人身自由时，并未享有刑事诉讼法赋予的完整诉讼权利。在此情形下，同时作为普通刑事案件犯罪嫌疑人和监察被调查人的涉案主体，其部分的合法权利因侦查机关的程序借用而被损害了，如犯罪嫌疑人的委托律师辩护的权利。

由此形成了互涉案件中律师介入的冲突。监察调查适用《监察法》，不适用《刑事诉讼法》。《监察法》在监察机关办理职务犯罪案件的调查阶段，对律师介入未作规定，即从法律规定上并未允许律师介入，只有待案件移送审查起诉后，犯罪嫌疑人才有权委托辩护人。虽然有学者基于法律保留原则认为被调查人有寻求律师帮助的权利①，但是在监察案件办理实践中，监察机关并未采纳此种观点。互涉案件中，如果允许侦查工作同步或者先行开展，根据《刑事诉讼法》的规定，犯罪嫌疑人被侦查机关第一次讯问或者采取强制措施之日起就可以聘请律师。互涉案件监察与公安同步立案办理时，即便公安机关不采取强制措施，而是由监察机关采取留置措施，但只要立案后公安机关对犯罪嫌疑人开展了第一次讯问，按照《刑事诉讼法》的规定，律师即可依法介入，这样同步或后续开展监察调查时就会在律师介入问题上出现法律冲突。

二是其他侦查机关利用监察机关调查措施获取证据的合法性问题。在主从配合的分案模式下，作为协助配合监察机关办案的其他刑事侦查机关，可以参与到监察机关的监察调查中。由于被调查人涉嫌的职务犯罪和其他普通刑事犯罪是相互交织的，在协助监察调查过程中，存在利用监察调查措施而进行刑事侦查的可能，并获取了与普通刑事案件相关的证据。在此情形下，这类刑事证据是利用监察机关的调查措施而取得

① 参见王一超：《论<监察法>与<刑事诉讼法>适用中的程序衔接》，载《法治研究》2018年第6期，第33-47页。

的，监察调查措施的适用使犯罪嫌疑人的自白任意性[①]受限，所以这类证据尤其是言辞证据的证据真实性、客观性和合法性存疑，是否可以在刑事诉讼中采用值得商榷。

三是监察程序与司法程序衔接的问题。如果在普通刑事案件进入审查起诉甚至审判阶段后，新发现犯罪嫌疑人或被告人涉嫌职务犯罪问题的，按照《监察法》关于职务犯罪专属调查的特性，此时相关职务犯罪问题需要移送监察委员会调查。但由于《监察法》及其相关法律法规，对此种情形缺乏具体适用的程序规范，实践中在审查起诉或审判环节，人民检察院或法院往往会以没有法律依据为由，不愿意将人再交由监察机关采取留置措施调查以及在程序上衔接等待监察调查结论。即便有的检察院协调后同意，也往往通过技术性退查的手段，将案件退回公安机关，再由公安机关在侦查环节通过变更强制措施衔接监察程序。监察体制改革后，修订的《刑事诉讼法》及相关司法解释，均未将监察机关需要对犯罪嫌疑人或被告人涉嫌职务犯罪问题立案并采取留置措施调查，作为审查起诉或法院审理中止或延期的法定情形之一，司法程序与后启动的监察程序如何协调仍然处于无法可依的境地，存在管辖衔接的空白。[②]

四是对案件侦查原则的挑战。在刑事案件侦查中，为了保证案件的侦查进度和案件办理的客观性，普通刑事案件在侦查阶段是采取保密原则，相关信息是不对外公开的。而在监察机关主从配合分案模式下，刑事侦查机关在案件侦查阶段获得的案件信息，则需要与监察机关分享，而《监察法》第39条第3款规定，监察立案后，相关案件信息是需要向社会公开的，这便突破了侦查阶段信息保密原则。

对于主从配合的分案管辖模式和《管辖规定（试行）》第20条第2款规定的并案管辖，在实践中部分监察机关及其工作人员对其理解存在

① 自白任意性是指在刑事案件的办理中，被告人在法院审理前的侦查程序中所作的自白（供述）必须是出于自愿的，才能具有证据能力。因此“反对强迫自证其罪”。参见王景龙：《中国语境下的自白任意性规则》，载《法律科学（西北政法大学学报）》2016年第1期，第144页。

② 参见江国华、龚雄艳：《职务犯罪监察管辖冲突及其解决机制》，载《江汉学术》2021年第5期，第31页。

偏差，认为对于部分主从配合模式的分案管辖案件，出于更加有利于查明案件事实的目的，监察机关可以进行单向并案管辖。[①] 将分案管辖模式与并案管辖混淆，不但侵蚀了相关单位的管辖权，破坏了监察机关之间相互配合与相互制约的关系，而且不当地加重了监察机关的工作，降低监察机关案件办理的效能和权威性，增加了执法成本。

（六）层级管辖和地域管辖不畅

依据《监察法》和《管辖规定（试行）》，各级监察机关的一般管辖权，与改革前职务犯罪侦查机关以“工作单位所在地”确定管辖权的方式不同，监察机关以公职人员的“组织人事管理权限和管辖区域”为依据，综合运用来确定具体的管辖机关。一般而言，干部的管理都是由其同级的组织人事部门统一负责，即横向的块状管理。但我国还存在着众多垂直管理的单位，这类公权力机关业务技术要求较强或职能较为特殊，强调其主管部门的业务领导，因而对其公职人员的管理，呈现为条状的管理样态，即由其上级机关和地方组织人事部门双重管理。还有部分机关由中央政府直接垂直管理。依据中共中央关于双重管理干部的相关规定，对双重管理机关公职人员的管理权，分为以中央主管和地方主管两种。[②] 地方主管机关的公权力行使人员的管理权限主要在地方，上级机关只是辅助管理，这类人员涉案时其案发地和有权限监察的机关在同一地，对其管辖不存在问题。而中央垂直管理机关干部的管理权限在其上级干部管理机关。垂直管理或双重管理公职人员的这种干部管理机制，可以归纳为“管办”权限分离，即对公职人员具有干部管理权限的机关，不是其同级组织人事部门，而由上级组织人事部门管理或由上级和同级组织人事部门共同管理。这种特殊的干部管理机制，导致据此确定具有监察管辖权的监察机关，不是同级监察机关，而是由上级监察机关或上级与同级监察机关共同管辖，造成了同级监察机关对其管辖权的丧失或分割，致使同级监察机关对其管辖的困难，不利于监察问题线索的及时

① 有学者也持相同的观点。参见谢小剑：《监察委员会刑事调查管辖制度初探》，载《湖湘论坛》2019 年第 5 期，第 59-60 页。

② 参见《中共中央组织部关于干部双重管理工作若干问题的通知》（1991）第 2-3 条。

发现和处置。

基于党员干部分级管理机制，我国的纪律监察机关对党员干部的监督执纪工作同样采取了分级管理机制。依据《监督执纪工作规则》（以下简称《工作规则》）第 8 条的规定，对于双重管理党员干部和监察对象的违纪违法问题，按照谁主管谁负责的原则确定管辖权，由设在主管部门并具有管辖权的纪检监察机关负责；当主管部门认为有必要时，也可与地方纪检监察机关联合调查。该《工作规则》虽然是党内监督执纪规范，但是基于党的执政地位和纪检监察机关合署办公的机制，纪检监察机关在工作中对此管辖规定默认执行，尤其是该条规定已经将“监察对象”明确地指出为适用对象。故依据该条规定，对于组织关系在地方，但是干部管理权限在上级的公职人员，与其上级主管机关同级并具有管辖权的监察机关对于此类公职人员具有管辖优先权，由上级管辖监察机关决定是否单独或与地方监察机关联合调查。

在总结实务经验的基础上，国家监委认可了监察实践中由上级监察机关决定的经验，并将这一经验在全国人大的授权制定的《监察法实施条例》中明确指出。依据该条例第 49 条规定，“工作单位在地方、管理权限在主管部门的公职人员涉嫌职务违法和职务犯罪，一般由驻在主管部门、有管辖权的监察机构、监察专员管辖；经协商，监察机构、监察专员可以按规定移交公职人员工作单位所在地的地方监察委员会调查，或者与地方监察委员会联合调查。地方监察委员会在工作中发现上述公职人员有关问题线索，应当向驻在主管部门、有管辖权的监察机构、监察专员通报，并协商确定管辖”。而在驻单位中非由上级主管部门管理的其他公职人员涉嫌职务违法或职务犯罪时，可由地方监察机关管辖；驻在主管部门的监察机构、监察专员自行一并立案的，应及时将这一信息通报地方监察机关；而地方监察机关调查上述主管部门发生的职务违法或职务犯罪案件时，应及时将立案、留置、移送审查起诉等监察案件办理信息通报给驻在单位主管部门的监察机构、监察专员。[1] 这种情形下，具有管辖权监察机关所在地与被监察对象工作所在地不在同一地域，可

① 参见《监察法实施条例》第 49 条。

归纳为“管办”地域分离。

由于职务违法犯罪没有明显的犯罪地，但是其违法犯罪行为会与被调查人工作密切相关，由被调查人工作地监察机关进行调查，会更有利于案件的突破。而此种以上级监察机关为主的管辖方式，则带来管辖的困难。中央垂直管理单位公职人员也存在类似问题，如以垂直管理的央企为例，央企中的公职人员工作地点在地方，其违纪违法问题的发生地也在地方，相关证人、涉案财物等都在地方，相对而言由工作地监察机关调查最为有利，但是因管辖权的问题，此类人员的监察管辖应由对被调查人具有管辖权的上级监察机关负责。而上级监察机关依据办案人员力量的现状和案件线索存量的现实，一般会按时间先后对问题线索进行调查，进而导致对此被调查人的调查时间滞后，使违纪违法行为存续时间较长，影响人民群众对监察机关公平性和权威性的观感。或者上级主管纪检监察机关将违纪违法问题分拆，由地方监察机关负责违法问题的调查，上级纪律检查机关负责违纪问题调查，同时将同一部门不同公职人员涉嫌职务违法犯罪进行分别管辖（在驻主管部门管理权限不在上级主管部门的公职人员涉嫌职务违法犯罪时，一般由地方监察机关管辖），此举不但不会提升案件的查办效率，也与纪检监察机关合署办公的初衷背道而驰。[①] 国家进行监察体制改革，设立监察机关的目的即为早发现早治理，提升腐败案件的查办效率，降低改革前腐败行为的存续时间（样本案例中腐败行为存续时间统计参见图6-6），实现对腐败的“零容忍”。由此看来，这种双重管理或垂直管理中，具有监察管辖权限机关所在地与案件办理所在地不一致的情形，不利于监察管辖的有效适用，亟待予以解决。

---

① 参见钱小平：《监察管辖制度的适用问题及完善对策》，载《南京师大学报（社会科学版）》2020年第1期，第135页。

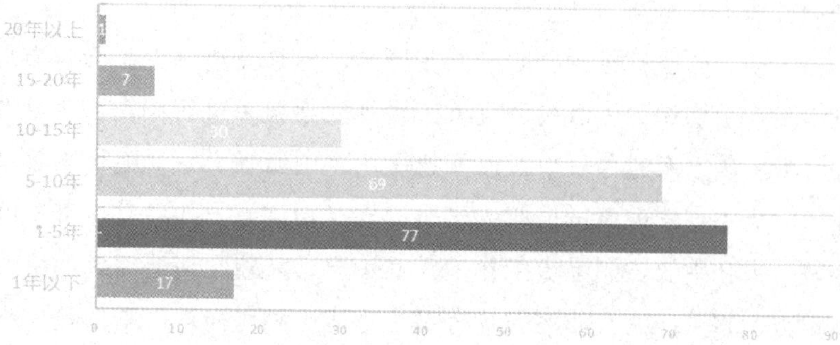

	1年以下	1-5年	5-10年	10-15年	15-20年	20年以上
■人数	17	77	69	30	7	1

图 6-7　职务犯罪行为时长情况统计①

（七）监察管辖和诉讼管辖衔接规范不足

《监察法》以“人”为根据的管辖划分理念与《刑事诉讼法》以“案”为根据的管辖划分理念体现着两个法律间不同的价值追求②。尽管都是为了满足各自的程序需要，但这也为两法的管辖衔接带来了一定的挑战。由于监察管辖与司法管辖的要素及规则不相同，具有监察管辖权的监察机关，其同级司法机关可能并不具有管辖权，导致监察机关调查终结的案件移送审查起诉时，会产生监察管辖与诉讼管辖对接上的冲突问题。

一是两种管辖在管辖层级的冲突。根据《刑事诉讼法》第 2 章关于级别管辖的规定，一审刑事案件由基层人民法院管辖；危害国家安全、恐怖活动案件，可能判处无期徒刑、死刑的案件，由中级人民法院管辖。

① 通过对样本案例统计分析，其中第一次作案时间和立案时间信息有效案件为 201 件，信息无效案件为 9 件。通过立案时间与第一次作案时间对比，计算出被告人职务犯罪存续时长，其中犯罪行为存续 1 年以下的案件有 17 件，占犯罪行为信息有效案件总量的 8.5%；犯罪行为存续 1 年以上 5 年以下的案件有 77 件，占犯罪行为信息有效案件总量的 38.3%；犯罪行为存续 5 年以上 10 年以下的案件有 69 件，占犯罪行为信息有效案件总量的 34.3%；犯罪行为存续 10 年以上 15 年以下的有 30 件，占犯罪行为信息有效案件总量的 14.9%；犯罪行为存续 15 年以上 20 年以下的案件有 7 件，占犯罪行为信息有效案件总量的 3.5%；犯罪行为存续 20 年以上的案件有 1 件，占犯罪行为信息有效案件总量的 0.5%。可以看出，犯罪行为存续时长主要集中在 1 年以 15 年以下，犯罪行为存续时间普遍较长。

② 参见袁相亭、刘方权：《监察与司法的管辖衔接机制研究》，载《交大法学》2019 年第 4 期，第 89-103 页。

刑事诉讼法规定的是“审判管辖”，对侦查管辖和审查起诉管辖并未直接规定，虽然并不直接约束起诉，但由于法律所规定的同级审查起诉，实质上要求检察机关提起公诉，应符合审判级别管辖的法律规定。监察管辖以属“人”管辖为主，实质上就是根据公职人员的干部管理级别来分级管辖，而司法管辖则是以案件来划分管辖。监委承担职务犯罪调查职能后，在级别管辖的协调衔接上可能会出现某种矛盾和冲突①。职务犯罪按照管理权限查处的相关规定，导致市级以上监察机关查处的职务犯罪案件，需移送给下级检察机关（一审案件多由基层法院审判）审查起诉。例如，厅级干部由省级监委查办，而案件进入司法环节后，往往需要到市级司法机关审查起诉、审判。有时也会出现下级监委按照管理权限查处的“小官巨贪”案件，需要移送给上级检察机关审查起诉的情况②。所以《刑事诉讼法》《人民检察院刑事诉讼规则》等均明确公安机关侦查终结的案件直接移送同级人民检察院审查起诉，但对监察机关调查终结的案件则没有同级移送审查起诉之规定。③

二是两种管辖在管辖地域上的冲突。监察机关主要是按照干部管理权限进行管辖的，并未明确职务犯罪案件调查的地域管辖主导权。而以审判管辖为中心的诉讼管辖是根据涉案人员的犯罪地或者居住地而确定的，且我国《刑事诉讼法》还明确规定了地域管辖实行犯罪地管辖为主、居住地管辖为辅的原则。这可能会导致负责审查调查的监委对应的同级司法机关没有诉讼管辖权的情况，因而需要商请相应的司法机关指定管辖后，才能移送审查起诉。管辖地域的冲突一般通过两种方式解决：一种是“先横后纵”，是指案件调查终结后，承办监察机关商请同级检察机关层报上级人民检察院衔接办理指定管辖；还有一种是“先纵后横”，是

---

① 参见王秀梅、黄玲林：《监察法与刑事诉讼法衔接若干问题研究》，载《法学论坛》2019 年第 2 期，第 135-144 页。

② 参见方明：《职务犯罪监察调查与刑事诉讼的衔接》，载．《法学杂志》2019 年第 4 期，第 123-131 页。

③ 《人民检察院刑事诉讼规则》第 329 条规定：“监察机关移送起诉的案件，需要依照刑事诉讼法的规定指定审判管辖的，人民检察院应当在监察机关移送起诉二十日前协商同级人民法院办理指定管辖有关事宜。”《监察法实施条例》第 212 条规定：“监察机关决定对涉嫌职务犯罪的被调查人移送起诉的，应当出具《起诉意见书》，连同案卷材料、证据等，一并移送同级人民检察院。”

指案件调查终结后，承办监察机关层报上级监察机关，由上级监察机关协调同级检察机关衔接解决对下指定管辖事宜。当然无论是哪一种方式，诉讼管辖的决定权都在法院，检察机关都需要再衔接同级法院办理审判指定管辖事宜。这其中，指定管辖的必要性深刻地体现为，以处分权为基点的监察管辖权和以审判权为基点的司法管辖权之间的个案调和。[①]

（八）监察管辖罪名和刑法实体法衔接上的问题

根据《监察法》之规定，监察机关管辖意义上的职务犯罪主体范畴为公职人员。而一旦涉及职务犯罪主体的概念内涵和外延界定问题，必然要与刑事实体法建立起直接的联系[②]。但这一监察管辖意义下的职务犯罪主体范畴与贪污贿赂、失职渎职等刑法意义上的传统职务犯罪主体范畴并不一致，在内涵与外延上都存在冲突。

一是内涵的冲突。《监察法》第 3 条确定的监察管辖主体范围为“行使公权力的公职人员”，将关注的焦点放在行使公权力过程中发生的职务犯罪问题上，判断以实质行使公权力为标准。例如，刑法中规定的包庇、纵容黑社会性质组织罪。虽然构成该罪的主体要求为国家机关工作人员，但由于该罪名不要求国家机关工作人员利用其职务之便、行使公权力为必要条件，可以不利用国家机关工作人员的职位、地位、影响等便利而实施犯罪。[③] 因此，没有被纳入监察管辖罪名范畴。对于职务犯罪，刑法中使用的是“从事公务”。“从事公务”一词，一般被界定为与职权相联系的公共事务以及监督、管理国有财产的职务活动。从事公务更多地与

---

① 参见江国华、龚雄艳：《职务犯罪监察管辖冲突及其解决机制》，载《江汉学术》2021 年第 5 期，第 32 页。

② 参见陈伟：《监察法与刑法的关系梳理及其症结应对》，载《当代法学》2020 年第 1 期，第 66-78 页。

③ 包庇、纵容黑社会性质组织罪包括两种情形：一种是包庇黑社会性质的组织。必须加以强调的是，包庇的对象不只是组织，还可能包括黑社会性质组织中的组织者、领导者与参加者。所谓“包庇”，是指国家机关工作人员为使黑社会性质的组织及其成员逃避查禁，而予以通风报信、隐匿、毁灭、伪造证据，阻止他人作证、检举揭发，指使他人作伪证、帮助逃匿，或者阻挠其他国家机关工作人员依法查禁，以及为黑社会性质组织及其成员提供隐藏处所、财物及其他帮助逃匿的行为。另一种是纵容黑社会性质组织的违法犯罪活动。所谓“纵容”，是指对黑社会性质组织具有查禁职责的国家机关工作人员不依法履行职责或不正确履行职责，在客观上有放纵黑社会性质组织实施违法犯罪活动的行为，如原大连市金州区委书记、金州新区党工委书记、管委会主任犯组织、领导黑社会性质组织罪、诈骗罪等罪名案。

职权关联。而职权是权力的下位概念，不等于公权力。现代国家中，职权的去人身化与非财产性的特点，根源于职位的公共性[①]。可见，行使公权力涵摄的范畴大于从事公务，如具有人大代表、政协委员身份的律师、民营企业家等，在行使公权力时，都属于监察管辖的对象范畴。

二是外延的冲突。《监察法》第 15 条规定了监察对象为六类公职人员，主要包括：公务员和参公管理人员，法律法规授权或者受国家机关委托管理公共事务的组织中从事公务的人员，国有企业管理人员，公办的教育、科研等单位中从事管理的人员，基层群众性自治组织中从事管理的人员，其他依法履行公职的人员。而我国《刑法》中对职务犯罪则使用“国家工作人员”（国家机关工作人员）的表述。在《刑法》第 93 条中，规定了国家工作人员的范围共包括三类：一是国家机关中从事公务的人员，二是国有公司、企业、事业单位、人民团体中从事公务的人员和国家机关、国有公司、企业、事业单位、人民团体委派到非国有公司、企业、事业单位、人民团体从事公务的人员，三是其他依照法律从事公务的人员。从《监察法》与《刑法》及相关规定看，作为《监察法》调整对象的公职人员，显然不等同于《刑法》规定的国家工作人员。公职人员范围要远远大于和超出国家工作人员范围，存在部分公职人员依照现行《刑法》规定不具有国家工作人员身份的问题。《监察法》从限制和规范公权力行使的角度认为，一些不具有国家工作人员身份的人在履行公职、行使公权力过程中的犯罪也属于职务犯罪，需要纳入监察范围。因此，公职人员中的非国家工作人员实施的职务侵占、非国家工作人员受贿罪等也被纳入监察管辖的 88 个罪名之中。[②]

最后，对于本文在监察管辖事项部分所提到的监察机关与检察机关对司法工作人员职务犯罪的管辖竞合问题，在监察管辖的运行实践中，因监察机关与检察机关对此类案件共享管辖权。《监察法实施条例》第 52 条规定：“监察机关必要时可以依法调查司法工作人员利用职权实施的涉

---

① 参见劳东燕：《受贿犯罪的保护法益：公职的不可谋私利性》，载《法学研究》2019 年第 5 期，第 118-137 页。

② 参见江国华、龚雄艳：《职务犯罪监察管辖冲突及其解决机制》，载《江汉学术》2021 年第 5 期，第 32-33 页。

嫌非法拘禁、刑讯逼供、非法搜查等侵犯公民权利、损害司法公正的犯罪，并在立案后及时通报同级人民检察院。监察机关在调查司法工作人员涉嫌贪污贿赂等职务犯罪中，可以对其涉嫌的前款规定的犯罪一并调查，并及时通报同级人民检察院。人民检察院在办理直接受理侦查的案件中，发现犯罪嫌疑人同时涉嫌监察机关管辖的其他职务犯罪，经沟通全案移送监察机关管辖的，监察机关应当依法进行调查。”从该条例的规定可以看出，对于司法工作人员利用职权实施的职务犯罪，相关法律规范规定得还较为原则，如法条中的“必要时”如何理解和界定，还需进一步细化。在缺乏相关的协调机制，对此类案件的管辖也存在部分不落实的问题，亟须规范的协调机制明确监察机关与检察机关之间的管辖权适用。

综上，上述几个方面的问题，即为当前监察管辖制度运行适用中存在的主要问题及原因分析，需加以有效解决，以维护监察制度的有效运行和权威性。

第七章 监察管辖运行之完善

随之监察管辖制度的运行，公权力行使的监督制约效能显现，有效地防止了公权力的滥用，制度优势得以充分发挥。但是，由于监察管辖制度运行尚在初始阶段，监察管辖规范的原则性较强，在实践中需要进一步细化，以致管辖制度规范化程度滞后于监察管辖工作实践的需求。随着监察体制改革的深入推进，党和国家监督体系的全面建设，亟须对监察管辖制度予以完善。为此，本章将对监察管辖制度完善的原则、重点问题等进行论述，以期对我国监察管辖制度的完善有所裨益。

一、完善监察管辖制度的原则

监察管辖制度作为我国监察工作开展的基础，其重要性不言而喻。为确保监察管辖制度的完善，能够契合党和国家监督体系的总体需求，能够有效化解监察实践工作中的难题，能够推动监察机关与其他相关机关的协调配合，能够巩固和提升腐败治理成效，需要坚持以下基本原则。

（一）于法有据原则

"于法有据"原则是指在监察管辖的改革完善过程中，必须严格依照法律的原则和精神，不能脱离《宪法》和法律去"探索创新"。"于法有据"原则是习近平总书记于2014年2月28日在中央深改组第二次全体会议上提出的。后来，这一原则在《中共中央关于全面推进依法治国若干重大问题的决定》① 中，得以全面体现。这一原则要求所有重大改革都要于法有据，立法要主动适应经济社会发展的需要，并以三种路径进行推

① 2014年10月召开的中国共产党第十八届中央委员会第四次全体会议，通过了该规定。

进：一是将实践证明行之有效的措施，及时上升为法律；二是实践条件不成熟的举措，按照法定程序作出相应授权；三是对不适应改革需求的规定，及时修正和废止。[①] 监察体制改革是我国为推进国家治理体系和治理能力现代化所作的重大改革，体现了国家以法治化制度化方式从根本上治理腐败的决心，必然要在其改革推进的过程中遵循“于法有据”原则，以法治的思维和方式推动监察体制改革的持续深入。监察管辖制度作为监察制度的重要组成部分，其改革完善主要是在立法和执行两个层面推进，执行层面的推进也是依赖于立法规范的完善，所以在监察管辖制度的完善中坚持“于法有据”原则，更具有现实的指导意义。具体而言，在完善监察管辖制度的过程中坚持“于法有据”原则，应做好以下两个方面的工作：

一方面，是将监察管辖适用实践中的成功经验上升为法律。监察制度及其管辖制度在建立初期，为确保监察管辖工作的有法可依，采取“宜粗不宜细”的原则性立法是推进监察管辖制度适用的客观需要。但是，《监察法》和指导监察管辖工作的《管辖规定（试行）》已经实施了两年多，在这期间经过实践检验行之有效的管辖措施和实施方案上升为法律的条件已经成熟。例如，上级监察机关的派驻监察机构办理职务犯罪案件过程中，一般与地方监察机关联合办案，能够有效利用派驻机构的在驻优势和地方监察机关的地域优势，实现监察案件的快速启动和查办。这一优势在国有企业派驻机构的案件查办中体现得尤为明显。将这些有效的管辖方式和举措上升为法律，不仅能够完善监察制度，而且能够有效提升这些措施的法定效力，更有利于监察管辖工作的开展。

另一方面，“于法有据”原则要求监察管辖制度的完善要表现出一定的前瞻性。法律作为一种规范体系，其对经济社会的作用表现为促进和阻碍两种作用，有效合理的法律规范，能够实现对经济社会的有效管理，推动经济社会向前发展。[②] 反之，则阻碍经济社会的发展，不利于国家对

① 参见刘作翔：《论重大改革于法有据：改革与法治的良性互动——以相关数据和案例为切入点》，载《东方法学》2018 年第 1 期，第 19 页。

② 参见胡健：《习近平“重大改革于法有据”思想探析》，载《云南社会科学》2015 年第 3 期，第 4 页。

社会有效管理，这类法律规范是需要及时修正或废止的。据此，监察管辖制度在完善过程中，应表现出一定的前瞻性，在充分反映监察管辖工作实践的基础上，坚持以问题为导向，强调管辖规范的可操作性，准确反映客观规律，科学合理地平衡监察机关内部及监察机关与其他机关之间的关系，充分调动各方资源，在维护法律稳定性的同时，以一定的前瞻性更好地适应监察工作的需要。例如，《刑事诉讼法》对诉讼活动中司法工作人员职务犯罪案件可以由检察机关立案侦查的规定，是符合诉讼活动中司法工作人员职务犯罪查办客观规律的法律规范，在实践中被演化为此类案件检察机关优先管辖原则，既有效地实现了对司法工作人员腐败行为的治理，又有效地减轻了监察机关的工作压力，还保障了检察机关的法律监督权的实施。

（二）监察管辖的纪法结合原则

监察机关的腐败治理专责性，要求具有腐败治理管辖的优先性。当前对腐败的有效治理，需要党纪与国法的结合。中国特色的社会主义法治体系，不仅包含着法律规范体系，还包括党内法规体系①，也就是说，中国特色的社会主义法治，是党纪与国法的共同之治②。在这一体系中监察机关是党领导下的国家监察机构，其活动必然受党纪与国法的共同规范。而且我国公职人员队伍中 80% 以上人员为党员，这也决定了要有效贯彻落实监察机关对公权力行使人员的监察，需要党纪与国法的协调配合。党纪是党组织内部的纪律规范，其要求一般会严于法律规定，较为注重对党员干部思想道德方面的规范，强调党员的自我约束。法律是国家对公民行为的最低要求，注重对行为的约束，以强制性确保其规范内容得以执行。具体到监察机关的管辖，监察机关监督公权力行使人员的日常履职和廉洁从政从业等情况，调查公权力行使人员涉嫌的职务违法和职务犯罪问题，并依据监督调查结果对公权力行使人员进行处分、对领导人员进行问责、对公权力行使人员所在单位提出监察建议等。上述

---

① 参见丁亚仙：《党内法规体系与法律规范体系的结构关系——中国特色社会主义法治体系的文本要件分析》，载《理论学刊》2016 年第 6 期，第 139 页。

② 参见吴建雄：《坚持和完善党和国家监督体系的重要抓手——试论纪检监察工作规范化、法治化》，载《中国延安干部学院学报》2019 年第 6 期，第 9 页。

监察机关管辖部分的内容，同样是党内监督执纪的内容，基于监察机关的合署办公机制，监察机关履行职权的过程中，同时履行了党内的监督执纪职能，即纪检监察机关的同一个监督、调查行为，既核实了被调查人员的党内工作履行情况，又核实了被调查人行使公权力的情况，有力地展现了合署办公的优势。在监督调查的过程中，党纪和国法的共同适用，互为补充，为查清公权力行使人员的履职情况，提供了规范支撑。党纪和国法的相互配合，通过对公权力行使人员思想观念上的引领塑造，对履职行为上的提醒约束甚至刑事追究，以强制性与非强制性的相互结合，以依规治党和依法治权的规范链条①，确保监察对腐败的全面覆盖，对权力的监督制约。

《监察法》实施后，为有效衔接监察工作，我国修改了《刑事诉讼法》，制定了《政务处分暂行规定》《管辖规定（试行）》《衔接办法》《监察法实施条例》等配套规范，有效规范了监察机关的管辖工作。其中，《政务处分暂行规定》等相关规范为监察机关暂行制定的规范，为以后相关法律的正式制定实施积累经验，确保立法的科学性和合理性。在此基础上，全国人大于2020年6月颁布了《政务处分法》，将实践中的经验成果上升为法律，并对政务处分的内容和程序进行了进一步的细化。同时，《中国共产党纪律处分条例》《中国共产党问责条例》《中国共产党纪律检查机关监督执纪工作规则》等相关党内法规也进行了修订，以适应监察体制改革后纪检监察工作的新需要。在此基础上，我国监察法律规范体系初步建立，确保了监察管辖工作有法可依。但是，在监察管辖工作的实践中，因《监察法》及其相关规范的初创性，对部分内容进行了原则性的规定或指引性的规定，有效履职监察管辖职权还需党内纪律规范的辅助。例如，《政务处分暂行规定》第17条将《中国共产党问责条例》《关于实行党政领导干部问责的暂行规定》作为监察问责依据。《中国共产党纪律检查机关监督执纪工作规则》第7条则是对各级纪检监察机关的分级负责的监督对象进行了列举，并在条文中直接写明适用于

① 参见吴建雄：《国家监察体制改革的法治逻辑与法治理念》，载《中南大学学报（社会科学版）》2017年第4期，第2页。

纪检监察机关，弥补了《监察法》对此项没有明确规定的不足。从监察机关监察管辖工作的实际需求可知，党纪和国法的有机配合，确保监察管辖制度得以有效落实，所以监察管辖制度的完善，仍需坚持党纪和国法的相互配合，这也是党对腐败治理统一领导的必然要求。

（三）监察管辖的程序正义原则

正当程序是提升管辖效能的最佳工具，正当程序的完善需要以程序正义为价值导向。程序正义是指任何法律决定的作出必须经过法定程序，即不经法定程序不可以作出任何法律决定。[①] 程序正义要求通过程序的规范限制权力的恣意，通过公平公正客观的决定过程，确保决定结果的公正。监察管辖制度完善中的程序正义，是指在监察管辖制度的完善中，要以规范监察管辖中监察权力的行使为目的，制定详细的管辖规范，对监察权的行使进行指引和限制，防止其越权或滥用权力而损害被调查人的合法权益，阻碍监察程序的正常运转。坚持程序正义是监察管辖制度法治化、规范化的直接要求，也是腐败治理的必然要求。监察管辖正当程序不健全，就不能确保权力的规范行使，就有可能导致处置结果的不公正，损害监察机关的权威性。完善的程序制度，能够快速确定监察事项的具体管辖机关，尽快进入调查程序核实涉及相关事项的内容；不完善的程序将会延长监察事项具体管辖机关确定时间，造成违法犯罪问题的悬而未决，不利于腐败行为的有效治理和社会秩序尽快恢复。由此可知，践行监察管辖制度法治化规范化要求，必然会在制度的完善过程中坚持程序正义，确保监察权的运行受到正当程序的规范。

腐败本身是公权力行使人员利用其职务便利对正常工作秩序的破坏，监察机关对腐败行为的治理是对破坏工作秩序的恢复和正常工作秩序的维护。因而，作为腐败治理机关的监察机关理应带头遵守程序，引领公权力行使人员和民众遵纪守法、廉洁自律。通过对腐败行为的查处，化解人民群众对破坏社会公平正义的腐败行为的不满，满足民众对公平公正社会秩序、民主法治美好生活的追求。在这一价值观念的指引下，监

---

① 参见赵旭东：《程序正义概念与标准的再认识》，载《法律科学（西北政法学院学报）》2003 年第 6 期，第 90 页。

察管辖制度的完善，必须坚持程序正义，通过对管辖制度体系法治化、规范化的完善，确保监察案件的办理以客观事实为基础，公平公正，不受不当干扰；确保程序完善，不留徇私枉法、姑息养奸的漏洞，对发生在人民群众身边的不正之风和腐败行为一查到底，追责到人，确保国家公权力切实地为人民服务，为人民谋利益，满足人民群众的朴素正义要求。[①]

（四）监察管辖的实体公正原则

腐败治理的专责性，要求对腐败的管辖全面覆盖，维持管辖全面覆盖的有效性，需要以管辖的实体公正为基础。实体公正与程序公正是司法公正中相对应的概念，实体公正具体是指审判结果的公正，包括事实认定正确和实体法律适用正确。[②] 监察管辖制度中的实体公正，是指在客观认定公权力行使人员履职行为的基础上，对其给予相应的处分，确保对其“罚当其罪”。监察机关履行对公权力行使监督、调查和处置职能，就是通过其监察工作准确发现公权力行使人员滥用权力、怠于行使权力、权力寻租、权钱交易等不当行使公权力的行为。经过调查核实，依据调查结果结合相关法律规范，判断公权力行使人员行为的性质、类型和轻重程度，最终依法给予相应的政务处分或移送司法机关追究其刑事责任，使公权力行使人员对其错误行为承担相应的法律后果。并在惩处错误公权力行使人员的基础上，建议完善事发单位管理制度，避免其他公权力行使人员再次犯相同的错误。这要求在管辖制度完善中必须追求实体正义的原则，确保监督调查事实的客观公正。将公权力行使人员的违纪行为、轻微违法行为、违法犯罪行为事实均调查清楚，不存在遗漏或诬陷的事实，不存在任何凌驾于法律之上的特权，保证监督调查结果是客观公正的事实，不损害被调查人的合法权益。

监察管辖制度完善中追求实体公正的原则，还须在监察处置中准确适用法律，确保被调查人对其行为承担应有的法律后果。这要求在监察

① 参见时显群：《论社会学法律解释方法在司法实践中的运用》，载《贵州社会科学》2017年第11期，第80页。

② 参见翁晓斌：《论民事审判的正当性》，载《现代法学》1999年第2期，第74页。

管辖制度完善中明确相应的法律规范，确保能够准确判断被调查人员行为的性质、轻重程度等，精准辨别公权力行使人员的行为，是改革试错过程中的工作失误，还是渎职犯罪；涉及的纠纷是普通的经济纠纷，还是涉嫌经济诈骗犯罪；其持有的财产是正常的合法收入，还是贪污受贿的违法所得；其管理资金的变动是资金的合理流转，还是徇私舞弊造成的国有资产流失；其筹集的资金是企业的依法融资行为，还是非法吸收公众存款的行为等。① 既不错误认定改革试错，也不放纵违纪违法行为，并在此之上判断是否构成犯罪，依法给予相应的处置。

上述四个原则是完善监察管辖制度的基本原则，与监察调查权的运行密切相关。只有在上述原则的指导下，才能确保党对监察工作的全面领导，才能确保监察管辖制度完善得合法性和合理性，才能确保监察管辖制度完善的法治化和规范化，才能确保完善后的监察管辖制度能够满足人民群众对腐败治理工作的期许。

二、完善监察管辖制度的重点

《监察法》实施后，监察管辖制度在我国各级监察机关得以全面执行，经过近两年时间的监察工作检验，监察管辖制度中存在的问题也已充分地暴露出来。在立法方面，主要表现为由于立法原则性造成了非公职人员行贿人和单位职务犯罪立案管辖权规范效力层级不高、管辖权移转标准缺失和派驻管辖制度规范不足三个方面；在执法方面，主要表现在由于监察工作人员对监察分案模式原则性规范的理解存在偏差，监察管辖分案模式适用不畅。为此，笔者对完善监察管辖制度提出以下建议。

（一）完善监察管辖制度立法

1. 健全职务犯罪案件立案管辖

《监察法》将监察机关调查管辖的案件范围限定为职务违法和职务犯罪，《管辖规定（试行）》将案件范围细化为 88 种与公权力行使人员相关的罪名，《监察法实施条例》在此基础上进一步规范明确，将监察机关

① 参见吴建雄：《坚持和完善党和国家监督体系的重要抓手——试论纪检监察工作规范化、法治化》，载《中国延安干部学院学报》2019 年第 6 期，第 10 页。

管辖的罪名列举为101种。然而在适用过程中，这些罪名的适用条件与监察管辖对“人”监察的规定存在不一致和冲突之处，部分单位职务犯罪和非公职人员涉嫌职务犯罪的案件出现立案管辖规范效力层级较低。为此，需科学地认定监察管辖权限，明确管辖权限归属，并在《监察法》的管辖制度中予以列明，以解决部分案件监察管辖适用的困难与规范冲突。

一要创立非公职行贿人的立案管辖制度，寻求建立非公职人员行贿人由公安机关进行立案的机制。依据《刑事诉讼法》的规定，公安机关对无特别规定的刑事案件具有管辖权。[①] 据此，公安机关可在监察机关对受贿公职人员立案的同时，对非公职人员行贿人立案，以解决非公职行贿人可以被依法调查取证，可以被依法判处刑罚，但是欠缺相应立案程序的难题。

依据《监察法》中对监察范围的规定，监察对象应为公职人员和行使公权力的有关人员。依据《监察法》第39条的规定，监察机关可对涉嫌职务犯罪，应当追究法律责任的监察对象，需要依据法定权限和程序办理立案手续，即监察机关依法可对符合法定条件的监察对象立案，并展开进一步的监察调查。据此，监察机关履行对“人”监察职责，其中的“人”仅为公职人员和依法行使公权力的人员，也就是说监察的对象需具备特定的身份。但是，实践中职务犯罪案件可能为共同犯罪，涉案人员可能包含公职人员和非公职人员。而对于非公职人员的管辖，《监察法》并没有明确的规定，仅有《监察法》第22条第2款规定了对涉嫌行贿犯罪人员的留置权。监察机关据此，可以依法对非公职人员的行贿犯罪嫌疑人进行留置。因此，对于非公职人员的涉嫌行贿犯罪的，监察机关具有法定留置权限。对其进行留置，是为了监察证据的顺利调取和案件事实的快速查明。由于行贿罪和受贿罪是基于同一个犯罪事实，是典

① 参见《刑事诉讼法》第19条。

型的对合犯[①]，只是国家基于加大对行贿行为的惩治，才将其单独列为一个罪名。但是，职务犯罪案件不会因不同身份涉案主体的参与，而改变职务犯罪案件的属性，非身份涉案人员的参与，同身份参与人共同推动案件的发生。监察机关基于查清案件事实、调查取证的需求，可以对贿赂犯罪的整个事实进行调查，这是监察管辖优先权的贯彻和落实，而不是超越监察管辖权的管辖。在监察实践的基础上，《监察法实施条例》第46条第3款，将非公职人员涉嫌行贿犯罪、介绍贿赂犯罪等犯罪的，规定可以交由监察机关一并管辖，具体管辖的监察机关和管辖层级按照其利用的涉嫌职务违法犯犯罪的公职人员的管辖权限确定。[②] 但是，将非公职人员纳入监察管辖范围又与监察法以“公职人员”为监察对象的立法初衷有冲突，有扩大管辖权解释的倾向和管辖权滥用的可能，为此需要进一步地明晰和规范。

同时，基于监察机关仅能对行使公权力人员，进行立案调查的限制，对非公职人员行贿人的立案权，可交由公安机关履行。但是，调查活动仍然要由监察机关统一协调，在贿赂犯罪的案件事实，调查核实清楚后，对涉嫌行贿犯罪，需要追究刑事责任的非公职人员行贿人，与公安机关一并移送人民检察院审查起诉。对于非公职人员行贿人由公安机关进行立案，也与《监察法》《管辖规定（试行）》和《监察法实施条例》的立法本意相符合。《管辖规定（试行）》第21条第2款规定，对公职人员以外人员涉嫌重大责任事故类犯罪案件、行使公权力涉嫌的其他犯罪案件，由公安机关管辖。《监察法实施条例》第32条第1款规定，“监察机关发现依法由其他机关管辖的违法犯罪线索，应当及时移送有管辖权的机关”。可见，同种罪名由具有不同“身份”的行为人实施，就由不同

---

① 因贿赂犯罪是一种典型的互动共生的对合犯，没有行贿行为就没有受贿行为，二者共同侵害了职务行为的廉洁性，在侵害法益的性质上具有共同性。参见孙国祥：《对合犯与共同犯罪的关系》，载《人民检察》2012年第15期，第7页。对于对合犯（对向）的界定，日本著名刑法学学者大谷实教授认为，对于对向犯（如重婚罪、贿赂罪），要求是在构成要件上，以两个以上的人的相互对向行为为必要的犯罪。一般来说，刑法会对对向的双方都进行处罚，但是，也存在只处罚对向人一方的情况，如散布、贩卖淫秽物罪就是此种情况。参见［日］大谷实著：《刑法总论》，黎宏译，法律出版社2003年版，第296-297页。

② 参见《监察法实施条例》第46条。

的机关管辖,[①] 这符合《监察法》以“人”定案的立法本意。《监察法》第 34 条第 2 款规定，被调查人同时涉嫌职务犯罪和一般刑事犯罪的，要以监察机关为主调查，其他机关对调查活动予以协助。而且，建立由公安机关对非公职人员行贿人的立案管辖制度，还能够充分利用公安机关的侦查力量和刑事侦查手段，有利于快速地查明案件事实和提高诉讼效率。所以，探索由公安机关对非公职人员行贿人进行立案，不仅化解了其没有立案程序的难题，还有利于案件的快速突破。而且限定监察机关的监察管辖对象，能够有效防止监察机关管辖权力的不当扩张，是保护普通公民合法权益的有力措施。[②]

二要明确单位职务犯罪案件立案管辖归属。在我国《刑法》中，单位职务犯罪是职务犯罪的重要组成部分，对于单位职务犯罪的刑罚是既惩处单位（组织）又惩处主管和直接责任人员。故《管辖规定（试行）》的相关规定，将单位职务犯罪案件，同样列入监察机关的案件管辖范围。但是，依据《监察法》的规定，监察对象仅为公职人员和依法行使公权力的人员，即确定了以“人”为管辖对象的管辖规则，并且监察机关仅能对涉案的监察对象立案。[③] 为明确法律依据，《监察法实施条例》第 181 条第 2 款规定，“对单位涉嫌受贿、行贿等职务犯罪，需要追究法律责任的，依法对该单位办理立案调查手续。对事故（事件）中存在职务违法或者职务犯罪问题，需要追究法律责任，但相关责任人员尚不明确的，可以以事立案。对单位立案或者以事立案后，经调查确定相关责任人员的，按照管理权限报批确定被调查人。”依据此条法律规定，监察机关获取了对单位职务犯罪的管辖权，突破了《监察法》仅能对“公职人员”即“人”的管辖范围的规定，扩张了监察机关的管辖权。然而,《监察法实施条例》为全国人大常委会授权国家监察机关制定的监察法规，属于部门内部规范，效力层级低于全国人大审议通过的《监察

① 参见周岩：《监察管辖与侦查管辖如何衔接》，载中央纪委国家监委网站：https：//www. ccdi. gov. cn/hdjl/ywtt/202102/t20210225_ 236510. html. ，最后访问日期：2021 年 11 月 15 日。

② 参见马怀德主编：《监察法学》，人民出版社 2019 年版，第 154 页。

③ 参见《监察法》第 15、39 条。

法》。故依据现有的法律规定，监察机关对单位职务犯罪的管辖法律依据效力层级不足，造成对单位职务犯罪监察管辖“监管困境”，不利于腐败治理和监察机关监察权的完整。

为此，有学者提出将单位职务犯罪从监察机关管辖的案件范围中剥离，由检察机关管辖。① 这种解决方式有一定的合理性，可视为解决当前单位职务犯罪管辖困境的一种尝试，但是与当前的法律规定存在冲突，也与检察机关的目前的职务犯罪侦办力量不相符。《刑事诉讼法》第19条，将检察机关的刑事侦查管辖权限定为诉讼活动中司法工作人员的职务犯罪行为，同时拥有对公安机关管辖案件的“机动侦查权”，但需省级检察机关批准。除此之外的职务犯罪案件则超出了检察机关的案件管辖范围。同时，监察体制改革后检察机关职务犯罪侦查人员和资源，大部分转隶整合到监察机关，检察机关留存的职务犯罪侦查人员和资源有限。为此，《人民检察院刑事诉讼规则》第14条规定，检察机关直接立案侦查的案件由设区的市级检察机关侦查，就是应对当前检察机关刑事侦查人员和力量的有效整合和运用，扩大的案件管辖范围，则超出了其管辖能力，不符合检察机关当前侦查能力配置的现状。

依据《刑法》中对单位犯罪的规定，单位职务犯罪为特定主体，大部分是具有公共管理职能的行政、司法和国有企事业单位等②，只有极个别的单位犯罪对单位的性质未作限定③。例如，单位行贿罪，由于行贿行为的特殊性，单位行贿行为也可以说是一种特定的共同犯罪，所以单位职务犯罪也是一种特定的“身份犯”。《监察法》第4条规定，监察机关与审判、检察、执法等机关之间是互相配合和互相制约的关系，如果允许监察机关对其他单位的监督，则可能因监察机关的强势地位，其监察管辖权存在被滥用的可能，架空其他国家机关的管辖权。为此，立法规定监察机关的监察是对“人”监察，取代了改革前职务犯罪侦查的对

① 参见钱小平：《监察管辖制度的适用问题及完善对策》，载《南京师大学报（社会科学版）》2020年第1期，第140页。

② 参见陈成雄：《论我国刑法中的职务犯罪概念》，载《国家检察官学院学报》2003年第5期，第42页。

③ 参见由龙涛：《论职务犯罪的概念》，载《理论学刊》2010年第12期，第102页。

"事"监督，即监察机关的监督对象不包含机关或单位。但是在监察实践工作中，对于职务犯罪事实的调查不可能只对"人"，而不看"事"[1]，二者与职务犯罪事实的整体不可分割，故监察机关的调查对象的范围要大于监察对象[2]，调查范围要大于监察范围[3]。而且，在一些责任事故类职务犯罪案件案发后，由于客观情况限制，不可能迅速确定应承担法律责任的人员，但是对此类案件必须快速立案，以便迅速查明案情，只能先以"事"立案，以便进一步进行监察调查工作。为此监察机关的执法工作规定也进行了类似的规定。[4] 所以说，监察机关对单位的监察事实上是存在的，并且在《监察法》及其实施条例中也有所体现。而且，监察机关对所有行使公权力人员的监督，事实上就已经包含了对单位的监察。原因在于，所有单位职务犯罪和行为都是具有公权力的人员实施的，单位作为一个拟定的"人"是不可自己实施的，故对于单位职务犯罪的监察不应也不该回避。

基于经济社会快速发展的需求，国家行政管理职能不断增加，在监管滞后的情况下，不断强化的行政职权可能会被滥用而侵害公民的合法权益，亟须对行政权进行制约。故监察机关对行政机关等单位已事实上进行了监察，但相关规定的缺失而使其合法性不足，实为法律的缺憾。故应该通过对监察权的科学合理阐释，将对单位职务犯罪的监察调查立案管辖在《监察法》及相关法律解释中予以明确，并最终写入《监察法》修正案，明确对单位涉嫌职务犯罪的管辖权。

2. 规范监察管辖案件移转标准

监察管辖权的确定是以干部管理权限和管理区域为管辖权为一般原则标准。而职务犯罪案件涉案当事人身份具有特殊性，为了保证案件办理的公平公正，上级监察机关会运用指定管辖、提级管辖等管辖移转的方式，转移应由其管辖或其下级监察机关管辖的案件。被移转管辖权的

---

① 参见陈伟：《监察法与刑法的关系梳理及其症结应对》，载《当代法学》2020 年第 1 期，第 74 页。

② 参见马怀德主编：《监察法学》，人民出版社 2019 年版，第 108 页。

③ 参见马怀德主编：《监察法学》，人民出版社 2019 年版，第 154 页。

④ 参见《监察机关监督执法工作规定》第 22 条第 3 款。

案件在调查结束后，需依法移送司法机关追究涉案人员的刑事责任。监察案件管辖权移转决定的行政化色彩浓厚，缺乏客观具体的标准。为此，应明确监察案件管辖权的移转标准和行为规范，防止管辖移转决定权的滥用。

第一，应明确指定和提级管辖的适用范围。当前，《监察法》及相关法律规定中，对于指定管辖和提级管辖的适用要求规定较为原则，可能造成其在适用中扩大化和选择性适用的问题。

为此，作为程序性制度的指定管辖和提级管辖制度，必须遵循程序法定的原则，明确适用的要求，具体规定必须适用和可以适用的情形。通过程序的规范，去除这类管辖方式确定的行政化色彩，防止其滥用。而且，通过程序化的规范，严格筛选、审慎适用这类管辖方式，使其回归辅助或补充的制度定位，限制其对一般监察管辖制度的冲击，确保监察管辖制度体系的“安定性”。同时，以程序化的方式明确这类管辖方式的适用，是对当前以内部决定确定管辖适用方式，以行政化指定或上提案件来确保案件公平公正思路的修正。因为，以行政化的方式保证公平公正，会陷入循环监督的窠臼，永远有一个执法者无人对其进行监督。所以，遵循程序法定原则，明确适用范围，是从根本上维护监察管辖体系的正常运行。

第二，应规范指定或提级管辖的法定流程。指定管辖和提级管辖是对一般监察管辖方式的更改和补充。对其提起和适用应遵循法定的流程规范，即确保指定管辖和提级管辖的适用具有正当理由，而非人为任意指定。这其中包括指定或提级管辖的规范启动程序，而非主观化的任意启动；包括被指定管辖单位的科学确定标准，防止出于利益关系而争抢指定管辖；包括指定或提级的规范流程，不可越级提起、不可无限次的指定或提起，以防止逃避管辖责任；最后，还应包括违反流程规定的责任，权力与责任是相对，有权必有责，以确保这类管辖方式确定流程的有效应用。

第三，应构建规范化的衔接机制。当下的衔接机制为个案衔接，无规范化的衔接机制，无信息共享机制，为此产生了无全局视野的孤立衔接，在初次指定或上提后，还需重新衔接，以确定最终的办理单位。同时，当前衔接适用的困境，还因缺乏被指定单位确定的标准，不能依法直接确定最优最客观的候选监察机关。以2013年《人民检察院直接受理立案侦查职务犯罪案件管辖规定》第10条规定为例，该条规定了选择被指定单位的条件和要求。同时，规范的衔接机制及信息共享机制，能够在综合案件全局的情况下，在遵循管辖便利原则的基础上，确定具体衔接单位，避免了多次移转或多次指定的情形。并且规范化的机制可以确保衔接的制度化运行，而不是此前的一案一策、衔接决定的个案化运行。

第四，强化监察证据的获取规范，确保获取证据符合刑事诉讼证据要求，能够有效减少监察与检察的衔接环节，提高监察案件的管辖效能。《监察法》第33条、《监察法实施条例》第59条第3款①，对监察证据在诉讼中的资格问题作出了规定，即监察机关依照法定程序，收集获取的物证等证据材料，可以在刑事诉讼中作为证据使用，对监察证据在刑事诉讼中的证据资格进行确认。据此，监察案件调查终结并经监察机关内部审理部门依法审查后，可直接移送检察机关审查起诉，对监察证据无须转化，实现了监察程序与刑事司法程序的高效对接，促进反腐败工作效能的提高。

司法体制改革之后，我国确立了以审判为中心的诉讼制度，证据在诉讼中的重要性进一步强化，要求证明案件事实的证据要经受得住法律的检验，否则不能成为定罪量刑的依据。依据《监察法》的规定，监察机关收集获取证据的标准，与刑事审判的要求相一致。显然，这对监察机关的取证活动，提出更高的要求。为此，作为腐败治理专责机关，监察机关在履行监察工作职责的过程中，必须树立法律意识和程序意识，严格按照法律和程序的规定开展相关监察工作，确保每一起监察案件都经得起审核，不会因证据或程序的瑕疵而增加不必要的工作，使监察程序与刑事诉讼程序高效衔接，提高监察工作效能。

第五，应进一步强化对案件当事人的权益保障。在强化腐败综合治理的背景下，对被指定单位的选择和确定，也应强化对被调查人合法权

---

① 参见《监察法实施条例》第49条第3款，即“监察机关依照监察法和本条例规定收集的证据材料，经审查符合法定要求的，在刑事诉讼中可以作为证据使用”。

益保护。例如，在我国各地区经济社会发展不平衡的现实下，各地区间量刑的细微差距确实存在。① 所以，在确定管辖单位时，应尽量确保被指定管辖单位所在地的经济社会发展水平，与涉案人工作单位所在地的发展水平相似，即应选择与被指定人单位所在地发展水平相似地域的监察机关，作为被指定管辖的监察机关，以确保在后续的诉讼过程中，司法机关对被告人行为社会危害性认识，与一般监察管辖地域司法机关的认识保持相似性。同时，为更加有效治理腐败，在遵循上述地域选择原则的基础上，还应建立监察管辖异议制度，维护被调查人的合法权益。通过打击犯罪与保障公民合法权益的并举，在保障公民合法权益的同时，通过限制特殊监察管辖方式的适用，制约监察管辖权力的运行，防止监察机关由制度的维护者变为制度的破坏者。

3. 明晰监察派驻管辖具体规范

派驻（派出）管辖制度是国家监察权力的自然延伸。国家监察机关是我国国家监察专责机关，监督公权力的行使，维护国家和人民的利益。而监督又可细分为“监”和“督”，其中“监”是指熟悉和知晓，是一种知悉权，“督”是指敦促和校正，是一种矫正权，二者相互合作共同完成对权力的制约。② 同时，依据“嵌入性理论”，人作为社会关系或社会网络中的组成部分或行动者，同样会受到社会关系或社会网络的影响，进而影响诸多经济关系或经济制度的运行。③ 国家监察制度作为国家治理

---

① 参见任学强：《论职务犯罪案件指定管辖决策机制的行政化及其矫正》，载《河北法学》2018 年第 1 期，第 96 页。《最高人民法院关于常见犯罪的量刑指导意见》（2017）第 1 条，在其量刑指导原则中就明确规定，根据犯罪的事实、情节、性质和社会危害程度，来决定判处的刑罚。因为这种判决结果是符合自由裁量权行使规律的，不是量刑不均，反而体现了量刑的实体公正，是与案件审理地域的社会发展相适应的。这是因为量刑规范化，不是简单的消除同案异判或同罪异罚，追求量刑的统一化；这种规范化追求的是量刑的基准相同，并不必然要求量刑结果也一致。因而，一定地区间量刑的差异是合理的，而且是法律和公正所追求的。参见石经海：《“量刑规范化”解读》，载《现代法学》2009 年第 3 期，第 107-108 页。

② 参见张伟伟：《法律监督同其他监督方式之协调与合作》，载《四川理工学院学报（社会科学版）》2010 年第 1 期，第 15 页。

③ 参见符平：《“嵌入性”：两种取向及其分歧》，载《社会学研究》2009 年第 5 期，第 149-154 页。其他学者对国家治理过程中的嵌入性理论影响也进行了论述。参见王会金、戚振东：《社会嵌入视角下的国家审计治理作用机制研究》，载《会计研究》2013 年第 9 期，第 84、86 页。

中的重要一环，履行着监督制约的关键职责，有效规范权力的运行，防止权力的滥用及由此引发的利益侵害。所以，监察制度与国家治理的其他制度，都是国家治理中的附属系统或子网络，只有与其他系统或网络密切互动，才能有效地发挥监察职能，共同维护国家的有序健康发展。具体而言，就是为了更好地履行国家监察机关的监督和监察权力，需有效知悉各种具体权力类型的运行状态。而我国监察机关的监督是全面覆盖，其另一层含义就是监督的范围广，必然导致具体到某个点或某个行业的监督力量分散，在某些较为专业的领域，如果只是大范围的监察而不实时了解权力运行的情形，可能会存在腐败行为问题的发现滞后或遗漏。为有效防止监督遗漏，就需要进行嵌入式的监督，实时了解权力的运行状态。而派驻（派出）管辖制度就是贯彻这一理论的有效方式，能够有效避免广泛监督的弊端。基于派驻（派出）管辖的这一制度优势，应强化和完善派驻管辖制度，提高监察管辖的效能。

一是增强派驻（派出）管辖的法治化思维建设。在全面依法治国背景下，以法治化的思维完善派驻（派出）管辖制度，以规范化的制度和程序推进监察管辖制度的适用，是我国当前腐败治理的现实需求，也是我国腐败治理经验的科学总结。只有强化法治化思维建设，才能增强监察工作人员的规则意识，督促派驻机构工作人员规范行使监察管辖权限，严格按照程序规范履行监督、调查和处置职责，在与在驻单位监察对象接触时，恪守法律底线不越权、不滥用权力，确保管辖制度的依法运行，保障处置结果的公平公正。同时，强化法治化思维建设，能不断强化派驻机构工作人员的责任意识，督促其强化自身学习，提升管辖能力；督促其公开工作流程，广泛接受社会监督，维护派驻（派出）管辖的权威性和公信力。而且法治化的思维，还能确保派驻（派出）管辖机构做到权责分明，抓住工作重点，强化对监察工作职责的行使，不会由于权责不明而介入在驻单位的日常管理，这既打乱了在驻单位的日常工作，又影响派驻（派出）管辖工作的开展。

二是健全派驻（派出）管辖的日常管理机制。一要制定并完善派驻机构考评制度。科学客观反映派驻机构工作人员工作能力，让其将才能充分地运用到提高派驻监察效能上，以制度的方式确保有能者上、庸者下的进退机制，强化工作人员的危机感，提高其工作主动性。二要加大岗位交流机制。通过岗位交流，既锻炼了工作人员的工作能力，又减少了派驻工作人员在单位的固定年限，以任职的流动性和短期性，防止其与监察对象产生利益交换，化解廉政风险，确保派驻（派出）管辖的监察刚性。而且，通过岗位交流机制，工作人员的各项才能得以充分展示，为其晋升提供了条件，破解了晋升的“天花板”，充分地调动了工作人员工作积极性。三要完善监督制度。针对派驻（派出）管辖工作的特殊性，调整监督规范，强化对派驻（派出）管辖工作监督的针对性。据此，通过派出机关的上级监督、派驻机构的自我监督和社会公开监督，克服工作人员的监督惰性，督促其严格规范履职，防止权钱交易和以权谋私等监督管理黑洞的产生，及时对违纪违法行为进行处置，通过严格的自律，确保派驻（派出）管辖的权威性和公信力，切实推动监察派驻（派出）管辖的深入发展，发挥其对一般监察管辖的补强功效。

三是强化派驻（派出）工作人员的监察管辖能力。专业化较强的综合知识能力是监察派驻机构工作的客观要求，为了有效行使监察职责，确保每件监察案件经得起历史的检验，监察工作人员就必须提高自我学习的积极性，主动学习监察工作知识、相关法律法规和在驻单位所从事行业的专业知识，以便于在履行监察工作职责时，快速熟悉案情，抓住需要查清的重点问题和关键环节。同时，派驻监察机构作为专业化培训的责任主体，应通过多种形式创造条件为工作人员学习培训提供机会和内容，通过轮流培训方式、专业化培训与党内教育相结合的方式，分批次分时段地进行学习提升，从总体上提高派驻机构工作人员的专业化理论知识。同时，培训过程中，派驻机构应该综合运用案例学习、经验介绍、技术培训和模拟实战的方式强化培训的实践性，并将财政、金融、审计和外交等派驻机构常用的专业技术知识，运用各种新技术、新媒体等通俗易懂的方式展现给工作人员，使其能充分利用碎片化时间，制订个性化的学习计划，提升专业素养。

四是完善责任追究机制和利益冲突防范机制。在强化派驻机构管辖的同时，还应强化对监察机关工作人员的责任追究机制。派出机构作为派出机关职能的延伸，能够有效强化派出机关的监察力度和发现并解决问题的效能。但是，权力和责任是相辅相成的，没有责任的约束，或责任约束滞后，都会导致权力的滥用，尤其是派驻机构与在驻单位工作人员长时间的共同工作后，不可避免地会因人际交往而相互熟悉。而从我国社会的伦理习惯来看，道德与法律在执行中，会基于被执行人与执行人的关系程度而发生一定程度的伸缩变动。所以，为防止因人际关系而影响监督效能，须通过责任追究机制和利益冲突避免回避机制，防止产生人情案和关系案，而违背派驻机构设立的目的，降低监察效能。

五是在监察内部对监察调查权限进行明确区分，职务犯罪调查以地方监察机关调查为主。监察委员会调查权兼具党内纪检调查、行政违法调查、刑事犯罪调查三种特性①。可考虑职务犯罪案件调查的特点，在《监察法》的原则规定之下，应在派驻（出）机构与地方监察机关之间的管辖分工上作出适当明确的调整，即区分职务违法案件和职务犯罪案件的不同性质来构建内部管辖分工制度。前者以干部管理权限为主，后者以属地管辖为主，属地管辖上注重的仍是工作地点或者工作单位所在地要素。因此，构建监察双轨管辖机制，并不是违背《监察法》的管辖规定，而是在其原则要求之下的一种针对工作地点在地方、干部管理权限在主管部门的公职人员职务犯罪更为明确和细致的管辖分工制度设计，是在属人管辖和属地管辖出现冲突情况下的一种制度化解决路径。因为，从管辖机制上直接赋予地方监察委员会对其地域管辖范围内的涉嫌职务犯罪案件具有调查权限，可彻底解决派驻（派出）纪检监察机构在查处管理范围内的公职人员涉嫌职务犯罪案件的困境问题。这种解决方式更优于当前实践中依靠个案指定管辖或协商管辖来人为分流职务犯罪案件的非机制化做法。

在派驻（派出）机构与地方监察机关之间建构监察双轨管辖机制，还应一并统筹考虑派驻（派出）纪检监察机构的定位和性质，达到各司其职的效果。派驻（派出）监督作为监督的重要形式，定位在监督检查上更为合适，其可查办与监督检查相关的一般违纪和职务违法案件，直

① 参见刘艳红：《监察委员会调查权运作的双重困境及其法治路径》，载《法学论坛》2017年第6期，第5-15页。

接从管辖权限上切断对涉嫌职务犯罪案件的查办权限。派驻（派出）机构管理的这部分公职人员涉嫌职务犯罪的案件，则按照双轨制中属地管辖机制，由工作地的地方监察委员会管辖。实质上，就是限定只有国家监委及地方各级监委等“监察委员会”才具有职务犯罪案件的立案调查权限，各类派驻（派出）机构可以开展初核，也可以和地方监察委员会联合办案，但一般不再对涉嫌职务犯罪案件立案查办。这一双规制的构建也能够解决派驻（派出）机构无对应同级审查起诉机关和审判机关的问题，化解派驻（派出）机构办理职务犯罪案件后与诉讼管辖衔接的难题。

4. 刑事法中明晰公职人员概念与内涵

职务犯罪的身份犯机理问题是一个与监察管辖密切相关的问题，而且职务犯罪主体范畴的冲突也源于此。《刑法》和《刑事诉讼法》一样，与《监察法》作为政治领域的法律规范相比，在反腐败工作中具有后继性①。这就决定了《刑法》也应与《监察法》相衔接、相补充。当前，“法法”衔接更多地关注点集中在监察程序与刑事诉讼程序在证据、程序、移送等方面的无缝衔接，而作为实体法的《刑法》却并未以监察体制改革为契机提升优化自身的职务犯罪身份犯构成体系。如果《刑法》在相应职务犯罪主体、罪名体系、刑罚设置等方面，不主动对接监察体制改革，将影响监察全覆盖等立法目标的实现，而且会发生新的权力滥用风险②。国家的司法反腐也是为国家腐败治理总体大局服务的，应当主动对接监察法的新概念新提法，就反腐败而言，统帅于监察法之下，以《监察法》为基准，进行完善对接。当前，亟待解决的是以公职人员这一全新概念重构刑法的职务犯罪身份犯机制。

一是对《刑法》中以国家工作人员为构成要件的身份犯罪名梳理，建议考虑以公职人员概念替换构建身份犯罪名体系，避免将部分公职人员与一般人员混同定罪量刑。作为反腐败基本性、专门性法律的《监察

① 参见吴建雄、王友武：《监察与司法衔接的价值基础、核心要素与规则构建》，载《国家行政学院学报》2018 年第 4 期，第 27-34 页。

② 参见石经海：《<监察法>与<刑法>衔接实施的基点、问题与路径》，载《现代法学》2020 年第 1 期，第 143-157 页。

法》，第一次在中国特色社会主义法律体系中提出了公职人员的概念，是在充分考察中国国情的基础上提出来的，实现了对所有行使公权力的公职人员监察全覆盖，填补了此前腐败违法犯罪覆盖面太小的漏洞。然而，监察体制改革后，公职人员在犯罪体系中仅仅为一个程序法概念，只在监察管辖范畴内出现，而未得到实体法特别是《刑法》的回应与确认。赋予公职人员以《刑法》的意义，意味着公职人员的身份应影响到定罪或量刑问题。这是完善当前身份犯的理论机理的应有之义。《刑法》中仍以“国家工作人员”来区别对待公职人员相关罪名的定罪量刑，造成了《刑法》与《监察法》的割裂与相悖。同样都是行使公权力的公职人员，有的混同于一般主体以职务侵占罪、非国家工作人员受贿罪等定罪量刑，有的则以贪污罪、受贿罪判刑。由此造成罪名及量刑上巨大差异性，不仅显失公平，而且长此以往，也会动摇《监察法》所确立的对公职人员全覆盖的反腐败根基。以公职人员或者其六类细分主体①为身份犯主体构成要件，使《刑法》及相关司法解释对职务犯罪主体的内涵和外延与《监察法》保持一致，在区分贪污、职务侵占和受贿、非国家工作人员受贿罪等罪名上，能够以公职人员为界限重构职务犯罪罪名体系范畴。

二是对于其他与公安机关共管且无法剥离合并为以公职人员为主体构成要件的罪名，可以辅之以酌情从重规定的量刑情节犯，更加直观本质地反映反腐败治理的要求。当前，监察机关管辖上存在倒置的甄别标准，要求属于公职人员在行使公权力过程中实施的共管罪名犯罪才能管辖。但管辖是调查的前提，在甄别与公安机关的共管罪名时，客观上只能是以“人”为主要判别因素，公职人员涉嫌共管罪名即予以管辖，而是否实质行使公权力则是管辖后调查需要解决的问题。所以“以实质行使公权力替代国家工作人员身份，会使身份犯的法理被完全架空”②。因此，建议对公职人员在行使公权力过程中发生的该类犯罪，应考虑在量刑情节上作出规定，即将这共管罪名变为“不纯正身份犯”③，监察委员

---

① 参见《监察法》《监察法实施条例》中监察范围的规定。

② 参见刘艳红：《<监察法>与其他规范衔接的基本问题研究》，载《法学论坛》2019年第1期，第5-15页。

③ 参见吴飞飞：《身份犯的类型研究》，载《当代法学》2009年第2期，第94-98页。

会在管辖时直接以主体身份加罪名来判别即可。基于此，当前“保护伞”的标志性罪名——包庇、纵容黑社会性质组织罪是典型的身份犯，其主体要件为国家机关工作人员，但由于在构成要件中不要求利用职务便利，只是将利用职务便利包庇黑社会性质组织，作为酌情从重处罚的情节，所以未将该罪名纳入监察委员会管辖的范畴。如果将监察管辖对接身份犯机理，该罪是典型的身份犯而且行使公权力是量刑情节，理应纳入监察委员会的管辖范围。

三是重构刑法职务犯罪身份犯机制，有利于建立司法机关对监察委员会管辖权的监督制约机制和异议机制。当前，职务犯罪主体的范畴并未从立案调查至司法判决全流程一以贯之。除国家工作人员以外的其他类公职人员，多数为监察全覆盖后拓展的监察对象，在刑法上仍与其他一般人员同样对待，可以说其公职人员身份在司法审判的定罪或量刑方面毫无差异性。这不仅会造成职务犯罪的程序法和实体法在其主体范畴上存在严重脱节，法律体系的规整性会被质疑，而且检察机关、审判机关无法在个案中监督制约监察委员会与公安机关在共管罪名上的管辖正当性问题，犯罪嫌疑人、被告人及辩护人提出监察管辖权异议机制就失去了存续空间。而赋予公职人员刑法上的意义（或者影响定罪，或者影响量刑），就能建构起诉、审判环节中的监察管辖权异议机制，司法机关特别是审判机关就能在定罪量刑中通过对公职人员身份的确认而精准同步开展对监委管辖权的监督制约。①

（二）健全互涉案件协调机制

依据《监察法》的规定，监察机关对于职务违法犯罪案件具有管辖的优先权。为此，相关机关在工作中发现的职务违法或职务犯罪的线索，应移送监察机关，由其专责办理。对于同一犯罪主体，当职务违法犯罪问题和普通刑事犯罪问题互涉牵连时，应以监察机关为主调查，其他机关予以协助配合，即采取主从配合的分案模式。《管辖规定（试行）》在此基础上，规定了监察管辖案件的并案管辖规定。上述规范基于监察管

① 参见江国华、龚雄艳：《职务犯罪监察管辖冲突及其解决机制》，载《江汉学术》2021年第5期，第35页。

辖优先，在线索处置和案件分配上作出了原则性的规定，但是原则性的规定仅能为监察案件的办理提供方向性的指引，并未提供具体的操作规范。在实践中，因监察工作人员对该分案模式规范的理解偏差，监察分案模式在适用中出现了一系列的问题。为此，为解决监察管辖分案模式在适用中问题，应强化对该分案模式的立法解读，以确保正确适用。

1. 正确理解监察分案的适用条件

首先，要认清监察并案管辖与分案管辖的区别。《管辖规定（试行）》第20条第2款，规定了监察管辖案件的并案制度；《监察法实施条例》第52条规定，“监察机关必要时可以依法调查司法工作人员利用职权实施的涉嫌非法拘禁、刑讯逼供、非法搜查等侵犯公民权利、损害司法公正的犯罪，并在立案后及时通报同级人民检察院”，“监察机关在调查司法工作人员涉嫌贪污贿赂等职务犯罪中，可以对其涉嫌的前款规定的犯罪一并调查，并及时通报同级人民检察院”。从上述规定可知，还应在认清主从配合分案模式的基础上，认清监察并案管辖的适用基础和条件，才能做好区分和更好地适用主从配合分案模式。依据监察法立法目的和相关规定，监察并案管辖的适用条件：一是，监察并案管辖的基础是案件均为监察管辖权管辖范围，即并案一般只能在监察机关管辖的职务犯罪监督调查权内部进行，不同职能的机关的管辖权之间是不能进行并案管辖的，否则便突破了管辖权间的职能分工界限。① 二是，监察并案管辖的案件程序性质需为相同，② 不同性质程序间的职能、分工及管辖权确定的依据均有一定的差异，强行将不同程序间的管辖权进行合并，可能会引发案件办理过程中的程序冲突和法规适用矛盾。三是，监察并案管辖还要求，并案管辖案件所处的程序阶段相同。不同程序阶段的合并，可能引发案件程序倒流，侵害案件当事人的合法权益；不同程序阶

① 参见钱小平：《监察管辖制度的适用问题及完善对策》，载《南京师大学报（社会科学版）》2020年第1期，第137页。

② 参见程雷：《“侦查”定义的修改与监察调查权》，载《国家检察官学院学报》2018年第5期，第137页。全国人大法工委对并案管辖也进行了立法解读，即并案管辖或者关联案件的管辖只能是本系统内的并案处理。参见全国人民代表大会常务委员会法制工作委员会刑法室编著：《〈关于实施刑事诉讼法若干问题的规定〉解读》，中国法制出版社2013年版，第17页。

段的查办侧重点不同，承办机关的案件查办能力也不相同，强行并案不但不会节省案件查办时间，有可能会因办案能力问题引发案件查办的迟延，降低案件查办的整体效能。

其次，要正确理解主从配合分案模式的关键因素。一是主从配合分案模式的“主”案为职务犯罪案件。依据《监察法》第34条第2款的规定，互涉案件是指监察机关管辖的职务违法犯罪案件与普通刑事案件的互涉牵连，如果仅是职务违法犯罪案件或普通刑事案件的同类案件互涉，则不适用主从配合分案模式，应为并案模式。而且相对于从案，职务犯罪案件无论是从案情还是从社会危害性上都要比从案更为严重。二是主从配合分案模式中的以监察机关为主调查。这里的“为主”是指在监察机关在案件办理过程中，强化其对整个案件的沟通协调作用，而不是由监察机关指挥或代替其他机关行使案件管辖权。① 在主从配合分案模式中，监察机关和其他机关独立享有各自的管辖权，依据案情分别立案，在各自职责范围内履行职责。三是在主从配合分案模式下，监察机关和其他机关可以相互配合，对于一些案件信息相互沟通，提升案件查办效能，但是仍需在各自职权范围内行使职权，不能在采取调查措施的同时实施刑事强制措施，以保障犯罪嫌疑人的合法权益。②

最后，明确主从配合分案模式的例外。互涉案件主从配合分案模式的基础，为互涉案件中职务违法犯罪问题相对于普通刑事违法犯罪问题更为严重。但还应存在特殊情形的适用原则，即当普通刑事违法犯罪问题更严重时，则应以其他侦查机关为主进行侦查，这样更有利于其他刑事侦查机关专业性和技术性特长的发挥，有利于案件的快速侦破。

2. 健全案件信息互通共享机制

在刑事案件侦查中，为了保证案件侦查进度和案件办理的客观性，

① 参见谢小剑：《监察委员会刑事调查管辖制度初探》，载《湖湘论坛》2019年第5期，第62页。

② 如《监察法实施条例》第51条规定，“公职人员既涉嫌贪污贿赂、失职渎职等严重职务违法和职务犯罪，又涉嫌公安机关、人民检察院等机关管辖的犯罪，依法由监察机关为主调查的，应当由监察机关和其他机关分别依职权立案，监察机关承担组织协调职责，协调调查和侦查工作进度、重要调查和侦查措施使用等重要事项”。

普通刑事案件在侦查阶段取保密原则，相关信息是不对外公开的。而在监察机关主从配合分案模式下，刑事侦查机关在案件侦查阶段获得的案件信息，则需要与监察机关分享。而《监察法》第 39 条第 3 款规定，监察立案后，相关案件信息是需要向社会公开的，这便突破了侦查阶段信息保密原则。在主从配合分案模式中，刑事侦查机关要打破此前侦查信息保密的原则，与监察机关之间实现案件信息的共享。监察机关也要与侦查机关进行信息共享，这对于监察机关并不存在困难，依据《监察法》第 39 条第 3 款的规定，监察案件立案后应向社会公开相应的信息，《监察法实施条例》同样延续了这一规定。[①] 只有实现信息的互通，案件查办机关才能更加全面地了解案件的全貌，有利于案件快速突破和侦查终结。适用主从配合分案模式，监察机关及相关机关都可能在各自办案程序中，询问或讯问中涉及其他机关管辖的案件事实，这类信息也可以作为双方可以共享的案件信息之一。这些共享的信息，监察机关向社会公开时，还需依据相关的程序进行筛选，对可能造成刑事侦查机关工作难以开展的信息要暂缓公开，以免影响侦查机关的办案进度。

3. 合理适用刑事强制措施和强制性调查措施

合理适用刑事强制措施和强制性调查措施[②]，对主从配合分案模式下同一被调查人，只能择一适用刑事强制措施和强制性调查措施。如果监察机关对被调查对象采取了留置措施，则其他刑事侦查机关不能对同一犯罪嫌疑人同时采取强制措施；或者其他刑事侦查机关对犯罪嫌疑人采取刑事强制措施后，监察机关则不能同时采取留置措施。这是基于留置和刑事强制措施一样都为限制人身自由的法定措施，两者属于两种法定程序，相关机关不能任意介入另一个机关的案件查办过程。例如，监察机关对被调查人采取留置措施以后，其人身自由受限，不可能随意进出法定留置场所，故也不能完成刑事强制措施课以的义务。所以，两种法定措施只能择其一而适用。同时，严格规范强制性调查措施的适用和调

① 《监察法实施条例》第 184 条第 2 款规定，“对涉嫌严重职务违法或者职务犯罪的公职人员立案调查并采取留置措施的，应当按规定通知被调查人家属，并向社会公开发布”。

② 如留置措施即为一种常见的强制性调查措施。参见叶青：《监察机关调查犯罪程序的流转与衔接》，载《华东政法大学学报》2018 年第 3 期，第 20 页。

查活动程序，避免普通刑事案件侦查机关对监察措施的借用。因为现阶段在监察调查阶段并未赋予被调查人与犯罪嫌疑人完全相同的程序性权利，当作为普通刑事案件的犯罪嫌疑人，由于侦查机关借用监察调查措施而被限制人身自由时，并未享有刑事诉讼法赋予的完整诉讼权利，犯罪嫌疑人的部分合法诉讼权益可能会受到损害。

4. 灵活取证以确保证据的合法性

在主从配合的分案模式下，作为协助配合监察机关办案的其他刑事侦查机关，可以参与到监察机关的监察调查中。由于被调查人涉嫌的职务犯罪和其他普通刑事犯罪是相互交织的，在协助监察调查过程中，存在利用监察调查措施而进行刑事侦查的可能，并获取了与普通刑事案件相关的证据。在此情形下，这类刑事证据是利用监察机关的调查措施而取得的，监察调查措施的适用使犯罪嫌疑人的自白任意性①受限，所以这类证据，尤其是言辞证据的证据真实性、客观性和合法性存疑。

具体而言，在监督调查程序中，当同一被调查人既涉嫌职务违法犯罪又涉嫌普通刑事犯罪时，在对其采取留置措施后，留置期间律师无权介入。被调查人在留置期间，如果其他刑事侦查机关在刑事立案后依法对其进行讯问，讯问的言辞证据不符合刑事诉讼证据取证要求，其证据合法性存疑。依据《刑事诉讼法》中的诉讼权利规定，自侦查机关对犯罪嫌疑人第一次采取讯问措施之日起，犯罪嫌疑人就有权委托律师，这是讯问证据合法性的要求。被调查人留置期间律师无权介入，据此留置期间刑事侦查机关对同时涉嫌普通刑事犯罪的被调查人不能取证，即使对其进行讯问，则讯问的言辞证据合法性不足。同时，在留置期间，对被调查人进行讯问，也不符合《刑事诉讼法》讯问的地点要求。所以，采取主从配合分案模式，在以监察机关为主调查情形下，其他刑事侦查机关予以协助，并展开相应的侦查核实工作，不宜采取刑事立案，否则，此阶段获取的证据合法性存疑。当其他刑事侦查机关对犯罪嫌疑人采取

① 自白任意性是指在刑事案件的办理中，被告人在法院审理前的侦查程序中所作的自白（供述）必须是出于自愿的，才能具有证据能力。因此“反对强迫自证其罪”。参见王景龙：《中国语境下的自白任意性规则》，载《法律科学（西北政法大学学报）》2016 年第 1 期，第 144 页。

刑事强制措施时，在其诉讼权利得到充分保障的情形下，监察机关依据《监察法》的规定采取相应的调查活动时，则监察证据的合法性不受影响。故在其他刑事侦查机关对同时涉嫌职务违法犯罪和普通刑事犯罪的犯罪嫌疑人侦查立案时，不影响监察机关的管辖职能和调查活动。

三、监察管辖实施中疑难问题的化解

依据《监察法》第 16 条第 1 款，各级监察机关管辖权限确定的一般原则为干部管理权限和监察机关管理区域的相结合[①]，这也是党管干部原则在监察法中的直接体现。所以在监察实践中，干部管理权限是管辖权限确定的首要原则。[②] 各级监察机关据此对绝大多数公职人员依法履行监察职权，并不存在适用困难。但是基于这一原则，对于上级业务主管部门和地方党委双重管理的干部、垂直管理干部，因为管辖权的竞合，出现了“上级监管太远、同级监管太软、下级监管无权”[③] 的尴尬境地，成为监察管辖实践中的难点。同时，监察机关与检察机关对诉讼活动中司法工作人员职务犯罪案件管辖的竞合，加上诉讼活动的特殊性，使得这类监察案件的管辖也成为监察管辖的难点。这两类监察案件的特殊性，使其在社会上关注度较高。为此，如何强化对这两类案件的管辖，成为监察管辖实践运行机制完善的难点。

（一）实践中职务犯罪层级管辖与地域管辖矛盾的化解

我国是典型的中央集权属性的单一制国家，地方各级政府是由中央政府统一领导的，中央政府通过立法权、事务权、财政权和人事任免权的划分，在中央和地方之间进行权力和资源之间的配置协调。[④] 对于干部管理我国实行的是党管干部原则，党管干部又以分级管理为基础。在分

---

① 参见中共中央纪律检查委员会、中华人民共和国国家监察委员会法规室：《〈中华人民共和国监察法〉释义》，中国方正出版社 2018 年版，第 116 页。

② 参见黄韶鹏：《监察全覆盖是怎样体现的——六大类人员全部纳入监察对象》，载《中国纪检监察》2018 年第 6 期，第 59 页。

③ 参见岳侠：《香港与内地反贪腐机构的对比研究》，载《陕西行政学院学报》2016 年第 4 期，第 48 页。

④ 参见朱旭峰、吴冠生：《中国特色的央地关系：演变与特点》，载《治理研究》2018 年第 2 期，第 50–51 页。

级管理的基础上，针对特定情形或特殊情况，采取特殊的管理方式，但是分级管理的这一基本原则从未动摇。[①] 所以，我国的人事任免具有明显的自上而下的纵向层级管理特征。[②] 上级机关对下级机关的领导主要有业务领导和业务指导两种。其中，第一种属于属地化管理，即公权力机关受地方党委、政府的领导，在人、财、物和事方面受地方党委和政府领导，受同级人大监督，可称为横向的块状管理；第二种属于垂直（双重）管理，这类公权力机关业务技术要求较强或职能较为特殊，注重其主管部门的业务领导，即由省级或中央级业务主管部门负责人、财、物、事的管理，呈现出条状的管理样态。而双重管理则介于属地管理和垂直管理之间，可称为半垂直管理，即该机关既受上级业务部门管理，又受地方党委政府管理，依据管理的权限又分主管和协管。[③] 垂直（双重）管理机关中公职人员的干部管理单位与工作地相分离的特殊性，使得对这类人员的监察难度较大，成为监察管辖运行中的难点。

1. 以派驻管辖为主要化解途径

强化派驻管辖，可以有效化解垂直（双重）管理机关公职人员的监察困境。这是由派驻管辖的“嵌入式”监察特征所决定的。依据《监察法》第 12 条的规定，作为监察机关监察职能的延伸，监察机关的派驻机构在派出机关的授权下，依法对派驻单位的公职人员进行监察。监察派驻机构由其派出机关直接领导、统一管理。依据法律规定，其不能过度地介入派驻单位的工作，也不能与监察对象发生利益冲突；而派驻机构的工作直接接触监察对象的日常工作，熟悉在驻单位的工作流程和相关

---

① 参见任建明：《从干部分级管理体制审视腐败案件查办》，载《民主与科学》2004 年第 6 期，第 19 页。

② 在我国的行政管理体制中，国家控制地方重要领导干部，上级控制下级主要领导干部，是控制约束下级履职行为的一种重要手段，这也是我国政治单一制的核心特征，能够有效地遏制地方主义和宗派主义，维护党和国家的中央权威，保持我国政治的统一和问题，保障中央政策有效贯彻实施。为此，在干部的管理上，中央对地方，上级对下级的干部管理主要采取两类方式，中央（上级）直接任命管理的干部和中央（上级）备案管理的干部，其余的一般党政干部，则由本级组织人事管理部门直接管理。参见吴东镐：《我国中央与地方关系的法治化议题》，载《当代法学》2015 年底 4 期，第 16 页。

③ 参见李宜春：《论分权背景下的中国垂直管理体制——概况、评价及其完善建议》，载《经济社会体制比较》2012 年第 4 期，第 212-213 页。

专业的业务知识，能够及时发现问题，及时纠正和处置，避免了上级监察机关监督太远、监察不及时的问题。而且，其由上级监察机关的直接管理、统一领导，又能避免改革前由派驻单位党委主管时的监督太软、同级监督难的问题。所以，在垂直（双重）管理单位实现派驻机构的全面覆盖，适当的授权派驻机构，由其代为上级监察机关行使监察管辖权，能够避免上级监察机关在对垂直（双重）管理机构公职人员监察不及时的弊端，克服上级管理机关因地域分离带来的管辖的难题。同时，这是中央推动纪检监察体制改革持续深入的必然要求，也是进一步健全国家监督体系的改革方向之一。①

依据《管辖规定（试行）》第 29 条的规定，派驻监察机构对工作地点在地方、干部管理权限在主管部门的公职人员的职务违法犯罪问题具有管辖权。据此，对于县级以上公职机关内部副职以下公务人员的管理，根据其组织人事管理权限，由相应部门内设组织人事机构或同级组织人事部门管理，其监察管辖也可以由相应的派驻监察机构或同级监察机关办负责。② 监察实践中，垂直（双重）管理单位公职人员监察管辖问题依然较为突出的原因在于，对派驻机构还未实现全面覆盖、被授权的监察

① 参见赵乐际：《坚持和完善党和国家监督体系为全面建成小康社会提供坚强保障——在中国共产党第十九届中央纪律检查委员会第四次全体会议上的工作报告》，载《人民日报》2020 年 2 月 25 日，第 3 版。

② 《党政领导干部选拔任用工作条例》（2019）第 6 条规定，党委（党组）及其（人事）组织部分按照干部管理权限行使相应的管理职责。故在行政级别为县处级以上的机关单位在其内部设有组织部门，履行相应的干部管理职责。《监察法》第 12 条明确规定，各级监察机关可以向本级党政和国有企业等行使公权例的机关派驻机构或专员，并领导和管理派驻机构或专员。此后，中共中央于 2018 年 10 月通过《关于深化中央纪委国家监委派驻机构改革的意见》，继续深化对党的纪律检查机关和国家监察机关派出机构的改革，强调派驻机构由中共中央纪委和国家监察委统一领导和管理。赋予派驻机构相应的监察权，因此派驻机构与国家监察机构一致，兼有党内纪律检查监督权和国家监察职权，进一步完善对行使公权力人员监察全覆盖的法律制度。参见《关于深化中央纪委国家监委派驻机构改革的意见》，载新华网：http：//www. xinhuanet. com/politics/ 2018-10/30/c_ 1123637158. htm. ，最后访问日期：2019 年 11 月 29 日。通过上述党政干部管理权限的规定和监察法的明确确定，因此县处级以上党政机关一部分“高职低配”的公职人员，按照管理权限由与其组织（人事）部门同级的派驻纪检组监督监察。

管辖权限有限[①]，以及派驻机构自身对监察管辖权适用较为审慎，进而导致派驻机构办案数量，在监察机关办案总量中所占的比例较低。[②] 依据《管辖规定（试行）》第27条的规定，国家监委的派驻监察机构，具有对非中央管理的局级以下公职人员的职务违法犯罪案件的调查管辖权限。《监察法实施条例》第49条的规定，“工作单位在地方、管理权限在主管部门的公职人员涉嫌职务违法和职务犯罪，一般由驻在主管部门、有管辖权的监察机构、监察专员管辖。”据此，地方各级监察机关也可授权其派驻机构，使其具有对一定级别公权力行使人员的监察调查权限，以强化其监察职能。由此可知，要化解垂直（双重）管理机关公职人员监管的难题，仍需扩大派驻机构的管辖权限和覆盖范围，督促其积极履职，充分发挥“派”的权威和“驻”的优势。

2. 以地域管辖为辅助化解途径

双重管理机关公职人员的干部管理包括两种：一种是上级业务部门主管，地方组织人事部门协助；另一种是地方组织人事部门主管，上级业务部门协助。[③] 在地方组织人事部门主管的情形下，双重管理单位公职人员的监察管辖一般直接由地方监察机关负责，能够及时发现问题解决问题。但是，在中央或上级主管的情况下，由于公职人员的组织人事管理单位所在地和工作所在地通常会分开[④]，进而有权能够对此类人员监察的监察机关所在地，可能会与工作人员工作所在地不在同一行政区划，而公职人员职务违法犯罪行为发生一般都会与单位紧密相关，在单位所在地进行调查更有利于案件的查办。而且，实践中此类机关公职人员的

---

① 中央纪委书记赵乐际在中央纪委十九届四中全会报告中特到要将“完善派驻机构工作制度……探索上级纪委监委派驻形式强化对国有企业单位监督的有效机制，逐步扩展垂直管理单位和部分上级管理为主单位纪检监察体制改革试点”，由此可知派驻机构仍为实现对垂直管理和双重管理单位的全面覆盖。参见赵乐际：坚持和完善党和国家监督体系为全面建成小康社会提供坚强保障——在中国共产党第十九届中央纪律检查委员会第四次全体会议上的工作报告》，载《人民日报》2020年2月25日，第3版。

② 2019年，全国纪检监察机关派驻机构仅立案6.6万件，处分5.9万。参见赵乐际：坚持和完善党和国家监督体系为全面建成小康社会提供坚强保障——在中国共产党第十九届中央纪律检查委员会第四次全体会议上的工作报告》，载《人民日报》2020年2月25日，第3版。

③ 参见《中共中央组织部关于干部双重管理工作若干问题的通知》（1991）第2-3条。

④ 参见《监察法实施条例》第49条第1款。

违法犯罪问题也先由地方监察机关发现或受理，然后依据线索处置规定移转至上级具有管辖权的机关。通常情况下，上级监察机关会将案件交由地方监察机关办理，以便快速查办案件。① 如果双重管理单位有派驻监察机构，则由派驻监察机构与地方监察机关成立联合调查组的形式，来调整解决监察管辖一般原则的适用难题。例如，中信银行哈尔滨分行原党委书记、行长于某的涉案问题由中央纪委国家监委驻中信银行纪检监察组和黑龙江省监察委联合进行调查。② 从中央纪委国家监委网站公布的中央管理党政机关、国有企业、金融单位厅局级干部的审查信息可知，自《监察法》实施后共有70多名厅级干部被执纪审查，绝大多数被调查人都是由派驻纪检监察组和地方监察机关联合办案。③ 而且，在监察案件调查终结后，对涉嫌犯罪的被调查人，承办案件的监察机关须依法将案件移送同级检察机关审查起诉，因派驻监察机构并无对应的检察机关，联合地方监察机关办案，也可以有效地衔接司法机关，提高案件的办理效能。为此，有效地对双重管理机关公职人员进行监察管辖，需强化与地方监察机关的协调，以便快速查办案件，查清案件事实。

3. 以健全的责任追究机制为保障措施

在强化派驻机构管辖的同时，还应强化对监察机关工作人员的责任追究机制，才能强化派驻机构监察工作人员的责任意识，充分发挥派驻监察机构的管辖优势，应对垂直（双重）管理机关公职人员监察的难题。权力和责任是相辅相成的，没有责任的约束，或责任约束滞后，都会导致权力的滥用或怠于行使权力。首先，要明晰派驻监察机构的职责权限，明确每个监察工作人员的监察职责，是强化对垂直（双重）管理机关工作人员管辖的条件和根基。其次，明确适应派驻管辖特色的责任追究机

① 参见韩立营：《职务违法犯罪调查（侦查）权配置的研究》，硕士学位论文，渤海大学，2019年，第20-21页。

② 参见《中信银行哈尔滨分行原党委书记、行长于成信接受纪律审查和监察调查》，载中央纪委国家监委网：http：//www. ccdi. gov. cn/scdc/zyyj/zjsc/201911/t20191121_ 204792. html. ，最后访问日期：2019年11月30日。

③ 数据来源：中央纪委国家监委网站：http：//www. ccdi. gov. cn/scdc/zyyj/zjsc/index. html. ，最后访问日期：2020年6月4日。

制，是健全派驻管辖制度的关键。任何责任制度最终都要归结于惩戒[①]，严格依法依规进行责任追究，确保有错必处、有责必究，通过责任追究，倒逼监察工作人员积极履职。这是强化派驻监察管辖职责的关键环节。没有这一环节，责任追究将徒有其表。因此，强化派驻监察管辖职能必须健全责任追究机制。再次，针对当前派驻监察管辖责任机制过于原则的现状，要指定具有可操作性的程序规范，才能确保责任追究机制的贯彻落实。为此，在完善监察管辖制度的同时，通过对派驻管辖责任追究机制制度化、规范化、程序化的构建，提高责任追究机制的可执行性。最后，完善派驻管辖责任追究机制，还要建立起相应的监督机制。通过派驻监察机构的自我监督、派出监察机关的上级监督和社会公众的群众监督，形成内外互动、上下联动的监督机制，而且充分调动人民群众的监督热情，有利于派驻监察机构管辖职责的履行和监察线索的收集。

派出机构作为派出机关嵌入垂直（双重）管理单位的监察“前沿哨所”，能够在在驻单位公职人员的日常履职中及时发现问题、处置问题，防止由小错铸成大错，通过职责的履行强化对（双重）管理单位工作人员行使公权力的监督，化解垂直（双重）管理单位监察“上级太远、同级太软、下级无权”的监管难题，并通过及时回应群众反映的问题，维护监察管辖的公正性和权威性。但是，由于派驻机构工作人员在与派驻单位公职人员长时间的共同工作，为避免派驻监察机构工作人员因相互间人际关系而影响监督效能，必须制定完善的责任追究机制，以防止人情案和关系案的产生，而违背派驻机构监察职能，放松对垂直（双重）管理单位的监察。

（二）司法人员职务犯罪监检管辖竞合的协调

依据《监察法》第11条第2款的规定，监察机关有权调查所有行使公权力人员的职务违法和职务犯罪行为。依据《刑事诉讼法》第19条第2款的规定，检察机关可以对诉讼活动中司法工作人员[②]的职务犯罪立案

① 参见郑曙村、段建凡、房玉霞：《完善我国责任政治的现实思考》，载《中共中央党校学报》2005年第1期，第75页。

② 我国的司法工作人员是指具有侦查、检察、审判和监管职责的工作人员。参见《刑法》第94条。

侦查。最高人民检察院在此基础上，将可以由检察机关侦查的职务犯罪罪名列举为14个①。由此可知，在对诉讼活动中司法工作人员的职务犯罪的管辖权，监察机关和检察机关共同享有。《监察法实施条例》第52条，进一步确认了监察机关对司法工作人员涉嫌职务违法犯罪的管辖权，该条规定“监察机关必要时可以依法调查司法工作人员利用职权实施的涉嫌侵犯公民权利、损害司法公正的犯罪”。司法工作人员涉嫌职务犯罪的管辖权共享，导致实践中司法工作人员的职务犯罪监察机关和检察机关均可查，浪费了执法和司法资源。如何协调二者的管辖，选择最有利于治理司法领域工作人员腐败问题的管辖方式，既能减轻监察机关的办案负担，又能发挥检察机关的职能功能，成为当前监察实践工作中亟待解决的问题。

1. 管辖竞合问题的协调思路

在综合考量监察机关和检察机关对诉讼活动中司法工作人员职务犯罪案件行使管辖权的影响因素后，笔者认为此类案件的调查（侦查）由检察机关优先管辖更为适宜。所谓检察机关优先管辖，就是在一般情况下，对发生在诉讼活动中司法工作人员利用职权实施的侵犯公民权利、损害司法公正等14类职务犯罪案件，由检察机关优先管辖，依法行使侦查权。监察机关对上述职务犯罪一般不宜管辖，只有在特殊情况下，监察机关认为相关案件不宜由检察机关侦查的时候，才能启动监察调查管辖权。具体而言，就是将监察机关所管辖的“行使公权力的公职人员”涵盖范围内的“司法工作人员”单独剥离出来，列为人民检察院的管辖对象。同时明确，凡利用职权实施的非法拘禁、刑讯逼供、非法搜查等侵犯公民权利、损害司法公正的犯罪案件由人民检察院管辖。此外，在案件线索受理上，明确犯罪线索是人民检察院在对诉讼活动实行法律监

① 这14个职务犯罪罪名具体为：非法拘禁罪（非司法工作人员除外）；非法搜查罪（非司法工作人员除外）；刑讯逼供罪；暴力取证罪；虐待被监管人罪；滥用职权罪（非司法工作人员滥用职权侵犯公民权利、损害司法公正的情形除外）；玩忽职守罪（非司法工作人员玩忽职守侵犯公民权利、损害司法公正的情形除外）；徇私枉法罪；民事、行政枉法裁判罪；执行判决、裁定失职罪；执行判决、裁定滥用职权罪；私放在押人员罪；失职致使在押人员脱逃罪；徇私舞弊减刑、假释、暂予监外执行罪。参见《关于人民检察院立案侦查司法工作人员相关职务犯罪案件若干问题的规定》第1条。

督中发现的。所谓“发现”，即为人民检察院先于监察机关获取线索，而不论线索的来源是检察院在工作中主动发现还是他人信访、举报到检察院的，应当由检察院受理。而监察机关如果获得司法人员 14 种的职务犯罪线索，宜将线索移送人民检察院侦查，并予以支持和监督。为此，国家监察机关应当根据全国人大授权制定相关规则，将司法人员 14 种职务犯罪从对公职人员全面覆盖的整体管辖中分离出来。

2. 管辖竞合问题的协调机制

实践中，如何处理好司法工作人员相关职务犯罪案件的管辖，需要建立监察机关与检察机关案件协调机制。这一管辖协调机制的主要功能，就是在司法工作人员职务犯罪检察机关优先管辖原则下，有效协调监察机关与检察机关的衔接，避免在案件办理中互相推诿、多头办案等现象的发生，实现案件管辖衔接上的制度化和规范化。笔者认为，从司法实践的要求看，这一机制应当包括线索移交机制、案卷文书移送机制、证据材料移交机制、调查对象移交机制、涉案财物移交机制、协助侦查机制、协调保障机制、案件信息互通交流机制等相关配套机制。① 以案例 5 就可清晰地表明管辖竞合协调机制的重要作用。

案例 5：李某原系××市人民法院工作人员，2016 年 7 月至 2018 年 8 月期间，任该法院执行局员额法官及执行×组长，任职期间内，李某利用其具有推动执行工作进度，向当事人介绍评估机构和拍卖机构等方面的职权，有意为他人提供相应的帮助，并以此为凭借，收受相关单位及个人的钱款，共计人民币 136.3 万元。李某受贿行为的线索系监察机关在调查其涉嫌另一起行贿案件的过程发现，后对李某的受贿行为和行贿行为合并调查。案件调查终结后，移送检察机关审查起诉，并经法院依法审理，李某被判处实刑 3 年零 8 个月，并处人民币 50 万元的罚金，追缴人民币 136.3 万元的违法所得。②

本案为典型的司法工作人员职务犯罪案件，调查、审查起诉和案件

① 参见吴建雄：《国家监察体制改革背景下司法反腐的职能变迁与机制再造》，载《中南大学学报（社会科学版）》2018 年第 2 期，第 5-6 页。

② 参见××县人民法院（2019）吉 2424 刑初 16 号刑事判决书。

审理通过指定管辖的方式，异地办理。李某的受贿行为主要发生在诉讼活动中，是对法律赋予其审判机关执行工作人员职权的不当使用，并以此获取不当利益。李某的受贿行为符合法律规定，是可以由检察机关管辖的诉讼活动中司法工作人员职务犯罪行为的条件。而且，李某的受贿犯罪行为线索系监察机关在办理另一起涉嫌行贿犯罪的案件过程中发现。依据检察机关优先原则，监察机关和检察机关应做好以下工作：一是监察机关将涉及李某职务犯罪行为的线索移送对其具有管辖权的检察机关；二是将此前已经调查的相关案件文书进行移送；三是将已经核实的李某涉嫌受贿犯罪的证据进行移交；四是将被调查人李某进行移交；五是将已经扣押查封的涉及李某涉嫌受贿犯罪的财物移交，不适宜移交的原件、原物，可移交相应清单及照片；六是监察机关与检察机关之间及时地进行信息交流和沟通，以便双方更加全面地了解李某的涉案信息，并以此做好案件查办的配合协调；最后是监察机关与检察机关都做好了相关的工作，确保案件的顺利移交和协调配合。最终，通过监察机关与检察机关的合作，充分利用检察机关参与诉讼活动的便利，快速查清案件事实，依法追究相关行为人的法律责任。

同时，全国人大常委会于 2019 年 10 月 26 日，授权国家监委可以根据执行法律和领导地方监察机关工作的需要制定监察法规。① 为此，国家监察机关在充分试点的基础上，将监察实务过程中总结出来的、有利于案件办理的、具有可全面推广的管辖权确定原则和相关执行规范上升为监察法规，纳入《监察法实施条例》中，如该条例第 210 条规定“监察机关决定对涉嫌职务犯罪的被调查人移送起诉的，应当出具《起诉意见书》，连同案卷材料、证据等，一并移送同级人民检察院。监察机关案件审理部门负责与人民检察院审查起诉的衔接工作，调查、案件监督管理等部门应当予以协助。国家监察委员会派驻或者派出的监察机构、监察专员调查的职务犯罪案件，应当依法移送省级人民检察院审查起诉”。上

① 参见《全国人民代表大会常务委员会关于国家监察委员会制定监察法规的决定》，载中国人大网：http：//www. npc. gov. cn/npc/c30834/201910/911aed040a7948a3b2679568d6216140. shtml.，最后访问日期：2020 年 2 月 10 日。

升为监察法规的这些程序规范，提高这些实务中总结出来的程序规范的效力层级，确保此类监察管辖原则在全国范围内的执行，细化了《监察法》相关规定执行的可操作性，从总体上提高我国腐败治理规范化、法治化的能力和水平。但是，限于某些实务操作程序的试点实验性和法律效果的待验证性，部分实务中程序规范并未获得国家监察机关的认可，上升为监察法规，我国《监察法》及其实施条例中关于监察机关与检察机关管辖竞合的协调机制仍较为原则，需要进一步细化，确保其适用的规范性和程序性。

四、监察管辖程序性权利的构建

管辖制度作为程序法上的案件分配机制，具有职权划分的特点和公共制度的属性。但是，管辖不当不仅影响着管辖秩序，还可能影响被调查人的实体权利和程序权利。从比较法经验看，世界主要国家和地区均赋予了程序相对人在管辖制度中申请变更管辖、无管辖权的异议等各种程序性权利，保障程序相对人的合法权益，对管辖错误进行救济。纵观我国刑事法律规范，虽然在部分刑事司法解释虽有涉及管辖异议，但相关程序规范的完整性和科学性均存在问题，且管辖异议仅作为法院职权调查的一种对象，尚没有像民事诉讼法那样上升为明示性的程序性权利。《监察法》作为腐败治理的基础性法律，其管辖权确立和适用关乎被调查人的切身利益，但是在《监察法》的管辖立法规范中，其内容的职权化特征过强，被调查人的程序性救济权利付之阙如。从权利保障的角度而言，没有救济的权利是不完整的权利。为此，本书拟从揭示管辖制度与权利保障的内在关联入手，探讨管辖制度中被调查人程序性权利的相关问题，旨在管辖领域构建一种较为完整和合理的程序性权利规范体系，制约和防止监察管辖权的滥用，保障被调查人的合法权利，维护监察管辖的权威性、公正性和公平性。

（一）监察管辖中程序性权利的界定

从国家内社会上发生的为数众多的案件中，分配出一定数量案件至监察机关及其他相关公权力职能机关，依赖的是管辖这种“程序装置”。因案件分配机制的本质要求是明确性、易操作性，故在通常情况下，案件分配的结果并非管辖制度所应考虑的问题，也非分配正义衡量的对象。依据正义的一般观念，分配正义就是给人以应得的东西。如果把公权力机关看作案件分配领域的主体即“人”，我们也无法科学评估其分配得到的案件数量的公平性。因为公权力机关的功能是解决纠纷、恢复社会秩序，而纠纷的数量并不为公权力机关所掌控。此时，根据案件数量来评价管辖分配的公平性，可能是无意义的。因此，作为一种案件分配机制，管辖与案件分配结果之间的关系，看起来更像罗尔斯所言的“纯粹程序正义”。

但是，管辖这种看似“价值无涉”的技术性机制，背后却有重要的价值判断。一是管辖机制必须建立在“公平公正假定”的前提之上。因此，在一个国家中同一级别公权力机关的执法人员应该都能在同等条件下完成同等质量的工作，如果没有这种事先的公正假定，管辖尤其是地区管辖的建立根基就会全然倒塌。二是合理的管辖机制具有防止办案机关外其他机关干预公平公正执法的制度价值，避免操纵案件分配进而控制执法工作人员的现象。为此，监察机关的监察管辖不应该看成一般的法律技术行为，它有着重大的实体和程序意义。监察管辖制度对于防止监察权力执行人事后设立管辖标准来分配具体职务违法犯罪案件、防止权力滥用和保护被调查人的合法权益，具有自己的社会政治意义。

1. 监察管辖与权利保障的关系

从权利保障的角度来看，管辖问题显然不是“谁管了都一样”。管辖机制虽然本质上是一种分配技术，但无法完全实现“技术中立”。一是管辖机制必须考虑到“监察公平公正假定”被推翻的可能性以及相应的解决方案。“技术中立”的一个重要标志是“责任中立”，即技术使用者和实施者不能对技术作用于社会的负面效果承担责任，只要他们对此没有主观上的故意。[①] 但是，作为一种程序性的制度，管辖在实施过程中需要考虑可能导致的公正缺失问题。“监察公平公正假定”是在管辖权正确分

① 参见郑玉双：《破解技术中立难题——法律与科技之关系的法理学再思》，载《华东政法大学学报》2018
年第1期，第85-97页。

配之前的预状态，但在错误管辖（错误分配案件）时，“监察公平公正假定”可能会被推翻，被调查人的权利会受到重大影响。[①] 即便没有出现错误管辖，但若有理由足以怀疑形式上的依法管辖后可能造成不公平的案件办理结果时，那么也应当改变原有的管辖。二是管辖机制不是一种“功能中立”的技术，管辖的确立与运转必须考虑防止监察权的随意行使问题。在监察管辖中，国家通过事先规定不同的监察机关对案件的不同分工，划定了监察监督、调查权的范围，防止任意行使。在理论上，监察管辖与立案的实体条件、监察强制措施的比例原则、具体调查行为的合法性要求等一起构成了对监察权的程序控制体系，目的是监察侦查权不被用，防止被调查人的权利受到不当侵害。

可以说，起源于诉讼制度的现代管辖制度，在产生起初就与被追诉人（管辖相对人）获得公正审判（执法）权发生了紧密关联。因腐败治理在一定程度上也是国家追诉主义的体现，因此诉讼管辖与监察管辖在一定程度上的目标和利益是一致的。管辖制度在确立与运转过程中，又产生了一种“抑制追诉”（抑制任意管辖）的权利保障价值。后者虽然是管辖制度的一种附带性价值，但却时刻提醒制度实施者必须注意管辖的正确性，警示其必须依法管辖才能行使相应的执法职权，进而保护管辖相对人不受任意追诉和审判。可以说，“公正审判”和“抑制追诉”构成了现代程序性管辖制度的两大价值基石。没有这两大价值基石，案件管理的高效性就会成为管辖制度的最高目标，案件分配就可能异化为因特定的案件去寻找特定执法人员的“由案到人”模式，导致管辖制度被实质性的架空。

虽然设立监察管辖制度的主要目的不是为了保障管辖相对人的权利，也不是保障法官的中立性与公正性（这是回避制度的确立目的），但若管辖制度确立和运转不当，却有可能损害监察、司法公正和权利保障。当然，为便于管辖制度的高效运行，各国均以程序的运行便利作为确立管辖制度的重要原则。但是，与权利保障原则相比，程序运行便利原则在价值层次上显然要低很多。从内容指向看，程序运行便利更多涉及管辖

① 域外不少国家将刑事程序法中的管辖错误拟制为对判决结果有影响。

权连接点的设定、管辖中的程序流转等具体问题，效率为其根本性价值。从纠正管辖错误方面看，程序运行便利原则无法解释管辖权合法性审查机制的价值所在。从处理管辖争议方面看，及时消弭管辖争议也更多是为了保障管辖相对人免受不当管辖的拖延，避免不当的羁押或过重的处罚。故管辖制度的设立和运行紧密关联着被调查人的权利保障问题。

2. 监察管辖中程序性权利的来源

既然监察管辖制度对被调查人的权利保障具有重大的影响，那么依据程序正义的基本要求，被调查人作为可能受到管辖直接影响的主体，应有充分的机会参与到管辖制度的运作中来，并向相关公权力机关提出自己的意见和主张。因此，在管辖制度中赋予被调查人相应的程序性权利，应是一种必要的程序安排。作为监察程序中最重要的主体，被调查人享有相关程序性权利，体现出国家对被调查人主体意志的尊重以及对其程序主体地位的肯认，也符合程序正义的基本要求。但是权利的价值还不足以证成权利的来源。那么，管辖制度中被调查人的程序性权利有无深层次的权利来源？

监察管辖制度中被调查人的程序性权利来自其享有的“法定管辖”的权利，即由法律所规定的公权力机关管辖案件的权利。为防止国家公权力在调查职务违法犯罪的名义下任意侵犯被调查人的合法权利，各主要国家均在宪法中赋予了公民受到正当法律程序保护的权利，即未经正当法律程序，公民的生命、自由财产不得被剥夺。正当法律程序权构成了现代程序法的基础，是指导调查程序、诉讼程序进行的最重要的程序性权利。而“法定管辖权利”是正当法律程序权中的重要内容。为此，在监察案件分配机制的背后，管辖的法定性其实还影响被调查人的正当程序权利是否得以实现。

从成立条件来看，“法定管辖”既包括形式上的“法定”，也包括实质上的“法定”。前者指只要成立管辖权事实和具备管辖要件，即可触发管辖权；后者指虽然管辖权事实能够成立且实际触发管辖权，但形式上的管辖还不足以满足监察公平公正的要求，需要管辖主体根据法律进行二次确定管辖权。与形式上的管辖法定相比，实质上的管辖法定不仅需要满足程序要件，还应当满足监察实体公正的内在要求，故程序保障的实质性要求构成管辖“法定”的深层根基。根据管辖制度的实施规律，形式上的管辖法定最为基础，在表现样态上也最为常见，而实质上的管辖法定是在形式样态基础上，对管辖权价值作法律上的进一步深化。如果与被调查人的权利结合起来考察，被调查人往往基于形式上的管辖法定要求而提出公权力机关无管辖权的主张，基于实质上的管辖法定要求而提出公权力机关应当变更管法定管辖的主张。

“法定管辖权利”是否明文体现在有关正当法律程序权的法律规范中，各主要国家规定不一。从比较法来看，程序相对人受“法定管辖”的权利大多由法律或文件明文规定。一些国家如德国、俄罗斯等国家的法律中对诉讼管辖进行了明文的规定，其宪法明确规定了被告人享有“法定法官”审判的权利，这样就在基本法层面保障了被告人的“法定管辖”的权利。有些国家的法律中虽然没有规定“法定法官”原则，但由于将法定管辖纳入正当法律程序的内容中，故被告人受“法定管辖”的权利在正当法律程序的实践运作中得以保障。① 从一些国际性人权文件看，被指控人在刑事诉讼中的“法定管辖权”也有所体现。我国学者对《公民权利和政治权利国际公约》第 14 条进行考证后认为，国际人权法对公正审判权的规范以公约第 14 条为核心，其内容大体可分为司法组织与司法程序两个方面。② 该条款有关法庭的设立要求已经隐约反映出法定管辖的特征。

在有些法域中，虽然法律没有明文规定该种“法定管辖”的权利，但从法律原理和精神可以推定出该权利的存在。依据权利表现形态的基本原理，“法定权利不限于法律明文规定的权利，也包括根据社会经济、政治和文化发展水平，依据法律的精神、法律逻辑和法律经验推定出来的权利，即推定权利”。③ 例如，在诉讼法领域，公权力机关的法定义务

---

① 参见［美］伟恩·R·拉费弗等：《刑事诉讼法》（上），卞建林、沙丽金等译，中国政法大学出版社 2003 年

版，第 80 页。

② 参见熊秋红：《解读公正审判权——从刑事司法角度的考察》，载《法学研究》2001 年第 6 期，第 22-39 页。

③ 参见张文显：《法哲学范畴研究》（修订版），中国政法大学出版社 2001 年版，第 315 页。

对应着被追诉人的程序性权利是一种常见现象。依据此原理，法院负有公正审判的义务，被追诉人享有公正审判权；司法人员负有依法回避的义务，被追诉人享有依法申请回避的权利；司法人员不得进行无理的搜查和扣押，被追诉人也享有不受无理搜查和扣押的权利。具体监察管辖领域，监察机关基于《监察法》预定原则必须依法管辖，在形式上必须符合管辖权的法定要件，在实质上必须满足管辖公正的内在要求。换言之，“法定管辖”是监察机关应尽的法律义务，相对应的是，被调查人在监察程序中享有“法定管辖”的权利。

在监察程序性理论的研究上，我国并没有对“法定管辖权利”进行过专门的探讨，对“法定管辖权利”这一概念总体上非常陌生。在我国监察立法和相关的监察法规中，管辖制度主要是作为划分监察机关与其他权力机关之间职责分工的一种手段，其中并无被调查人的权利行使空间。在实践中，不少监察机关对被调查人的管辖异议非常漠视，置之不理的现象较为普遍。甚至在与监察程序密切衔接的刑事诉讼领域也是如此。引入“法定管权利”这一概念，有助于加深我们对管辖制度的认识，强化对被调查人合法诉讼权利等程序性权利的保障，促使公权力机关纠正不当的管辖。同时，有助于确立管辖领域的权利保护理念，完成“从事实上的权利到法律上的权利”这一转变过程，将权利作为评价管辖制度的基本尺度，促使该制度的不断完善。

在界定“法定管辖权利”这一程序性权力的概念后，被调查人在管辖领域享有相关程序性权利的应然基础就可以得到充分解释和理论支持：被调查人所提出的无管辖权之异议，是为了使案件管辖回复到“法定管辖”这一状态；被调查人所提出的变更管辖请求，是为了使案件在管辖法定的形式基础上得到更为公正的处理；被调查人申请对同一案件或同种数罪案件进行指定合并管辖，是为了使自己的权利在法定的竞合管辖规则或牵连管辖规则下得到充分保障；公权力机关的违法管辖，不仅违反了《监察法》及其实施条例的管辖规则，还不当侵犯了被调查人的“法定管辖权利”；被调查人同意监察机关无权管辖，是因为其放弃了应有的“法定管权利”。上述管辖程序性主张，均是围绕“法定管辖权利”这一权利主旨而展开，目的均是促使公权力机关尊重被调查人的“法定管辖权利”，尊重被调查人的程序主体地位。

3. 监察管辖制度程序性权利的性质

在监察管辖领域，被调查人享有的程序性权利是一种在法定管辖基础上以促进监察程序公平公正为目标的程序保障请求权。该种权利并不直接与公民的生命、自由、财产等实体权利发生联系，而是围绕着保障被调查人的“法定管辖权利”而展开的一系列权利集合。不当的管辖会对权利保障产生不利影响。赋予被调查人管辖程序性权利，让其积极参与相关管辖决定的形成过程，阐述自己的意见，可以防止公权力机关在管辖决定上过于恣意，进而保护被调查人免受不当的监察调查、追诉和审判。故该种权利本质上是一种过程性的程序主张权。从表面看，该种权利是直接指向被调查人的主体性，但就内在功能看管辖领域的程序性权利具有一种双向性的程序保障功能。正如我国学者所言，程序保障通过程序一方面保障当事者的诉讼权利，或者说保障当事者在这些权利中体现出来的主体性和自律性；另一方面又保障诉讼、审判本身的正当性，或者说是保障法官的审判活动以及作出的决定本身的正当性。[①] 在监察管辖领域，程序性权利通过程序主张的形式予以体现，对监察机关产生一定的约束力，即在被调查人于合理的时间内行使该项权利后，那么监察机关应当审视自身管辖权的合法性与合理性，并正式回应被调查人的管辖主张，以促进管辖程序的正当性。当然，与其他程序性权利类似的是，管辖领域中的程序性权利并无强制力作后盾，天然容易“被侵犯”，故需要国家公权力机关依法保障，由此也引发权利的救济问题。

管辖领域中的程序性权利之所以是一种程序保障请求权，是由管辖以及管辖权事实的特点所决定的。管辖作为案件的分工机制，其程序性规则的属性并没有因管辖程序性主张而发生变化。而管辖权事实作为一种程序法事实，也需要公权力机关通过相应手段去查明和判断。被调查人的程序性主张可以为监察机关提供程度不同的参考意见，但管辖权事实的成立与否与管辖权变更等问题仍然由公权力机关审查决定。依照我

① 参见王亚新：《社会变革中的民事诉讼》，中国法制出版社 2001 年版，第 41 页。

国台湾地区学者的说法，被调查人的权利申请为下一诉讼阶段公权力启动职权调查提供了必要性的判断依据。从效果来看，管辖程序性权利其实与公权力机关的职权审查一起，共同维护案件的法定管辖，保障管辖法律秩序。

（二）监察管辖中程序性权利的构建

基于监察管辖领域程序性权利的性质，应当明确的是：被调查人并非可以针对所有的管辖事项或管辖决定来行使程序主张权。管辖领域中有关管辖的事项众多，如地区管辖中存在法定管辖、移送管辖等，级别管辖中存在上级监察机关同意移送或不同意移送案件的情形，以及上下级监察管辖的牵连案件合并管辖或分离管辖等情形，指定管辖中存在指定异地管辖、指定合并管辖等情形，不一而足。有些管辖事项涉及被调查人的法定管辖权利，有些却并没有涉及；有些管辖决定有影响被调查人权利保障和司法公正之虞，有些却不会涉及。如果均赋予被调查人程序性权利以要求审查相关管辖问题的合法性及合理性，并在程序上要求公权力机关对被调查人的每一项程序主张进行回应并作出裁决，容易出现程序繁复、权利保障过度的情况，影响监察调查程序顺利推进。外国法有关诉讼管辖程序权利的限制性规定也表明了这一点。根据《德国刑事诉讼法典》第210条和第270条第1款和第3款之规定，被告人不得对向高级别法院移送事务管辖权的裁定提出异议。根据《法国刑事诉讼法典》第667条之规定，对有管辖权法院作出的因无法组成法庭的移送管辖之裁定，被告人不得提出不服申请。[①] 我国在构建监察管辖领域程序性权利的规范时，亦有必要作相关限定性的安排。在划定被调查人管辖程序性权利的范围时，应当考虑以下两个方面因素：一是权利的范围设定不应脱离权利的性质。管辖程序性权利是一种程序保障请求权，故权利的范围也应以保障被调查人的“法定管辖权利”以及促进监察程序公平公正为限。二是权利的范围设定应当考虑管辖秩序的稳定性。“在强调当事人享有程序主张权的同时，也应注重法律的权威性和程序的安定性”。[②]

---

① 参见张曙：《刑事诉讼管辖制度研究》，法律出版社2020年版，第380页。

② 参见刘荣军：《程序保障的理论视角》，法律出版社1999年版，第98页。

赋予被调查人管辖程序性权利是为了更好地维护管辖秩序，故权利的范围划定不应对管辖秩序造成不利影响。

1. 监察管辖程序性权利的范围

从上述分析可知，监察机关基于保障监察效率的需要而依职权对地区管辖中的相牵连案件作出的合并管辖或指定合并管辖、依职权对级别管辖中的相牵连案件作出的合并管辖、上级机关为解决下级机关管辖不明或管辖争议而作出的指定管辖等，不是被调查人提出不服申请的对象。因为，基于程序便利经济原则而作出的相关管辖裁决，是尽快确定管辖权的程序需要，是落实立法目的的必然体现，不宜由被调查人进行反驳和推翻。我国台湾地区学者就从诉讼管辖的角度指出，对于不同级法院管辖的相牵连案件，得合并由上级法院管辖，即使已系属于下级法院者，其上级法院也得已以裁定方式，命其移送上级法院合并审判。此时尽管下级法院法官有不同意见，亦不得对此裁定加以抗告。这是立法政策关于诉讼经济与裁判一致性的必要之举。[①] 我国民事诉讼法学者也从诉讼管辖的角度提出，合并管辖是诉的合并制度顺利运行的程序保障，本质上属于诉的合并制度的衍生物，合并管辖的立法价值具有阻却当事人提出管辖权异议的功能。[②]

同时，管辖程序性权利是一种程序上的不同主张权，故该种权主张的范围应当以被调查人利益不受到影响为限。以“利益影响”作为衡量被调查人是否可以提出相关程序异议的标尺，是许多国家的通行做法。例如，日本的诉讼法学界的通说认为，被告人对免诉、驳回公诉或管辖错误等形式裁判，均不得提出上诉。理由是“在无罪判决、免诉、回公诉、管辖错误的场合，如果击败了检察官的主张，那么被告人在这个刑事程序方面就是取得了‘胜利’”。[③] 在监察程序中，相关机关宣告自身无管辖权的裁决（包括移送管辖、终止审理的裁决等），阻了监察程序的

① 参见张曙：《刑事诉讼管辖制度研究》，法律出版社2020年版，第381页。

② 参见张晋红：《民事诉讼合并管辖立法研究》，载《中国法学》2012年第2期，第146-155页。

③ 参见［日］松尾浩也：《日本刑事诉讼法》（下），张凌译，中国人民大学出版社2005年版，第217页。

顺利推进，对被调查人来说其实是一种程序上的积极利益。故被调查人不得对这些裁决提出异议。

2. 监察管辖程序性权利的内容

从监察管辖程序性权利的范围出发，可将监察管辖领域中被调查人的程序性权利归纳为两种：管辖变更申请权、管辖异议权。在监察程序中，管辖变更申请权和管辖异议权有不同的行使对象，且在行使条件、法律后果等方面也不尽相同，对于程序的规范需求也不一样。具体探讨如下。

（1）管辖变更申请权

管辖变更申请权是指被调查人在已经存在法定管辖的情况下提出变更管辖的权利。从内容上看，管辖异议也是一种关于管辖的申请意见但管辖变更申请往往指明特定的管辖机关，而管辖异议有时仅指出目前受理案件的机关无管辖权。在已经满足法定管辖的情况下，原则上不允许被调查人提出变更管辖的申请。被调查人的管辖程序性权利建立在法定管辖的基础之上，当管辖事实已属于法定管辖，那么被调查人的“法定管辖权利”在形式上已经得到满足。但是，公平公正是程序的最高目标和价值所在。当案件的管辖可能影响实体公正时，应当允许被调查人提出移送管辖、指定异地管辖的申请。从比较法看，在诉讼管辖中世界很多国家为充分保障被告人的公正审判权，均在立法上赋予了被告人的管辖变更权。例如，《美国联邦刑事诉讼规则》第42条、《日本刑事诉讼法典》第17条罗斯联邦刑事诉讼法典》第35条第1款均规定了被告人有权提出变更地域管辖的申请。[①]

在我国普通刑事案件的诉讼实践中，部分重大、有影响性的刑事案件中已经出现被追诉人申请变更管辖的情形，如发生在江西南昌的“德国牙医案”陕西西安的“法官谋杀院长案”等。但是，由于我国《刑事诉讼法》并未赋予被追诉人的管辖变更申请权，上述案例中公权力机关要么对管辖意见置之不理、不予回应，要么武断地拒绝了被追诉方的程

① 参见张曙：《刑事诉讼管辖制度研究》，法律出版社2020年版，第383-384页。

序请求。当前我国《监察法》全面实施时间较短，从公开资料中尚未查到在监察程序中申请变更管辖的案件。但是为排斥舆论影响、行政权力等外在因素对监察办案的干扰，保障监察机关独立行使监察权，维护国家监察的公信力，有必要赋予被调查人申请变更管辖的权利，听取和回应被调查人的管辖主张，以便准确作出是否变更管辖的决定。

在程序规范的设计上，被调查人申请变更管辖的权利规范应包含以下几个方面：

首先，权利行使的范围和条件。在范围上，可以围绕地区管辖、级别管辖、指定管辖三个层面赋予被调查人的管辖申请权。就属地管辖而言，被调查人可以提出将案件转移至同级另一个地区的机关办理的申请。就级别管辖而言，被告人可以提出下级监察不宜行使管辖权，而请求将案件移送至上级监察办理的意见。就指定管辖而言，被调查人有权提出指定异地管辖的申请，请求上级机关将案件指定给下级的另一个机关办理。同时，为了使自己避免因同一案件受到重复性调查、追诉，或者免受管辖争议的侵扰，被调查人亦有权在几个不同机关各自宣告有管辖权的情况下，提出指定合并管辖相关案件的申请。从范围上看上述权利的行使均围绕保障程序和实体公正的需要。案件因管辖不当而遭受行政干预、舆论干扰、地方保护等，容易引发监察及司法不公。由管辖争议引发的重复性调查、追诉或案件久拖不决，也严重影响案件处理的实体公正与程序公正。故这些情形均应纳入被调查人管辖变更申请的范围。

需要指出的是，第一，被调查人不得基于自己的喜好而申请变更管辖。被调查人没有任意选择不同地区的管辖机关的权利（当然更没有选择监察人员的权利），也不享有任意选择较高级别机关管糖案件的权利。从比较法来看，在诉讼领域虽然有些国家如俄罗斯的立法，禁止上级法院未经控辩双方申请而审理属于下级法院管辖的案件，但这并不意味着被告人就享有由较高法院管辖案件的权利。同理，在监察领域也应如此。第二，被调查人不得基于程序便利的考虑而申请变更管辖。之所以作此限制性规定，是考虑到管辖领域不能无限扩张被调查人的管辖申请权，同时也是基于对程序便利要素进行权衡的困难。究其原因，在法定管辖已经合乎法律的情况下，被调查人的法定管辖权利已经得到满足。从诉讼原理看，诉讼程序便利性因素不属于影响司法公正的因素，法院即便不变更审判地，也不侵害被告人的宪法性权利。程序便利性要件的内容大多十分模糊，且容易引发分歧，不宜规定在管辖变更申请权之内。

其次，权利行使的时间和约束力。为避免监察程序中断，管辖变更的申请应当在监察立案后调查终结之前提出。由于管辖变更申请的前提是案件已经处于法定管辖状态，故被调查人超出时间行使申请权利，将产生失权效果，公权力机关可以对该种申请不予审查和处理。管辖变更申请应具有程序上的约束力，监察机关负有一种应答义务，即需要对该种申请作出正式回应。为保障变更管辖申请的程序效力，监察机关在处理变更管辖申请的过程中，不应对案件作出实体处理决定。

再次，审查权利主张的主体。被调查人应当向办理案件的监察机关提出变更管辖的申请，由该机关作出裁决。诉讼理论上有观点认为，基于“自己不得为自己案件的裁判者”之自然正义的要求，应由收到管辖变更申请的机关的上级机关进行审查和作出裁决。但是，被调查人所提出的管辖变更申请毕竟不是实体利益争端的主张，管辖变更申请的主要目的是督促办案机关更好地审视管辖问题，帮助办案机关更合理地确认管辖权，故此处不应适用严格的“自然正义”审理规则。如果被调查人认为可以通过指定管辖的方式来改变案件的管辖，那么其应当向办案机关的上级机关提出申请。当然，鉴于监察机关存在上下级之间领导与被领导的层级关系，如果任由被追诉人向任何上级机关提出申请，将不当扩张程序性诉求的效力范围，也容易影响监察案件办理的效率。故这里所谓的“上级机关”应指“上一级监察机关”。

从次，权利行使的理由。申请变更管辖应当有一定的事实根据，排斥无根据的推测。这里的事实根据包括：大规模的媒体报道；行政干扰等。在个案中，这些事实根据往往以一种综合性的样态以表现，如媒体广泛报道后引起行政干扰，或者行政干扰后引起有影响力的媒体关注。审视这种事实根据，不在于相关影响因素的因果关系，而在于其是否达到了影响监察公平公正的程度。

最后，权利行使的证明责任和证明标准。管辖变更的申请是一种在法定管辖状态下转移管辖的主张，本质上不是对管辖权事实的否定，也不涉及监察程序的合法性证明问题。从性质看，这种申请是一种程序上的积极抗辩。而且，由于需要转移证人、物证及相关办案资料的需要，变更管辖机关会事实上造成监察程序的中止或延迟，降低监察办案效率，故应由被调查方即申请方对此承担证明责任。由于被调查方的取证能力有限，故管辖变更申请的证明标准应当相对较低。相比较而言，变更管辖的证明标准越高，被调查人申请就越得不到受理机关的支持，权利的实效性就越差，甚至有可能变成一种形式上的权利。所以，管辖变更申请的证明标准以"合理可能性"或"大致相信"即可。

(2) 管辖异议权

管辖异议权是针对相关监察机关无管辖权的情形而提出不同意见的权利。管辖异议权是管辖领域中最具有对抗性的程序性权利，其直指向相关机关办理案件的合法资格。关于管辖异议权的性质，学理上有意见认为其属于救济性程序权利。但是，就内容指向而言，管辖异议权其实是一种程序上的不同主张权，本身并无救济性权利的性质。因为当管辖异议权受到无理拒绝时，还需要其他权利进行有效的济。如果管辖异议权本身是救济性权利，那么必然衍生出救济性权利的救济问题，致使程序过度繁杂。

长期以来，我国刑事诉讼领域中的管辖异议权是一种"事实上"的权利。之所以这么说，是因为我国刑事诉讼规范从未明确被追诉人享有该种权利，但是，审判实践中被告人提出管辖异议又非常普遍，司法机关对该种管辖异议权或多或少地也予以承认。但是，如果对司法解释相关条款作体系上的解释，目前的规范似乎仅表示审判长在庭前会议中"可以"注意管辖异议问题，该规范的功能仅在于对审判长业务上的提示。而且通过对我国相关法理和司法解释可知，最高司法机关似乎只是将管辖异议作为庭前会议的讨论内容来对待，没有将其作为权利条款来规定。[①]

具体到监察管辖领域，基于保障被调查人法定管辖权利的需要，我国应当明确赋予被调查人提出管辖异议的权利，同时完善相关程序规范

① 参见张曙：《刑事诉讼管辖制度研究》，法律出版社 2020 年版，第 389 页。

以充分保障其行使该种权利。那么，被调查人可以提出哪些类型的管辖异议？从比较法看，域外主要国家和地区立法中的管辖异议主要针对属地管辖，但法国还包括了对指定管辖的异议。根据我国监察管辖制度的内容和实践需求，我们认为管辖异议的类型应限于属地管辖和职能管辖。职能管辖制度是我国特有的一项管辖制度，体现了不同性质的机关在管辖案件的权限分工。且考虑到实践中职能管错误时有发生，故应赋予被调查人提出该项管辖异议的权利。至于级别管辖，鉴于监察级别管辖是强制性规范，故被调查人在理论上可以针对基层监察机关无级别管辖权的问题提出异议。关于指定管辖，需要根据其类别进行分析。如果指定管辖是针对管辖不明或管辖争议而作出的，则本无错误可言，故也无须从制度上赋予被追诉人异议权。但是，如果指定管辖是针对案件异地管的，基于保障监察调查顺利进行的需要，被调查人的管辖异议权应当让位于指定管辖的程序稳定性。指定异地管辖应当严格适用，但其程序运行中的合法性与合理性，应通过批准或备案原则由上级机关及时加以审查。上级机关经审查后如果认为指定管辖确有错误，应当及时撤销原有的指定管辖。为减少管辖上的意见冲突，指定管辖决定作出后，不应由被调查人的异议引发审查问题。因此，需要着重研究的是被调查人对属地管辖和职能管辖所提出的异议及其程序保障问题。

考虑到我国职务犯罪案件办理的阶段论特点，每一个程序阶段均需要对管辖权进行判定，也存在对被调查人法定管辖权利的保障需要，故被调查人对属地管辖、职能管辖的异议权不限于审判阶段，还可以存在于调查、审查起诉阶段中。在监察调查阶段，被调查人提出管辖异议的程序设计，需要注意以下几个方面：

首先，是管辖异议的提出时间和审查时间。

从比较法看，在诉讼程序中，有些国家如法国，任何阶段均允许被告人提出无权管辖的异议，法院也应当予以审查。但是，不少国家为防止审判效率受到影响，均作了相关的限定。例如，《德国刑事诉讼法典》第 16 条规定，被告人仅可在法庭审理中就案件对其询问前提出无权管辖的异议；《日本刑事诉讼法》第 331 条规定，管辖错误的申请，在被告案件已经开始调查证据后，不得提出。[①]

管辖权属于监察程序启动要件，影响着监察程序的合法性，也影响到实体处置能否作出。在诉讼程序中，德国、日本法基本上都规定“无异议则无管辖错误”，来保障监察程序的顺利进行，即被告人若没有在一定时间内提出管辖异议，法院也不会依职权审查管辖权。而我国现行司法解释尚没有触及这个问题，即被告方不提出管辖异议则产生管辖权职权调查失权的效果。

监察程序中管辖异议一般应当在立案后侦查终结前提出，这是一种规范上的倡导性时间，不应作为“除斥期间”来对待。因为在某些特殊情形下，被调查方在立案后尚无能力立即发现管辖权事实中存在的疑问。如果被调查方于调查期间发现新的事实和理由，据此可以质疑管辖权的存在，那么应当允许其提出管辖异议。对于监察来说，立案前没有发现管辖权事实问题，并不意味着调查核实中也绝对不会发现。在监察实践中，监察机关受理案件之后发现管辖权事实存在疑的情况，时有发生。例如，在判断“干部管理级别”这一连接点的过程中，管辖权事实通常与案件行为事实交织在一起，案件行为事实往往是判断管辖权事实的前提。尤其是部分职务犯罪案件，被调查人往往在一段时期内实行了多个行为，其中某些行为是前期没有发现，在后续的调查中才发现，发现案件涉案人员及涉案金额已经超出了自身的案件办理能力。对于上述多个涉案行为，不通过案件的实体调查，根本无法进行准确的判定。在上述情况中，管辖权事实往往与案件实体事实结合在一起，只有判定了这些实体事项，才能判定管辖权事实的存在。其实，这些包含有案件行为事实的管辖权事实，无论被调查人是否提出管辖异议，监察机关都应当依职权进行调查。因为此种情况下案件行为事实涉及的是实体法事实，是案件进入实体调查环节后所必须查明的事项。而管辖权事实一旦与实体法事实重叠后，如果没有在相应的审理程序中加以调查，不仅使得程序法规范形同虚设，还将严重影响案件的实体正义。从诉讼领域的比较法看，英美国家多从保障被告人权利的角度规定法院具有宽泛性的审查管

① 参见张曙：《刑事诉讼管辖制度研究》，法律出版社 2020 年版，第 390 页。

辖权事实的时间。

其次，是管辖异议的调查程序。

对管辖异议如何调查，关系管辖异议权能否真正得到保障。如果被调查人提出管辖异议后，监察机关不遵循严格的调查核实程序而简单地予以驳回，那么立法赋予被调查人的管辖异议权也没有多大现实意义。管辖异议有时针对管辖规范的法律适用问题，但很多时候涉及管辖权事实的准确认定问题。因法律异议和事实异议的调查难度不一，故两种程序的繁简程度也应有所区别。对于管辖规范法律适用方面的异议，如职能管辖权是否具备、属地管辖权连接点是否涵盖于相关法律规范等，调查程序可以相对简单些，监察机关可以通过听取被调查人的意见后作出裁量。对于管辖权事实方面的异议，因监察机关承担最终证明管辖权事实成立的责任，故被调查人提出异议后，监察机关应当在已经核实的案件材料的基础上作进一步的说明，或者补充相关证据材料，充足管辖权事实的证明要求。被调查方亦可自行收集相关证据材料质疑管辖权的成立。从整体上看，由于管辖权的最终判定会影响到监察机关与被调查方的双方程序利益，故无论是法律适用异议抑或事实异议，管辖异议的调查程序都应当具有一定的控辩性质。这里需要指出的有两点：其一，管辖异议的调查应当是一种递进式的调查程序。亦即，对于部分管辖异议，监察机关经过审查后认为该种异议因明显没有事实上或法律上的依据而根本无法成立的，可以直接作出说明回复申请人。如果经调查核实后认为，管辖异议已经形成了初步的疑点，那么就应当展开控辩式的调查程序。其二，与管辖变更申请的调查相比，管辖异议的调查应当更加全面、充分。管辖变更申请针对的是案件需要满足实质性法定管辖要求的情形，而管辖异议针对的是案件无管辖权的情形。相比较而言，提出管辖变更时，管辖权事实已经存在，只不过监察调查与被调查双方对是否变更管辖权可能存在不同意见。而提出管辖异议时，案件管辖权事实往往存疑，甚至经过调查后该种事实可能被否定。因此，后者显然需要监察执法人员投入更多的精力。

再次，是被调查人不提出管辖异议的法律效果。

基于监察调查程序的相对封闭性以及人权保障的正当性要求，犯罪嫌疑人即便在监察调查阶段不提出管辖异议，也不应产生监察机关当然取得管辖权的法律效果。那么，被调查人在监察调查阶段若不提出管辖异议，是否意味着监察机关可以在管辖错误的状态下继续办理案件？换言之，被调查人不提出管辖异议之行为效力，仅及于其意思表示，还是及于监察机关的管辖权状态？在诉讼领域中，我国民事诉讼领域中存在所谓的应诉管辖，又称默示协议管辖，是指双方当事人没有管辖协议，一方当事人在法院起诉，另一方当事人对该法院行使管辖权不提出管辖异议并应诉答辩的，视为承认受诉人民法院为有管辖权的法院。据此，民事诉讼中当事人不提出管辖异议之默示会产生受诉法院有管辖权的法律效果。那么，在我国刑事诉讼领域和监察领域中，是否也有必要规定类似的默示管辖制度？诉讼程序中，默示管辖的本质是被告人不提出管辖异议，则法院不再宣告管错误。其制度优势是有利于维持法院的审理状态，防止程序因无管权而发生“断裂”，从而影响诉讼效率。尤其是审判阶段，法院因无管辖权而宣告管辖错误，往往引起控审关系的紧张，也致使案件不得不重新审理。为此，我们建议在监察领域中也确立默示确立管辖制度，这一制度确立后，将有利于监察调查程序的向前推进，极大地节省了办案资源和诉讼成本。

从比较法角度看，域外刑事诉讼中的默示管辖仅针对地区管辖而言。刑事诉讼中的默示管主要有三种立法例：一是以日本为代表的“无异议则无管辖错误”模式。《日本刑事诉讼法》第 331 条第 1 款规定，如果没有被告人的申请，法院不得就地区管辖作出管辖错误的宣告。管辖错误的申请，在被告案件已经开始调查证据后，不得提出。二是以德国代表的“部分无异议则无管辖错误”模式。《德国刑事诉讼法典》第 16 条规定，法院应当在开启审判程序前，依职权调查地域管辖权。此后，仅允许法院依被告人异议而宣告自身无权管辖。也就是说，德国法以开启审判程序作为划分界限，之前实行职权审查，之后实行无异议即无管辖错误的做法。三是以俄罗斯为代表的“同意则无管辖错误”模式。《俄罗斯联邦刑事诉讼法典》第 34 条第 2 款规定，法院确认所受理的刑事案件属于同级的另一法院管辖，如果已经开始审理，则有权经受审人同意后继续审理该案。该种立法规定的特点是，法院对地区管辖仍然实行职权审查，发现管辖错误后在征得被告人同意后继续审理，如果被告人有异议，则宣告管辖错误。相比较而言，“无异议即无管辖错误”的模式，有利于解开案件在特定阶段无管辖权之程序僵局，使办案机关因程序相对人不提出管辖异议而取得对案件的管辖权，进而推进办案程序的进行。但是，该种模式强行设定了诉讼阶段中被告人管辖异议提出的时间，并规定管辖异议的失权效果，这样就可能出现审判机关“坐等”被告人提出管辖异议的被动情形，致使审判机关忽视管辖权审查。

从主体性参与程度看，监察程序中的被调查人与刑事诉讼中的被告人，显然无法与民事诉讼中的被告相比。在民事诉讼默示管辖中，被告主动性的应诉答辩是其中的约束性条件，从行为本身可以判断出被告愿意接受应诉法的管辖。但是，监察程序的被调查人、刑事被告人却因国家强制力而被动参与到相应的程序中来。这样，实践中是否可能会出现被调查人在意思表示不真实的情况下而被动认可监察机关无管辖权的状态，殊值怀疑。而一旦被调查人意思表示不真实，那么事实上的管辖错误，因无法获得程序正当性支撑而具有默示管辖的效力。从现实必要性看，当下规范的重点应是强化监察机关对管辖权异议的职权调查责任，而不是通过默示管辖去减轻或免除监察机关等权力机关的这种责任。依据职权调查的一般含义，相关权力机关主动依职权调查作为程序启动要件的管辖权事项，无须征询涉案人的意见，亦不受涉案人主张或意见的约束。故为防范被调查人错误地表达无管辖异议之意思，保障被调查人的管辖利益，我国在规范层面上应当规定：即便被调查人在立案后调查终结前不提出管辖异议，监察机关亦需对管辖权事实作职权调查。

监察机关通过职权调发现管辖错误后，往往会陷入程序被动和困境。一方面，监察机关已经开展了较多调查准备乃至实体调查核实工作，如果确认无管辖权将导致之前的程序进展全部作废；另一方面，监察机关如果要移送案件，必然面临与上级监察机关的申请予批准，与其他监察机关之间的管辖移转，导致时间和精力上的较多耗费。为缓解程序耗费与程序主体之间的紧张关系，可以借由“无异议即无管辖错误”的模式，从技术上解决后续管辖权缺失所带来的程序难题。通过赋予被调查人在一定情况下的异议选择权，可以解决职务犯罪案件诉讼全过程对管辖权事实采取职权调和职权处理所引起的程序倒退问题，有助于保障诉讼效率。我国民事诉讼法学者也认为："如果发现管辖错误就移送，在复杂化程序的同时，亦可能有损当事人的意愿。通过告知当事人，让其在成立无异议管辖与移送之间进行选择，则可以较好地平衡各方的程序利益关系，亦不违背程序的基本规则。"[①] 但是，被调查人无管辖异议的意思表示之明智性的证明，仍然是一个问题。

被调查人是否提出管辖异议，属于其程序选择。既然是一种程序选择那么程序主体在选择时的背景因素和信息充分性就十分重要，更何况是这种选择会产生无管辖错误的程序效果。如果被调查人在作出有可能影响其"法定管辖权利"的重大选择时，根本不知道程序的状态和信息，那么我们就有理由怀疑如果充分披露程序信息后，其是否还会作出该种选择。因此，为充分保障被调查人的"法定管辖权利"，监察机关因无管辖权而产生程序困境后，应当告知被调查人案件无管辖权这一事实状态。被调查人在知悉这一信息后，其可以对更换管辖机关后的程序结果、程序时间以及自身工作、生活受到的影响等因素进行充分评估。若其仍然表示无管辖异议的话，才能发生"无异议即无管辖错误"的程序效力。

监察机关在告知被调查人无管辖权这一事实时，基于降低程序烦琐之影响的考虑，有可能利用自身的资源优势对被调查人进行诱导性压制，迫使被调查人接受无异议管辖。日本学者棚濑孝雄曾指出，合意诱导从根本上说不外是为了让他人采取一定的行动而施加影响力的一种过程。在此过程中，明显或潜在的制裁（包括正面的激励）是一个重要的因素。这种因素意味着纠纷处理机关将其可以控制的资源作为讨价还价的材料，并借此操纵当事人接受解决方案的动机。[②] 如果监察机关在告知无管辖权时进行合意诱导，发出"更换管辖监察机关但结果仍然一样""有可能量刑更重"等潜在的强制性信息，极有可能导致被调查人不真实的意思判断。因此，该项无管辖权的告知内容应接受以下条件约束：纯粹的无管

---

① 参见许尚豪：《无异议管辖制度研究——兼评<民事诉讼法>之应诉答辩管辖制度》，载《法学论坛》2015 年第 1 期，第 54-60 页。

② 参见［日］棚濑孝雄：《纠纷的解决与审判制度》，王亚新译，中国政法大学出版社 2004 年版，第 95 页。

辖权之事实告知，绝对不涉及程序和实体结果之预测或信息透露；宣告无管辖权后案件移送管辖将导致程序期限重新计算。这种客观性内容的告知，不涉及承办机关的倾向性意见，可以帮助被调查人进行自主性选择。

因此，在我国监察程序的管辖制度设计中，被调查人不提出管辖异议与监察机关职权调查、管辖错误三者之间的恰当关系应是：第一，被调查人提出的管辖异议仅仅是引起职权调查的一种资料，是职权调查的一种辅助手段。被调查人不提出管辖异议，不产生管辖权调查的失权效果。第二，监察机关不依职权调查管辖权或者在被调查人提出管辖异议后错误地驳回了其申辩，进而在无管辖权的状态下行使调查权，仍然可能因错误管辖而招致程序无效之后果。第三，监察机关通过职权调查后发现管辖错误，应当告知被调查人，监察机关在征得其明确同意后可以继续办理案件。但是，这种“同意即无管辖错误”，应仅限于被调查人对属地管辖异议的放弃。职能管辖涉及监察机关和其他权力机关之间的强制性权限分工，在保障“公共秩序”的必要性上明显超过被调查人的管辖利益，故被调查人即使不提出管辖异议也不产生继续调查的法律效果。从我国诉讼领域中的民事司法解释来看，具有较强公益性色彩的级别管辖与专属管辖，就不在被告默示管辖的范围内。即便当事人主义的典型代表如美国，民事诉讼中也不实行全部的默示管辖。① 第四，在监察机关告知无管辖权后，被调查人明确同意无权管辖，即表示其接受相应的程序效力。在后续的救济程序中，被调查人不得再提出案件无管辖权的程序抗辩。通过上述关系的厘定，被调查人同意无权管辖能够充分体现出其主体性的程序选择，也成为解决法庭监察调查阶段因管辖错误而出现的程序困境的有力手段。依据权利行使的一般条件，被调查人对权利放弃的意思表示应当自愿、真实，监察机关不得对被调查人施加压力，或进行诱导、欺骗，使其产生错误的意思表示。因此，被调查人作出无权管辖的同意时，应当要有律师的协助。

综上，上述关于监察管辖制度完善的阐述，说明了监察管辖制度完

① 参见张曙：《刑事诉讼管辖制度研究》，法律出版社 2020 年版，第 404 页。

善需坚持的原则，针对监察管辖制度在立法和执行方面的问题提出完善建议，为监察管辖制度实践运行中的难点问题提出了化解思路，以期为监察管辖制度的完善有所裨益。

结　语

2018 年 3 月 20 日通过的《监察法》，有力促进了反腐败工作的高速发展，实现了惩治和预防腐败的法治化、规范化。国家监察机关的设立和监察职责、监察权限、监察程序等一系列监察规范的设置，具有重要的实践价值和理论意义，在学术界和实务界引发了一系列的探讨。既有的研究大多从法学领域的不同学科展开，主要聚焦于若干热点问题，比如监察机关在国家权力体系中的宪法地位、监察程序与刑事诉讼程序的移送衔接等。在《监察法》运行 6 年之后，用构建型的学术研究转向以问题为导向的制度逻辑解释，是当前学界更为迫切的任务。

本书对监察管辖这一监察制度的关键性环节进行研究。通过研究，对管辖范围的内涵和要义、管辖方式的设定和适用、管辖事项的情形和内容有了清晰的认识。我国监察管辖制度由管辖范围、管辖方式和管辖事项三要素构成。围绕着管辖权，三者的关系表现为，监察范围是管辖权运行的前提和基础，管辖方式是管辖权运行的程序和路径，管辖事项是管搪权运行的出发点和落脚点。管辖范围可以从静态和动态两个方面理解，既包括具有公职人员身份的人员，又包括依法行使公权力的其他人员。这些人员虽然在监察管辖范围之内，但如果未涉及监察管辖事项，均不受监察机关监督调查。管辖方式分为一般管辖和特殊管辖两大类，一般管辖是按干部管理权限和属地原则对监察对象的管辖，也是监察管辖的常态性管辖方式。特殊管辖包括提级管辖、指定管辖和派驻管辖。实践中，一般管辖应解决好监察调查中级别管辖与地域管辖的协调问题；提级管辖、指定管辖和派驻管辖的规定过于原则，应当加以细化，增强其可操作性。管辖事项随着《政务处分法》的制定及《刑事诉讼法》等相关法律法规的修正更加明晰，但实践中也要解决好非公职人员行贿罪、单位职务犯罪立案管辖规范效力层级，司法工作人员相关职务犯罪管辖效能发挥等问题。通过对监察管辖制度的深入考量和实践观照，提出建立健全监察管辖有效机制的对策建议，以期使这一崭新的制度运行，推进反腐败法治化规范化行稳致远。